Josef (Moe) Hierlmeier

Internationalismus

Eine Einführung in seine Ideengeschichte – von den Anfängen bis zur Gegenwart

Reihe
Theorie.org

2., erweiterte Auflage

Schmetterling Verlag

Bibliografische Informationen *Der Deutschen Bibliothek*
Die Deutsche Bibliothek verzeichnet diese Publikation in der Deutschen Nationalbibliografie; detaillierte Daten sind im Internet über
http://dnb.ddb.de abrufbar

Für Franziska

Schmetterling Verlag GmbH
Lindenspürstr. 38b
70176 Stuttgart
www.Schmetterling-Verlag.de
www.linke-theorie.org
Der Schmetterling Verlag ist Mitglied von aLiVe,
der assoziation Linker Verlage

ISBN 3-89657-594-5
2., erweiterte Auflage 2006
Printed in Germany

Titelbildgestaltung: Jörg Exner
Satz und Reproduktionen: Schmetterling Verlag
Druck: GuS-Druck GmbH, Stuttgart
Binden: IDUPA, Owen

Inhalt

0. Einleitung

Die Zeichen verdichten sich. Eine neue internationale Bewegung ist im Entstehen und gewinnt an Bedeutung. Manche in Deutschland sprechen in Anlehnung an die APO der 60er Jahre bereits von einer neuen GAPO (Globale Außerparlamentarische Opposition). Diese neue Bewegung ist derzeit diffus und heterogen, was kein Nachteil ist. Im Weltsozialforum von Porto Alegre, im Widerstand der Zapatistas in Mexiko, in der internationalen Kleinbauernbewegung Via Campesina, bei Peoples Global Action, bei den Euromärschen, beim BUKO und auch bei ATTAC ist das Neue schon sichtbar. Ihre ersten Kristallisationspunkte fand diese neue Bewegung in «Seattle» und «Genua». Ob diese internationale Bewegung auch zu einer internationalistischen wird, ist offen.

«Auch in der Welt der Wirtschaft gilt Darwins Naturgesetz ‹Survival of the fittest›. Wir beraten Sie gern beim Aktienumtausch.» So warb vor kurzem «Ihre Beraterbank – die Dresdner Bank» in ganzseitigen Anzeigen um neue Kundschaft. Wirtschaft ist kein Zuckerschlecken. Da gibt es «feindliche Übernahmen», Firmen werden von anderen «geschluckt», «Kredithaie» beuten ihre Schuldner aus und KollegInnen sind KonkurrentInnen.

Haben Sie hoffentlich optimal in Ihr ureigenstes Kapital investiert, Ihren Körper und Ihren Geist? Sind Sie eine gute «Humanressource»? Haben Sie endlich Ihr Anspruchsdenken als ArbeitnehmerIn abgelegt und begriffen, dass Sie eine «ArbeitskraftunternehmerIn» sind, der/die mit anderen «Arbeitskraftunternehmern» um bezahlte Arbeit konkurriert? Glauben Sie jetzt endlich, dass Deregulierung, Privatisierung und Abbau von Sozialleistungen zum Wohle aller sind? Sehen Sie ein, dass es keine Alternative dazu gibt? Vielleicht wird dann noch was aus Ihnen. Vielleicht haben Sie Erfolg beim «Survival of the fittest». Viel Glück! Und Tschüss.

Oder gehören Sie zu denen, die an dieses TINA-Denken («There is no alternative» – Maggie Thatcher) immer noch nicht glauben? Die Kapitalismus im Allgemeinen und Neoliberalismus im Besonderen für eine Zumutung halten? Die mit den Zapatistas im lakadonischen Regenwald «Ya basta – Es reicht!» rufen? Sind Sie eine oder einer von denen, die Krieg immer noch Krieg nennen und nicht «Verteidigung der Menschenrechte» oder «humanitäre Intervention»? Gar eine oder einer, der beim Begriff «Zivilgesellschaft» nicht gleich feuchte Augen bekommt? Dann lesen Sie weiter. Sie haben ja eh nichts Besseres zu tun.

Die neue internationale Protestbewegung setzt den Neoliberalismus unter Druck. IWF, Weltbank, WTO können nicht mehr so leicht die Alternativlosigkeit ihrer neoliberalen Strukturanpassungspolitik behaupten wie noch vor einigen Jahren. Die Krisen in Südostasien, Mexiko und aktuell in Argentinien werden ihren Teil dazu beitragen, dass das Vertrauen in diese Institutionen sinkt. Die nahezu vollständige gesellschaftliche Marginalisierung emanzipatorischer Politik scheint aufgebrochen zu sein. Herrschaftskritische Positionen kehren zurück. Dass es nicht mehr die Alten sein können, so viel sei schon verraten.

Wie schon der Verweis auf die APO der 60er Jahre zeigt, ist die neue Bewegung nicht aus dem Nichts entstanden, sondern steht im Schnittpunkt zahlreicher Kontinuitäten, aber auch Brüche. Sie steht in der Kontinuität der internationalistischen Vorläuferbewegungen. Dazu gehört selbstverständlich der alte Internationalimus der Arbeiterbewegung sowie der Neue Internationalismus seit den 60er Jahren. Diese Kontinuität verläuft nicht geradlinig. Dazwischen liegt zuallererst der Epochenbruch von 1989. Damit ist, so Eric Hobsbawm, das kurze 20. Jahrhundert zu Ende gegangen. Dies gilt auch für die Linke. Durch «89» wurde das Scheitern bisheriger Ansätze in all ihren Schattierungen offenbar. Da die neue Bewegung im Kontext der alten steht und ihre Zukunft auch davon abhängt, ob es ihr gelingt, die Geschichte der Vorläuferbewegungen ins Produktive zu wenden, muss sie immer wieder durch deren Geschichte hindurch. Deren Kämpfe sind keine tote Geschichte, sondern sind – in welcher Form auch immer – Teil der heutigen Auseinandersetzungen. Was gestern war, wird heute und morgen entschieden. Erst die Zukunft wird zeigen, was «68» gewesen sein wird. Es gibt keine objektive Geschichtsschreibung, die einfach nur Fakten, Fakten, Fakten aufzuzählen hat. Jede Geschichtsschreibung ist Interpretation. Die Aussage, dass die Sieger die Geschichte schreiben, trifft leider meistens zu.

Es gibt keine reinen Ideen, wie Platon und mit ihm die ganze abendländische Tradition mindestens bis Hegel glaubten. Wenn Idee und Wirklichkeit auseinanderfallen, umso schlimmer für die Wirklichkeit, war Hegels Standardsatz. Die reine Idee durfte nicht beschmutzt werden. Das glauben heute nur noch wenige. Ideen sind Effekte von Auseinandersetzungen, Diskursen und Deutungen. In der Welt der Ideen gibt es Invasionen, Kämpfe, Entführungen und Überlistungen. Man muss Marx oder Joachim Fiore nicht gelesen haben, um von ihnen beeinflusst zu sein. Theorien verdichten sich in bestimmten kognitiven Mustern. Durch Ideen, Begriffe und Symbole nehmen wir die Wirklichkeit wahr und strukturieren wir Informationen. Oft war der Kommunismus nur der Kampf um ein Wort, sagt Althusser. Dasselbe gilt für die Geschichte des Internationalismus. Was man unter «Dritter Welt» versteht, macht einen Unterschied ums Ganze. Meint man die bemitleidenswerten Armen, für die man ab und zu Almosen spendet und über die der «Westen» die Treuhänderschaft ausüben soll? Oder ist die «Dritte Welt» das Laboratorium für die technokratischen Modernisierer? Oder ist es das Refugium für die «Aussteiger» auf der Suche nach der heilen Welt und den guten Wilden? Oder ist die «Dritte Welt» gar der Ort der Befreiung, das neue revolutionäre Subjekt? All diese Dimensionen hatten in der Geschichte des Internationalismus ihre Bedeutung.

Einigen Ideen, die in der Geschichte des Internationalismus Einfluss ausgeübt haben, soll im Weiteren nachgegangen werden. Der Schwerpunkt liegt dabei auf den Debatten in Westdeutschland. Zu Beginn steht der proletarische Internationalismus der alten Arbeiterbewegung. Hier werden eine Reihe von Denkfiguren entwickelt, die später wiederkehren. Die Geschichte den Neuen Internationalismus läßt sich in drei Phasen unterteilen. Der Internationalismus der StudentInnenbewegung und der APO markiert einen Aufbruch. Man wollte sich und die Welt verändern. Die «Vollstreckungsbefehle an die Wirklichkeit» (Bohrer) waren ernst gemeint. Es gab die schönsten Experimente und das Gefühl einer zeitlichen Beschleunigung, in der man Berge versetzen wollte und konnte. Die sog. Dritte Welt sollte im Emanzipationsprozess eine entscheidende Rolle spielen. Der zeitliche Bogen reicht von Vietnam bis Kambodscha.

In der zweiten Phase ist der Internationalismus an seine Grenzen gestoßen. Der Neoliberalismus entfaltet seine Energie.

Es geht darum, die gewonnenen Freiräume gegen Bedrohungen zu verteidigen. Beispielhaft dafür steht «Nicaragua». Einflüsse von kritischen ChristInnen und der Alternativbewegung sind in dieser Phase deutlich erkennbar. Die dritte Phase beginnt schließlich mit dem Epochenbruch von 1989. Die Überschrift könnte lauten: «Von der Machtversessenheit der APO zur Machtvergessenheit der Nichtregierungsorganisationen». Das Denken in Interessen wird in der «Einen Welt» als obsolet erklärt. Stattdessen hält die große Harmonie Einzug: überall Konsensgespräche an runden Tischen, die zwar zu keinen Ergebnissen führen, aber das Gefühl vermitteln, mitgestalten zu dürfen.

Mit Seattle scheint dieser «Liberalismus der Erschöpften» (Narr) an sein Ende gekommen zu sein. Eine neue internationalistische Bewegung wird an keine der vorangehenden Phasen bruchlos anknüpfen können. Die neue Bewegung muss sich als Archäologin betätigen, die prüfen muss, welche Bruchstücke der Vergangenheit auch in Zukunft verwendet werden können. Um diese Bruchstücke zu finden, muss viel Schutt abgeräumt werden. Einige alte Gespenster müssen vertrieben werden, damit wir neuen Geistern das Gastrecht gewähren können.

Internationalismus hatte schon immer mehr mit der Situation im eigenen Land zu tun, als es viele seiner ProtagonistInnen glauben mochten. Die deutsche Geschichte ist der Hintergrund, vor dem sich der hiesige Internationalismus entwickelt hat. Die Entwicklungen hierzulande waren meist wichtiger für den Blick auf die sog. Dritte Welt als die Situation in diesen Ländern selbst. Wer sich mit der Ideengeschichte des Internationalismus beschäftigt, wird nicht umhin können, sich mit dem eigenen Land zu beschäftigen. Die protestantische Tradition wird da ebenso eine Rolle spielen wie der Faschismus. Wir begleiten die Situationisten und Surrealisten bei ihren Provokationen. Wir stellen uns aber auch die Frage, was die Postkartenhäuser am Chiemsee, Dagobert Duck und die Arzt- und Heimatromane mit Internationalismus zu tun haben. Wir verfolgen also Spuren, die scheinbar ins Leere führen. Solcherart wollen wir die Frage beantworten, vor welchem Hintergrund bestimmte Ideen aufkamen, hegemonial wurden und wieder verschwanden. Um deutlich zu machen, wann, wie und warum dies geschehen konnte, habe ich mich um eine atmosphärisch dichte Beschreibung bemüht. Dafür eignet sich die Form des

Essays besser als eine wissenschaftliche Arbeit. Aber ohne Bereitschaft, sich in die Welt der Ideen und Theorien verwinden zu lassen, kann auch dieses Buch nicht gelesen werden.

Es gibt keine Objektivität. Jedes Buch ist aus einer bestimmten Perspektive geschrieben. So auch dieses. Es ist die Perspektive eines linken Aktivisten, der seit 25 Jahren in sozialen Bewegungen ständig seine nächsten Irrtümer vorbereitet. Seit einiger Zeit tue ich dies im Arbeitsschwerpunkt Weltwirtschaft des BUKO (Bundeskoordination Internationalismus). Es sind zum Teil meine eigenen Irrtümer, die im folgenden kritisiert werden. Die offene und kritische Auseinandersetzung mit der eigenen Vergangenheit halte ich für wichtig. Wenn es stimmt, dass die Linke in all ihren Strömungen gescheitert ist, dann müssen die Ursachen für ihr Scheitern deutlich werden. Gerade wenn man auf eine neue emanzipatorische Bewegung hofft. Das heißt nicht, dass man die ganze Vergangenheit verwerfen muss. Das Wichtigste an «68» und vorher an der Russischen Revolution war, dass es Menschen gab, die sich mit den herrschenden Verhältnissen nicht abgefunden haben, sondern auf einen Neuanfang gesetzt haben.

Eine Einführung kann nicht allen Positionen gerecht werden. Es kam mir im Zweifelsfall darauf an, die politisch wirkmächtigsten Ideen deutlich zu machen. Die wünschenswerte Differenzierung war nicht immer möglich. Die Komplexität der Theorie – etwa eines Fanon – kann im Rahmen dieser Einführung nicht eingeholt werden. Ein Sartre hätte ein eigenes Kapitel verdient gehabt. Dasselbe gilt für Louis Althusser, der einer der Geister ist, die in diesem Buch im Hintergrund rumspuken.

Auch die mögliche Differenzierung von Begriffen habe ich aus Platzgründen unterlassen. So haben etwa die Begriffe Dritte-Welt-, Internationalismus- und Solidaritätsbewegung durchaus unterschiedliche Bedeutungsebenen, werden aber in diesem Buch großteils synonym verwandt. Dasselbe gilt für die StudentInnenbewegung, die mit der Außerparlamentarischen Opposition (APO) und den 68ern gleichgesetzt wird. Im Rahmen dieser Arbeit erschien mir dies vertretbar.

Zum Schluss möchte ich all denen danken, die direkt oder indirekt zum Gelingen dieses Buches beigetragen haben. Zuerst gilt der Dank den Leuten im BUKO-ASWW. Dank auch an all die anderen, die mich mit Ideen versorgt sowie genötigt haben, meine Positionen immer wieder zu hinterfragen und zu klären.

1. Die Vorgeschichte – Der proletarische Internationalismus

Die Geschichte des Internationalismus begann mit einem Paukenschlag. «Die Proletarier haben nichts in ihr (der Revolution, Anm. J.H.) zu verlieren als ihre Ketten. Sie haben eine Welt zu gewinnen. Proletarier aller Länder, vereinigt euch!» fordern Marx und Engels im Schluss-Satz des «Kommunistischen Manifests». Ihr Wunsch wurde den Arbeiterbewegungen in den jeweiligen Ländern nicht Befehl. Statt sich zu vereinigen, zerstritten sie sich. Die Hoffnung von Marx und Engels, dass die industrielle Bourgeoisie «nicht nur die Waffen geschmiedet» hat, die «ihr den Tod bringen; sie hat auch die Männer gezeugt, die diese Waffen führen werden – die modernen Arbeiter, das Proletariat» (MEW 4, 468), sollte sich nicht erfüllen. Die Proletarier verfolgten nicht ihre «eigentlichen Interessen» – zumindest verfolgten sie nicht das, was Marx und Engels darunter verstanden. Der Internationalismus war nur die seltene Ausnahme, etwas, das für Sonntagsreden taugte, nicht aber für den Alltag. Stattdessen verfolgten die Arbeiterbewegungen viel eher eine Politik des Burgfriedens mit der eigenen nationalen Bourgeoisie und den nationalen Regierungen. Die Zustimmung für die Kriegskredite im August 1914 ist vielleicht das bekannteste von vielen Beispielen.

Wie kam es zu dieser Fehleinschätzung von Marx und Engels? Warum gelang es der Arbeiterbewegung nicht, den nationalen Rahmen zu überspringen? Wollte sie das überhaupt?

Als Marx und Engels am Manifest schrieben, waren sie in einem fast grenzenlosen Fortschritts- und Entwicklungsoptimismus befangen. Ihre Hoffnungen gründeten auf der rasanten industriellen Entwicklung, die sich ausgehend von England auf andere Länder ausbreitete. Diese begrüßten sie enthusiastisch. Für sie vereinfachten sich dadurch die Klassengegensätze enorm. Die bürgerliche Gesellschaft schien alle Formen ständischer Herrschaft und Ausbeutung verdampfen zu lassen. Indem die Bourgeoisie diese Entwicklung vorantreibt, spielt sie in den Augen von Marx und Engels eine revolutionäre Rolle. Denn sie läßt «kein anderes Band zwischen Mensch und

Mensch» übrig als das «nackte Interesse. (...) Sie hat die heiligen Schauer der frommen Schwärmerei, der ritterlichen Begeisterung, der spießbürgerlichen Wehmut in dem eiskalten Wasser egoistischer Berechnung ertränkt» (464). Der Zwang zum Profit, zur Verwertung des Werts, zwingt die Bourgeoisie zur ständigen Umwälzung der Produktivkräfte. Dies ist auch der Grund, warum der Kapitalismus über den nationalen Rahmen hinaus drängt und den Weltmarkt erschafft. Damit werden alle Regionen der Erde in den Strudel des Kapitalismus hinein gedrängt. Mit der Handelsfreiheit, dem Weltmarkt, der Gleichförmigkeit der Produktion und den entsprechenden Lebensverhältnissen verschwinden alle nationalen Besonderheiten. Dies bedeutet für Marx und Engels, dass der Kampf der Arbeiterklasse seinem Inhalt nach international sein muss, auch wenn er es seiner Form nach noch nicht ist. «Die Arbeiter haben kein Vaterland. Man kann ihnen nicht nehmen, was sie nicht haben» (479).

Im Kapitalismus sehen Marx und Engels den bisher höchsten Stand der Zivilisation verwirklicht. Indem selbst die «barbarischsten Nationen» in den Weltmarkt integriert werden, erweist der Kapitalismus – ungewollt – erneut dem Fortschritt seine Dienste. «Seid böse und alles wird gut» lautet die Antwort des liberalen Kapitalismus auf die Theodizee-Frage, die nach der Ursache für das Böse in der Welt fragt. Es ist «die List der Vernunft» (Hegel), dass der Kapitalist, wenn er sein nacktes, höchst egoistisches Interesse verfolgt, zugleich dem Allgemeinwohl dient. Bis hierher stimmen Marx und Engels im Anschluss an Adam Smith und David Ricardo dem bis heute gültigen zentralen Theorem der liberalen Ideologie zu, dass die Verfolgung der Eigeninteressen zum Wohle aller ist. Dies erfolgt hinter dem Rücken der jeweils Einzelnen, ist also den Handelnden nicht bewusst.

Während aber die liberalen Theoretiker im Kapitalismus schon das Ende der gesellschaftlichen Entwicklung feiern, schafft für Marx und Engels der Kapitalismus erst die materielle Voraussetzung für eine neue Stufe der Vergesellschaftung, den Kommunismus. Die Klasse, die dem Kapitalismus den Todesstoß versetzen wird, ist das Proletariat. Die Proletarier sind durch die Angleichung der Lebenslagen gezwungen, ihre Beziehungen nüchtern zu betrachten. In diesem Prozess kommt das Proletariat zum Bewusstsein seiner selbst. Es ist die wahrhaft revolutionäre Klasse, die wegen ihrer Eigentumslosigkeit nichts zu verteidigen hat. Deswegen wird sie sich mit kosmetischen Zugeständnissen nicht zufrieden geben. «Das Proletariat, die unterste Schicht der jetzigen Gesellschaft, kann sich nicht erheben, nicht aufrichten, ohne dass der ganze Überbau der Schichten, die die offizielle Gesellschaft bilden, in die Luft gesprengt wird.» (472)

Unverkennbar ist, dass die Geschichtsphilosophie der jungen Marx und Engels die Eierschalen der Philosophie Hegels noch nicht abgelegt hat. Ihre Vorstellungen vom Fortschritt der Geschichte und der Geschichte des Fortschritts atmen in all ihren Poren die Luft Hegels. Sie glauben, dass der Geschichte ein teleologischer Prozess innewohnt. Für Marx und Engels ist das Ende der Geschichte mit dem Kommunismus, der Utopie des Guten ohne Herrschaft, erreicht. Für Hegel ist bereits mit dem preußischen Staat Schluss.

Diese Entwicklung zeige, so Hegel, dass die Vernunft in der Geschichte am Werk ist. Dass die Vernunft die Welt beherrsche, ist für Hegel «Voraussetzung in Ansehung der Geschichte als solcher überhaupt» (Hegel 20). Die Vernunft setzt sich vermittels des Weltgeistes durch, der sich im Laufe der Geschichte in verschiedenen Personen und Völkern verobjektiviert. Seine Agenten waren die Ägypter, die Griechen, Cäsar und die Römer sowie Napoleon, bis mit dem preußischen Staat der Höhepunkt und das Ende der Geschichte erreicht ist.

Die Philosophen Marx und Engels konstruierten eine andere Abfolge von Epochen als Hegel. Bei ihnen wurde die Urgesellschaft von der Sklaverei abgelöst, der dann wiederum Feudalismus und Kapitalismus folgten. Abgeschlossen wird die Geschichte von Sozialismus und Kommunismus. Diese Vorstellung eines gesetzesmäßigen Ablaufs der Geschichte ist sehr eurozentristisch und hat etwas Naives. Die geschichtsphilosophische Erzählung von der absoluten Gerechtigkeit gleicht in ihrer Struktur einem Trivialroman. Beide sind bekanntlich dreigliedrig: Es gibt eine homogene, authentische, organische, nichtentfremdete oder wie auch immer Ausgangsposition (Teil 1). In Teil 2 bricht das Nichtidentische bzw. Fremde ein: Im Arztroman ist es die Krankheit, die die Schöne befällt; im Berg- und Heimatroman ist es der Städter, der der Magd die Augen verdreht und sie von ihrem für sie bestimmten Naturburschen entfremdet. In Teil 3 schließlich ist der Feind Gott sei Dank besiegt, und die Zeitläufte erhalten wieder ihre wahre Bestimmung: Der aufopferungsvolle Arzt besiegt die hässliche Krankheit und verliebt sich in die schöne Patientin; die Magd erkennt das aggressive Wesen des Städters und heiratet, wie es sich gehört, den für sie bestimmten Naturburschen. Die homogene Ausgangssituation wurde auf erweiterter Stufenleiter – nach einer Bewährung gegenüber der Differenz und dem Fremden – wiederhergestellt.

Die große geschichtsphilosophische Erzählung der Linken von der absoluten Gerechtigkeit hatte eine ähnliche Struktur. Und dies gilt für fast alle seine Varianten, zumindest aber für die Sozialdemokratie, den Kommunismus und den Anarchismus. Zwar gab es Unterschiede, vor allem bei der Rolle des Staates und der Zeitdimension. Die Sozialdemokratie bevorzugte die Utopie des Chronos, der linear-homogenen Zeit (vgl. Benjamins Thesen «Über den Begriff der Geschichte»). Danach wird der homogene Teil 3 durch einen kontinuierlichen, quasinatürlichen Prozess der Reform erreicht. Der Städter sieht ein, dass er stört und zieht sich freiwillig vom Land zurück, genauso wie sich der Kapitalismus dereinst von der Bühne der Geschichte verabschieden wird, wenn die Sozialdemokraten und Lobbyisten aller Länder sich vereinigt und ihn zu Tode reformiert haben.

Dagegen setzten Kommunismus und Anarchismus die Utopie des Kairos, des günstigsten Augenblicks. Es ist dies der bestimmte Augenblick, der die linear-homogene Zeit aufsprengt und etwas völlig Neues entstehen läßt. Es ist dies die Vorstellung eines christlich-messianischen Utopismus. Die Phase der Urgesellschaft (Teil 1) wird durch Gewalt aufgesprengt (vgl. etwa die Gründungsmythen von Kain und Abel oder von Romulus und Remus). In Teil 2 ist immer mächtig was los. Es ist die Phase der Klassenkämpfe, die man in die Epochen der Sklavenhaltergesellschaft, des Feudalismus oder des Kapitalismus unterteilen kann. Schließlich sorgt der Held – das vor Kraft strotzende Proletariat – dafür, dass mit dem unappetitlichen Kuddelmuddel Schluß ist. Die hegelianische Dialektik ist durch die Versöhnung von Identischem und Nichtidentischem an ihr Ende gekommen. Der Naturbursch läßt sich die Aufdringlichkeit des Städters nicht mehr gefallen und jagt ihn zum Teufel. Die Magd erkennt ihren wahren Helden.

Die Geschichtsphilosophie sollte nicht das einzige problematische Erbe Hegels in der Geschichte der Arbeiterbewegung bleiben. Ebenso gravierend war seine Apologie des Staates. Der Staat ist für Hegel das sittliche Ganze; nur im Rahmen eines

Staates kann das Individuum seine Freiheit finden. Es ist das «absolute Interesse der Vernunft», dass «das sittliche Ganze – der Staat» existiert. (Hegel 55) Völker ohne Staat sind «geschichtslose Völker» ohne Bedeutung. Sie sind zum Untergang verurteilt und nicht wert, erhalten zu werden. Auch in den Augen von Marx und Engels sind «geschichtslose Völker» Werkzeuge der Reaktion und müssen bekämpft werden. Deshalb stellen sie sich auf die Seite des Fortschritts. Dort sehen Marx und Engels auch die Kolonisatoren, die mit ihren Eroberungen ja erst einen Weltmarkt schufen. Sie verteidigten die Annexion Kaliforniens durch die «energischen Yankees» gegenüber den «faulen Mexikanern»; in der Eroberung Algeriens sahen sie eine «günstige Tatsache für den Fortschritt der Zivilisation» (zit. nach Löwy 1999, 27). Besonders für Engels waren die südslawischen Völker der Inbegriff der reaktionären Völker, zu denen sich in Europa die Bretonen, Schotten und Basken hinzugesellten. Ihnen gegenüber hegte Engels Vernichtungsphantasien. «Diese Reste einer von dem Gang der Geschichte, wie Hegel sagt, unbarmherzig zertretenen Nation, diese *Völkerabfälle* werden jedesmal und bleiben bis zu ihrer gänzlichen Vertilgung oder Entnationalisierung die fanatischen Träger der Konterrevolution, wie ihre ganze Existenz überhaupt schon ein Protest gegen eine große geschichtliche Revolution ist» (MEW 6, 172).

Die Philosophie Hegels war die Katastrophe im Marxismus und im Internationalismus. Das in aller Deutlichkeit herausgearbeitet zu haben, ist das große Verdienst Louis Althussers (1974). Es waren die hegelianischen Argumentationsfiguren von Fortschritt, Entwicklung und einer mit sich selbst identischen Gesellschaft am Ende der Geschichte, die auch den Stalinismus ermöglichten (Labica). Die Vernunft materialisiert sich in der Geschichte. Der Endpunkt in der Geschichte ist der Kommunismus. Der Weltgeist, mit dessen Hilfe die Vernunft in der Geschichte wirkt, sind in der kommunistischen Lesart der Hegelschen Geschichtsphilosophie nicht Völker oder Staaten, sondern die fortschrittlichen Klassen. Im Endkampf zwischen Bourgeoisie und Proletariat setzt sich letztendlich das Proletariat durch. Die Avantgarde des Proletariats, die revolutionäre Partei, kennt durch ihre wissenschaftliche und materialistische Geschichtsauffassung die Gesetze der Geschichte. Wenn das Proletariat der Weltgeist ist, der noch unbewusst in der Geschichte wirkt, so wirkt die Vernunft mit Hilfe des Weltgeistes «proletarische Partei» zum ersten Mal in der Geschichte bewusst. Diese Geschichtskonstruktion wird durch die Figur des Großen Vorsitzenden – Stalin – um eine Schraube weiter gedreht. Im Personenkult Stalins kulminiert und verdichtet sich Fortschritt und das Naturgesetz der Entwicklung sowie Wahrheit und Wissenschaft. Wer diesem Fortschritt widerspricht, kann nur ein Abweichler von der richtigen Linie, ein Renegat sein. Da die Partei und ihr Vorsitzender die Entwicklungsgesetze der Geschichte kennen, dürfen sie die Geschichte abkürzen. Die Geschichte ist das Weltgericht und die Partei und ihr Führer ihre Exekutoren. Schon Marx hatte im Vorwort zum ersten Band des Kapitals darauf hingewiesen, dass eine Gesellschaft, die dem Naturgesetz ihrer Entwicklung auf die Spur kommt, bestimmte Gesellschaftsformationen nicht überspringen, aber die «Geburtswehen» dieses naturgeschichtlichen Prozesses abkürzen könne. Die Partei und Stalin waren diesem Naturprozess mit Hilfe von Marxens Kapital auf die Schliche gekommen. Jetzt galt es zu handeln. Die Rolle, die bei Hegel und bei Engels die geschichtslosen Völker bzw. die «Völkerabfälle» eingenommen hatten, waren bei Stalin die aus seiner Sicht reaktionären Klassen, insbesondere die Kulaken, worunter keineswegs nur die Großbauern zu verstehen waren. Sie waren Vertreter einer Klasse ohne Zukunft und somit dem Untergang geweiht. Da die Partei ja nur die Gesetze des Weltgerichts exekutierte, war den Kulaken gegenüber die Anwendung von Gewalt in Form von Zwangsrequirierung, -kollektivierung und -modernisierung erlaubt. Diese war durch die Aussicht auf eine bessere Zukunft, eine Welt ohne Ausbeutung und Unterdrückung, gerechtfertigt. Wie Marx im über die Kolonisierung Indiens schrieb, gleicht der menschliche Fortschritt jenem «scheußlichen heidnischen Götzen, der den Nektar nur aus den Schädeln Erschlagener trinken wollte». Der Freiheit mußten auf der Schlachtbank der Geschichte nun einmal Opfer gebracht werden, betonte schon Hegel. Dies wurde in der Geschichte der Sowjetunion überdeutlich.

In Bezug auf Fortschritt und Entwicklung argumentierten Marx und Engels zumindest in ihrer Frühphase eurozentristisch. Solidarisch konnte man nur mit den historisch fortschrittlichen Nationen sein. In England war die Entwicklung am weitesten fortgeschritten. So wie in England wird es in Zukunft in allen anderen Ländern sein, denn «das industriell entwickeltere Land zeigt dem minder entwickelten nur das Bild der eigenen Zukunft» (MEW 23, 12).

In späteren Schriften sah Marx das Verhältnis der «entwickelten» zu den «unterentwickelten» Staaten differenzierter, insbesondere in den Schriften zu Indien und Irland. Die Ausbeutung dieser Länder habe ihre Entwicklung verhindert. Und in Bezug auf Russland verabschiedeten sich Marx und Engels von ihren deterministischen Geschichtsauffassungen. In Russland sei ein direkter Übergang zum Kommunismus möglich, ohne «alle verhängnisvollen Wechselfälle des kapitalistischen Systems durchzumachen» (MEW 19, 108). Sie begründeten dies mit den völlig unterschiedlichen gesellschaftlichen Strukturen in Ost und West. Die russischen Dorfgemeinschaften, die Obschtschinas, machten den direkten Übergang zum Kommunismus zumindest denkbar.

Im Hinblick auf das Scheitern des proletarischen Internationalismus sind Marx und Engels Opfer ihres eigenen Fortschrittsdenkens geworden. Die Annahme, der Weltmarkt führe zu einer Angleichung der Arbeitsbedingungen und darüber zu einer Vereinheitlichung der Interessen des Proletariats und letztendlich zu revolutionären Bewusstseinsformen, sollte sich als gravierende Fehleinschätzung erweisen. Im Gegensatz zu den konkreten historischen Studien wie dem «18. Brumaire» oder den «Klassenkämpfen in Frankreich», in denen sie die Klassenkämpfe sehr differenziert analysieren, verfallen Marx und Engels in ihren geschichtsphilosophischen Arbeiten immer wieder einem ökonomistischen Determinismus, der Bewusstsein aus der Stellung im Produktionsprozess ableiten will. Es gibt aber keine direkte Verbindung zwischen materieller Basis und Bewusstsein. Die historische Arbeiterklasse entwickelte sich deshalb auch viel differenzierter und widersprüchlicher.

Der marxistische Historiker Edward P. Thompson hat in seinen Arbeiten immer wieder die Vielschichtigkeit von Klassenbildungsprozessen betont. Die traditionelle marx(isti)sche Klassentheorie blendet nach Thompson das konkrete Handeln der an diesem Prozeß beteiligten Menschen aus. Die Bedeutung des Handelns wird schon im englischen Titel seines Standardwerkes deutlich: «The *Making* of the English Working Class». Deshalb vertritt er auch einen anderen Klassenbegriff. «Ich betrachte Klasse nicht als eine ‹Struktur› oder gar als eine ‹Kategorie›, sondern als etwas, das sich unter Menschen, in ihren Beziehungen, abspielt (...). Die Arbeiterklasse trat nicht wie die Sonne zu einem vorhersehbaren Zeitpunkt in Erscheinung; sie war an ihrer eigenen Erscheinung beteiligt» (7). Durch die Betonung des subjektiven Elements beim «Making» der Arbeiterklasse, wird dem Proletariat auch nicht mehr a priori ein revolutionäres Bewusstsein zugeschrieben. Klassenbewusstsein ist vielmehr «die Art und Weise, wie man diese Erfahrungen kulturell interpretiert und vermittelt: verkörpert in Traditionen, Wertsystemen, Ideen und institutionellen Formen. (...) Indem Menschen ihre eigene Geschichte leben, definieren sie Klasse, und dies ist letzten Endes die einzige Definition» (8). Die Vergesellschaftung durch Arbeit ist eine wichtige, aber beileibe nicht die einzige Vergesellschaftungsform: «The people», heißt es etwa bei Przeworski, sind ebenso «men or women, Catholics or Protestants, Northerners or Southerners. They are also consumers, taxpayers, parents, and city dwellers» (zit. nach Becker 152). Wie die Individuen diese Vergesellschaftungsformen wahrnehmen und welche Bedeutung sie ihnen beimessen, läßt sich vorab nicht bestimmen.

Die Arbeiterklasse in Deutschland verstand sich vor allem als *deutsche* Arbeiterklasse. Staat und Nation übten auf das Proletariat eine viel größere Anziehungskraft aus als der von Marx und Engels erhoffte proletarische Internationalismus. In den Debatten um die Bedeutung des Staates standen sich in Deutschland vor allem zwei Positionen gegenüber, die sich beide auf Hegel beriefen. Marx und Engels betrachteten den Staat als ein Übergangsphänomen, das mit der Entwicklung zum Kommunismus absterben sollte. Dagegen sah Lassalle, der charismatische Führer der ersten deutschen Arbeiterpartei – ADAV – im Staat den Inbegriff des sittlichen Ganzen. In dieser Frage konnte sich Lassalle eindeutig durchsetzen. Für Lassalle war der Staat der Ausdruck des nationalen Volksgeistes und wie bei Hegel der Garant von Sittlichkeit, Fortschritt und Freiheit. Im sozialen Volksstaat sah er den Endpunkt der Geschichte erreicht. «Ein Staat also, welcher unter die Herrschaft des Arbeiterstandes gesetzt wird, (...) würde mit höchster Klarheit und völligem Bewußtsein diese sittliche Natur des Staates zu seiner Aufgabe machen. Er würde (...) einen Aufschwung des Geistes, die Entwicklung einer Summe von Glück, Bildung, Wohlsein und Freiheit herbeiführen» (zit. nach Rabehl 139; Stephan). Die etatistische, also am Wohle des Staates ausgerichtete Politik der Sozialdemokratie hat hier ihre Wurzeln.

War Hegel für die Staatsfixierung der Sozialdemokratie «verantwortlich», so waren Goethe und Schiller die «Schuldigen» für das von der SPD behauptete Recht auf nationale

Selbstverteidigung. Die Arbeiterbewegung verstand sich immer als Erbin der deutschen Klassik. In ihr sah sie den Höhepunkt der menschlichen Kultur. Eine Nation, die eine solche Kultur hervorgebracht hat, verdient es, verteidigt zu werden. Die Weichen für eine Burgfriedens- und Kriegspolitik waren – trotz aller gegenteiligen Rhetorik – somit schon lange vor 1914 gestellt. Es fehlte nur der konkrete Anlass, um die Vaterlandsliebe unter Beweis stellen zu können. Die Schuldigen für eine Kriegsbeteiligung im Namen der Nation hatte man mit dem russischen Zarenreich und den Slawenvölkern schon längst ausgemacht. Darüber ließ Bebel auf dem Erfurter Parteitag von 1891 keinen Zweifel. «Greift Rußland, der Hort der Grausamkeit und Barbarei, der Feind aller menschlichen Kultur, Deutschland an, um es zu zerstückeln und zu vernichten, ... so sind wir so gut und mehr interessiert, wie diejenigen, die an der Spitze Deutschlands stehen, und werden dem entgegentreten» (zit. nach Grebing 137). Georg von Vollmar, der Führer der bayerischen Sozialdemokraten, dürfte auf dem Kongress der Sozialistischen Internationale 1907 in Stuttgart das Verständnis von Nationalismus und Internationalismus der meisten Sozialdemokraten getroffen haben: «Es ist nicht wahr, daß international gleich antinational ist. Es ist nicht wahr, daß wir kein Vaterland haben. Die Liebe zur Menschheit kann mich in keinem Augenblick hindern, ein guter Deutscher zu sein.» Deshalb warnte er vor der «Utopisterei eines Aufhörens der Nationen und ihres Unterganges in einen formlosen Völkerbrei» (zit. nach Grebing 136).

Die Selbstwahrnehmung vieler Sozialdemokraten, Teil einer kulturell höher stehenden Nation zu sein, führte zu einer Apologie von Kolonialismus und Imperialismus im Namen von Fortschritt und Entwicklung. In der Person von Lassalle ging die hegelsche Ansicht von den «geschichtslosen» und deshalb zum Untergang geweihten Völkern eine Einheit mit biologistisch-darwinistischen Vorstellungen ein. Auch der Kampf der Völker folgt für Lassalle dem darwinistischen «survival of the fittest». Die Unterlegenen sind für Lassalle der Eroberung preisgegeben. «Wie nun das Recht der Geschichte und ihrer Gesamtentwicklung das größere ist gegen das ihrer einzelnen Adern – der besonderen Völker –, (...) so bleibt das Recht der Volksgeister auf eigene Existenz daran gebunden, daß ein in eigener Weise sich entwickelnder und mit dem Kulturprozeß des Ganzen schritthaltender Volksgeist da sei. Andernfalls wird die Eroberung ein Recht entweder von vorneherein oder sie wird hinterher als solche erwiesen» (zit. nach Rabehl 133).

Die sozialdemokratische Historikerin Helga Grebing hat mit ihrer Behauptung Recht, dass es in der deutschen Sozialdemokratie einen (preußisch-)deutschen Patriotismus gab, der seine Anziehungskraft positiv aus der Zugehörigkeit zur deutschen Kulturnation und negativ aus der Furcht vor dem «Schreckgespenst des Zarismus» zog. So ist es nicht verwunderlich, dass die Kolonialpolitik in der Sozialdemokratie immer mehr Anhänger fand. Zur Legitimation wurde von den Parteivertretern ein ganzes Bündel unterschiedlichster Argumente in den Ring geworfen (Gründer 75f): z.B. die Verringerung der Arbeitslosigkeit durch die Absatzsteigerung auf den ausländischen Märkten und die Notwendigkeit von Kolonien als Rohstoffquellen. «Selbst die paternalistische Idee einer Erziehung der ‹ rückständigen› Eingeborenen und rassistische Theorien waren innerhalb der Partei nicht mehr fremd» (76). All dies sei im Interesse des «weißen Proletariats», so der Sozialdemokrat Quessel.

Es kam nicht aus heiterem Himmel, dass sich die Sozialdemokratie im Ersten Weltkrieg bereitwillig auf die Schlachtbank der Geschichte führen ließ. Die Götzen Staat und Nation konnten im Namen des «Fortschritts» genügend Nektar aus den Schädeln der Ermordeten saugen. Der Erste Weltkrieg markiert auch ein erstes Scheitern des von Marx und Engels entworfenen proletarischen Internationalismus. An der Zustimmung zu den Kriegskrediten zerbricht die Organisation der Arbeiterbewegungen, die 1889 gegründete II. Internationale. Lenin machte für die Zustimmung zu den Kriegskrediten die «Arbeiteraristokratie» verantwortlich, die sich von der jeweiligen nationalen Bourgeoisie habe bestechen lassen und dafür die Interessen des Proletariats verraten habe. Eine Analyse, die angesichts der breiten Zustimmung zur Burgfriedenspolitik sicher zu kurz greift. Nach dem Ersten Weltkrieg gründeten die kommunistischen Parteien eine neue Internationale. Streng hierarchisch gegliedert orientierte sie sich an den Interessen der Sowjetunion. Die jeweiligen nationalen Sektionen waren weisungsgebunden. Linke Organisationen, die sich nicht dem Diktat der Sowjetunion unterordneten, wurden oft gnadenlos verfolgt. Trauriges Beispiel ist die Verfolgung der AnarchistInnen und der POUM, einer als faschistisch denunzierten linkssozialistischen Organisation, während des Spanischen Bürgerkrieges von 1936-1939. Trotzdem stellt der Kampf der insgesamt ca.

45.000 internationalen BrigadistInnen gegen General Franco und seinen faschistischen Verbündeten aus Deutschland und Italien sicher das herausragende Ereignis in der Geschichte des Internationalismus dar.

2. Von Vietnam bis Kambodscha – revolutionäre Ungeduld

Der Internationalismus der Arbeiterbewegung hatte nach dem Nationalsozialismus aufgehört zu existieren. Nur noch Wenige engagierten sich in internationalistischen Kampagnen wie der Algerien-Solidarität. Bei ihr stand die praktische Hilfeleistung im Vordergrund. Erst mit der StudentInnenbewegung der 60er Jahre gewann der Internationalismus auch theoretisch wieder an Bedeutung (Balsen/Rössel 84). Mehr noch: Er war einer ihrer zentralen Bestandteile. Internationalismus und «68» bildeten eine Einheit und müssen deswegen auch so behandelt werden. «68», APO (Außerparlamentarische Opposition), StudentInnenbewegung: Wie die gespenstische Debatte Anfang 2001 um die militante Vergangenheit von Außenminister Fischer – er war in den 70er Jahren Mitglied des «Revolutionären Kampfes» – gezeigt hat, beschäftigt die APO immer noch die Öffentlichkeit. Allerdings hat sich ein schleichender Bedeutungswandel vollzogen. Galt die APO früher als Auslöser für einen gelungenen Modernisierungsprozess, wird «68» heute in immer düstereren Farben gemalt – auch und vor allem von den damaligen AktivistInnen. Die Warnung des Maquis de Posa aus Schillers «Don Carlos» – «Verachte nicht die Träume deiner Jugend» – scheint heute ungehört zu verhallen. Überall Distanzierungsrituale. Karl Heinz Bohrer, der Herausgeber des «Merkur», wirft vielen «68»ern vor, in den allgemeinen Singsang einzustimmen, wie «schrecklich undemokratisch, aggressiv und politisch zerstörerisch» sie gewesen seien. Damit würden sie aber den Kotau vor der herrschenden Bankangestelltenmentalität machen. Die derzeitige abstrakte, moralisierende Bewertung der Gewalt der «68»er sei völlig defizitär. «Wer damals Angriffe berittener Polizei gegen unbewaffnete Studentenmassen gesehen hat und sich (...) von der polizeistaatlichen Mentalität überzeugen konnte, 20 Jahre nach dem Ende des ‹Dritten Reiches›, dem erscheint die heutige Indignation, es seien Steine geworfen worden, von jener Begriffsstutzigkeit, die keine Antwort verdient.» Durch die Reduktion auf die Gewaltfrage werde die facettenreichste Nachkriegsperiode zugunsten einer

Gut-Böse-Moralisiererei begradigt. Der «heutige Zuruf ‹ Distanzieren!› [zielt] auf die Vernichtung des libidinösen Ausbruchs der 60er insgesamt», so Theweleit. Die unterschiedlichen Elemente von «Gewalt» verdampfen dabei im Brei der Totalitarismustheorien. Die Banalisierung von «68» durch die Brille von 2001 verdecke die Charakteristik eines existenziellen und historischen Sprungs. Die Debatte von 2001 zielt darauf, die Legitimität dieses Sprunges in Abrede zu stellen und damit auch die aller künftigen Revolten. Was «68» gewesen sein wird, ist also auch der Kampf der Gegenwart und der Zukunft.

Die Legitimität von «68» zu verteidigen, erfordert die kritische, nicht denunziatorische Auseinandersetzung mit all seinen Facetten und Widersprüchen. Dazu gehören natürlich auch die Schattenseiten von «68»: der protestantische Rigorismus großer Teile; das autoritäre Gehabe, obwohl man sich als antiautoritär verstand; die Verabsolutierung der Militanz; das Versagen und Scheitern in vielen Bereichen – auch gemessen an den eigenen Ansprüchen. All dies ist nur vor dem Hintergrund einer politisch aufgeladenen Epoche zu verstehen. In der heutigen Debatte werden diese Zeitumstände zu wenig berücksichtigt. Vielmehr werden die «Noten für 68 vom analytischen Hochsitz der Retrospektive aus, nachdem alle Schlachten geschlagen sind, verteilt» (Theo Bruns). Was waren die Zeitumstände und welche Rolle spielte der Internationalismus? Machen wir einen kleinen Umweg über Stationen der deutschen politischen Nachkriegskultur.

2.1 Die Gefahr eines kalten Faschismus – Die Analysen Karl Jaspers und Herbert Marcuses

Die Zeit zwischen Zweitem Weltkrieg und StudentInnenbewegung ist gekennzeichnet durch eine rasante wirtschaftliche Aufwärtsentwicklung (Altvater 1982; Hirsch/Roth 1986). Lokomotive des Fortschritts wurden die USA. Fortschritt wurde bald in Anlehnung an das US-amerikanische Leitbild als FORD-Schritt buchstabiert. Der «Traum immerwährender Prosperität» (Lutz 1989) wurde zur Chiffre dieser Zeit. Grundlage war ein korporatistischer Sozialpakt auf Basis einer tayloristischen Arbeitsorganisation und eines komplexen und hochverdichteten Regulationssystems. Dieser sicherte den Arbeitnehmern

Reallohnsteigerungen und den Unternehmern betrieblichen Frieden sowie hohe Produktivitätsraten. Der neue Wohlstand veränderte die Sozialstruktur Deutschlands. Es entstanden «neue Mittelschichten». Vor allem sie profitierten von der neuen räumlichen und sozialen Mobilität. Der Großteil der Bevölkerung begrüßte diesen Modernisierungsprozess (Glaser 1991, 148 ff). Das bisher unbekannte Wohlstandsniveau schuf eine Atmosphäre der Zufriedenheit und Sicherheit.

Von einer politischen Modernisierung konnte dagegen keine Rede sein. Oppositionelle sahen in dieser Sicherheit eine Fassade, hinter der neue Bedrohungen lauerten. Diese ergaben sich vor allem aus der geplanten Verabschiedung der Notstandsgesetze. Dabei ging es unter anderem um den Einsatz der Bundeswehr im Bundesgebiet im Falle eines «Notstandes» und um die massive Einschränkung zahlreicher Grundrechte. KritikerInnen sahen darin den Beweis für die «Faschisierung der Gesellschaft». Für die Konstitutierung der StudentInnenbewegung war die sinnliche Wahrnehmung dieser Prozesse von herausragender Bedeutung. Nach den Protesten gegen die Remilitarisierung in den 50er Jahren und der «Stop-den-Atomtod-Kampagne» war die politische Opposition erlahmt. Hinzu kam, dass die SPD mit der Verabschiedung des Godesberger Programms im November 1959 sich von ihrer neutralistischen und antimilitaristischen Haltung der Nachkriegszeit verabschiedet hatte. Kritiker dieser Entwicklung, wie der Sozialistische Deutsche Studentenbund (SDS), wurden aus der Partei ausgeschlossen. Ein Gefühl der Friedhofsruhe machte sich breit. Eine «Gesellschaft ohne Opposition» stand drohend vor der Tür.

Insofern es noch öffentlichen Protest gab, wurde mit administrativen Auflagen alles unternommen, ihn zu kanalisieren und in seiner Wirkung zu minimieren. Einen Eindruck von der gesellschaftlichen Atmosphäre vermittelt ein Bescheid an die Organisatoren des Ostermarsches 1961: «Im Auftrag des Herrn Landrats bestätige ich Ihre Anmeldung für den sogenannten Ostermarsch gegen Atomwaffen. Soweit die Demonstration durch das Gebiet des Landkreises Obernburg führt, darf nur auf Feldwegen und Landstraßen 3. Ordnung demonstriert werden. Die rechte Straßenseite ist streng einzuhalten, und es darf nur in Zweierreihen gegangen werden. Eine Kundgebung auf dem Marktplatz von Obernburg wird nicht genehmigt, weil dadurch am Samstagnachmittag Ruhestörungen und Belästigungen zu erwarten sind. Für Ihre Kundgebung steht Ihnen das Sportgelände direkt am Main zur Verfügung. Da nicht auszuschließen ist, dass bei der Demonstration kommunistische Parolen mitgeführt werden, sind sie verpflichtet, alle Parolen und Flugblattexte, bevor sie öffentlich zugänglich gemacht werden, meiner Behörde zur Einsicht vorzulegen. Die beantragte Benutzung von Lautsprechern kann nicht genehmigt werden. Sofern Sie auf Ihrer Demonstrationsstrecke die Bundesstraße 469 überqueren müssen, hat sich die Demonstration aufzulösen, und die Transparente sind einzurollen» (zit. nach Hirsch/Roth 216).

Nicht zuletzt gegen diese «Blockwartmentalität» (Heiner Müller), die in solchen Auflagen zum Ausdruck kam, rebellierte die APO. Es war eine Mentalität, in der die deutschen Sekundärtugenden wie Ruhe, Sauberkeit und Ordnung zur ersten Bürgerpflicht wurden. Die vorherrschenden Vorstellungen von einem guten und gelungenen Leben orientierten sich an den «Postkartenhäusern am Chiemsee. Jedes Haus ist so zu Ende geputzt, dass Umweltverschmutzung zur letzten Hoffnung wird» (Heiner Müller 1990, 57). Als geistige Umweltverschmutzung wurde der Protest der APO in der öffentlichen Meinung tatsächlich begriffen. Das Leitbild einer «formierten Gesellschaft», so der damalige CDU-Bundeskanzler Ludwig Erhard, erlaubte keinen Widerspruch und keine Dissidenz. Grundsätzliche Kritik wurde als Verrat aufgefasst. Die Verfolgung von politischen GegnerInnen nahm absurde Ausmaße an. Nur ein Beispiel: 1961 wurde Elfriede Kautz aus Hannover unter anderem wegen «landesverräterischer Beziehungen» zu einem Jahr Gefängnis ohne Bewährung und zu fünf Jahren Ehrverlust verurteilt, weil sie als Mitarbeiterin der Arbeitsgemeinschaft «Frohe Ferien für alle Kinder» preiswerte Ferienfahrten in die DDR organisiert hatte. Sie gehört bis heute zu den «vergessenen Justizopfern des Kalten Krieges» (Gössner). Noch immer wartet sie auf ihre Rehabilitierung. [1]

Gerade nach dem Mauerbau herrschte in Deutschland ein paranoides Klima. Konservative versuchten die Spielpläne westdeutscher Theater von Brecht-Stücken zu säubern. Die deutschen Bischöfe ließen es sich in einem gemeinsamen Hirtenwort zu den Bundestagswahlen nicht nehmen, zur Wahl christlicher Kandidaten aufzurufen, die «einer inneren Bolschewisierung rechtzeitig Einhalt gebieten». Als 1961 eine Aufführung von Mozarts «Hochzeit des Figaro» wegen eines angeblich unsittlichen Bühnenbildes verboten wurde, gründeten einige bekannte linksliberale Persönlichkeiten (u.a. der Professor G.

Szczesny, der Psychoanalytiker A. Mitscherlich und der Generalstaatsanwalt F. Bauer) die Humanistische Union mit dem Ziel «der Befreiung des Menschen aus den Fesseln obrigkeitsstaatlicher und klerikaler Bindungen».

Vor allem mit solchen obrigkeitsstaatlichen Vorstellungen musste sich die kulturelle Revolte auseinandersetzen. Das in Deutschland seit der Romantik vorherrschende konservative Staatsverständnis lebte auch nach dem Faschismus weiter. Nach 1945 war es lediglich von ihren rassistischen Bestandteilen gereinigt worden. Entgegen dem republikanischen Staatsverständnis etwa in Frankreich geht die deutsche Staatstradition von einer mythischen Einheit von Staat, Nation, Volk und Einzelnem aus. Der Staat ist Ausdruck der organischen Einheit des Volkes. Aufgrund dieser Konstruktion eines mit sich selbst identischen Willens des deutschen Volkes sind alle, die diesem widersprichen, grundsätzlich verdächtig. Sie sind die inneren Feinde, die die natürliche Einheit der deutschen Nation vernichten und vergiften, sie sind die Brunnenvergifter und Nestbeschmutzer, die verfolgt werden müssen. Dieses Staatsverständnis korrespondierte mit einem Freiheitsverständnis, das sich grundsätzlich von einem republikanischen Freiheitsverständnis unterschied. Ein solches meint «Freiheit zu etwas», dies und das tun zu dürfen. Der völkisch-deutsche Freiheitsbegriff, der – wie die Auseinandersetzung um die doppelte Staatsbürgerschaft gezeigt hat – bis heute eine wichtige Rolle spielt, meint immer «Freiheit von etwas», Freiheit vom inneren und äußeren Feind. Der deutsche Freiheitsbegriff «meinte das Recht, deutsch zu sein, nur deutsch und nichts anderes», so Thomas Mann nach dem Zweiten Weltkrieg. Er sah diese Freiheitsidee «dem Barbarischen immer sehr nahe, wenn sie nicht geradezu in offene und erklärte Barbarei ausbricht» (Mann, 19).

Ein Widerstandsrecht, wie es etwa die Erklärung der Menschenrechte von 1793 vorsah, konnte es bei einem solchen Staats- und Freiheitsverständnis nicht geben und gab es auch nicht (H. Mommsen). Für den bedeutenden Historiker des 19. Jhs. und nationalliberalen Abgeordneten Heinrich von Treitschke war das Widerstandsrecht in Deutschland ein Widerspruch in sich. Selbst angesichts der Erfahrungen mit dem Nationalsozialismus wurde das Recht auf Widerstand nicht in das Grundgesetz aufgenommen. Dies geschah erst zwanzig Jahre später als Zugeständnis für die Verabschiedung der Notstandsgesetze. Wie sehr ein solches vorrepublikanisches Staatsverständnis auch nach 1945 noch herrschte, zeigte sich insbesondere bei den Debatten um die Legitimität des Widerstandes gegen den Nationalsozialismus. Diesem wurde – mit Ausnahme des konservativen Widerstands – lange Zeit die Anerkennung versagt, weil er keine sachkundige Einsicht in die «Ordnungsfunktion des Staates» gehabt habe. Widerstand sei aus partikulären und deshalb niederen Motiven erfolgt. Deshalb konnte er nicht legitim sein. Nicht zuletzt diesem Staatsverständnis und der fehlenden Widerstandstradition ist es zu verdanken, dass der kulturrevolutionäre Protest der 60er Jahre auf den massiven und gewaltförmigen «Widerstand» der staatlichen Apparate stieß. Es waren «nicht die Studenten, (...), die als die Ersten Körperverletzung bis hin zu Mord und Totschlag begingen» (Bohrer, zit. nach Briegleb, 86).

Mit den Anfang der 60er Jahre einsetzenden Diskussionen um die Notstandsgesetze verschärfte sich die Situation aus Sicht der außerparlamentarischen Opposition gravierend. Viele sahen darin Elemente einer «präventiven Konterrevolution»; andere sprachen sogar von einer «präfaschistischen» Entwicklung. Große Bedeutung erhielten vor diesem Hintergrund die Warnungen des Philosophen Karl Jaspers. In seinem 1965 geschriebenen Buch «Wohin treibt die Bundesrepublik?» malte er die Entwicklung in düsteren Farben. Seine Warnungen wurden gerade deshalb wahrgenommen, weil «er nicht zu denen gehörte, die der professionellen Unruhestiftung verdächtig sind» (Habermas 1987, 100). Jaspers war nach dem Kriegsende zum Gewissen der Nation geworden. Er hatte eine Aufarbeitung der Verbrechen des Nationalsozialismus und ein Bekenntnis der übergroßen Mehrheit der Deutschen zu ihrer jeweiligen Schuld eingefordert. Für ihn war klar, dass ohne Bewusstsein der politischen Schuld die verhängnisvolle Kontinuität mit dem Staat, der Konzentrationslager eingerichtet hatte, und mit der Gesellschaft, in der die Ermordung willkürlich definierter Minderheiten möglich geworden ist, nicht abreißen würde. Aber statt einer Umkehr des politischen Bewusstseins sei die Zeit von einer Schlussstrich-Mentalität geprägt. Dies hatten die Debatten über die Verjährung von Naziverbrechen und der Auschwitz-Prozess gezeigt (Jaspers 1966, 175 ff). Er konstatierte das Fehlen einer politischen Opposition im Sinne der parlamentarischen Demokratie, die eine lebendige politische Auseinandersetzung erst ermöglichte. Jaspers charakterisiert den Zustand in der BRD als Scheindemokratie. Er befürchtet den schleichenden Übergang von der Parteienoligarchie zur Diktatur mit dem Ziel der Absicherung der in der BRD vorherrschenden Sicherheitsdoktrin. Nirgendwo sei der Wunsch nach wirklicher politischer Auseinandersetzung, stattdessen überall nur der bedrohliche und gefährliche Wunsch nach Sicherheit. Auf Basis dieses Sicherheitsdenkens könne sich keine «Gesinnung des freien Bürgers» entwickeln. Stattdessen herrsche überall Untertanengesinnung als Staatsgesinnung vor. Zwar schimpft der Untertan dort, wo es für ihn ohne Gefahr ist, aber letztendlich kuscht er und wird nicht politisch aktiv.

Vor dem Hintergrund der damaligen Affären und den Diskussionen um die Notstandsgesetze warnte Jaspers vor einer neuen Diktatur, ja sogar vor einem neuen Faschismus. «Es besteht, soweit man sieht, kein Plan zur Errichtung einer Diktatur. Es gibt keine zielbewußte Lenkung dorthin, keine Organisation, keinen Hitler. Aber es koinzidieren Kräfte, Gesinnungen, Wege, die dorthin führen können» (146). Jaspers bemerkte eine zunehmende Einschränkung der Grundrechte, ohne dass sich dagegen Protest formierte. Auf dem Wege zur Diktatur wächst die Tendenz zur «Minimalisierung der Grundrechte» (153). Er kommt schließlich zu dem Ergebnis: «Ein Weg über den autoritären Staat zur Diktatur führt über eine Allparteien-Regierung und auch schon über die ‹ Große Koalition› . (...) Was auf dem Wege zur Diktatur geschieht, aber noch verhindert werden kann, das würde durch die Notstandsgesetzgebung mit dem Instrument dieser Gesetze eines Tages vollendet werden. Wie Hitler zur Erkenntnis kam, in Deutschland könne er nur auf dem Wege der Legalität zur Macht gelangen, mit der er, nachdem sie gewonnen war, alle Legalität aufhob, so würde die Diktatur mit Hilfe der Notstandsgesetze dasselbe tun» (156).

Mit Hilfe dieser Gesetze könne durch einen einzigen Akt die Diktatur errichtet und dadurch ein nicht reversibler Zustand der politischen Unfreiheit herbeigeführt werden. Jaspers vergleicht die Situation mit der der Weimarer Republik vor der Machtergreifung Hitlers. «Das Bewusstsein, auf eine Katastrophe zuzugehen, ist heute der dunkle Hintergrund des Lebensgefühls. (...) Man kann den Zustand mit dem der zwanziger Jahre vor der Machtergreifung Hitlers vergleichen» (171). Der Sozialphilosoph Habermas pflichtet Jaspers bei: «Ich halte diese These nicht für falsch» (Habermas 1987, 99). Viele ältere und jüngere Oppositionelle zeigten sich ebenfalls verbittert darüber, dass es keine Aufarbeitung des Nationalsozialismus gegeben hat. 1963 wurde der Auschwitz-Prozess eröffnet, bei dem zum ersten Mal in der Nachkriegszeit juristisch die Verbrechen des Nationalsozialismus aufgearbeitet wurden. Die große Mehrheit der deutschen Bevölkerung lehnte das Verfahren ab. Der «Zivilisationsbruch Auschwitz» kam im Bewusstsein der Bevölkerungsmehrheit nicht vor. Statt die eigene Schuld aufzuarbeiten, wurde diese verdrängt oder allein auf das ehemalige Über-Ich, den «Führer» Hitler, projiziert. Oder sie wurde überdeckt durch die neue Integrationsideologie des Antikommunismus. Eine satte Selbstzufriedenheit machte sich breit, die den Opfern des Faschismus eine Entschädigung verweigerte und den Flüchtlingen ihre Flucht zum Vorwurf machte. Alexander und Margarete Mitscherlich hatten 1967 in ihrem Buch «Die Unfähigkeit zu trauern» die psychologischen Mechanismen dieser Verdrängung eindrucksvoll analysiert.

Auch für Herbert Marcuse zeichnete sich die westdeutsche Gesellschaft durch eine Hermetik aus, in der selbst scheinbar liberale Institutionen repressive Funktionen ausübten. Marcuse, ehemaliger Mitarbeiter des Instituts für Sozialforschung, das später als Frankfurter Schule berühmt wurde, mußte ebenso wie Horkheimer und Adorno, die beiden zentralen Persönlichkeiten des Instituts, vor dem Nationalsozialismus in die USA fliehen. Er sollte zum entscheidenden intellektuellen Stichwortgeber für die StudentInnenbewegung werden. Seine Arbeiten wurden massenhaft rezipiert. Hierzu gehörten vor allem «Der eindimensionale Mensch» von 1964, «Die Gesellschaftslehre des sowjetischen Marxismus», «Triebstruktur und Gesellschaft» und «Kritik der reinen Toleranz». Für Marcuse hat der Wohlstand der kapitalistischen Gesellschaften auch die Arbeiterklasse in das kapitalistische System integriert. Die Integration beruhe nicht in erster Linie auf den Mechanismen der Manipulation, der Indoktrination und der Repression. Die Integration liege vielmehr in der reichen materiellen Basis des Systems selbst. Diese erlaube der spätkapitalistischen Gesellschaft sogar bis zu einem gewissen Grade Toleranz. Da diese sich aber auf «falsche Bedürfnisse» beziehe und somit in diesen Bedürfnissen ein falsches Bewusstsein zum Ausdruck komme, handle es sich um eine «repressive Toleranz».

Mit den anderen Vertretern der Frankfurter Schule interessierte Marcuse die Frage, was in der «Entwicklung der westlichen Zivilisation falsch gelaufen (ist), so daß wir auf der Höhe des technischen Fortschritts die Negation des humanen Fortschritts erleben». Wann und warum schlagen Fortschritt, Entwicklung und Zivilisation in Rückschritt und Katastrophen um? Wie sind Aufklärung und Mythos miteinander verbunden? Wann wird Aufklärung selbst zum Mythos? Marcuses zentrales Denkmotiv ist der Widerspruch zwischen der objektiv möglich gewordenen Freiheit und Menschenwürde und den tief verwurzelten Unfreiheiten. Eines der entscheidenden Probleme sah er in dem konformistischen Beharren der Subjekte in ihrer freiwilligen Knechtschaft. Damit griff er eine Fragestellung auf, die bereits Spinoza formuliert hatte: Warum kämpfen die Menschen um ihre Knechtschaft, als ginge es um ihr Heil?

Auf diese Fragen konnte der Parteimarxismus der KPD keine Antwort geben. Für diesen war ein nicht-revolutionäres Verhalten der Arbeiterklasse nur durch Verrat der Arbeiteraristokratie oder durch Bestechung zu erklären. Für Marcuse waren diese Begründungen eine Bankrotterklärung. Als Mitglied des Soldatenrates in der Novemberrevolution 1918 musste er miterleben, wie die Soldaten nach und nach die alten reaktionären Offiziere wieder in Führungspositionen wählten. Dies konnte nicht mit Verrat oder Bestechung erklärt werden. Dagegen bestand Marcuse auf der Bedeutung der individuellen Freiheit, die das Individuum aufgrund seiner Existenz hatte, und der ihm deswegen zufallenden Möglichkeit der Entscheidung. Hier machte sich der philosophische Einfluss seines Lehrers Martin Heidegger bemerkbar. An Heidegger kritisierte er andererseits dessen abstrakte Daseinsontologie, die nicht die konkreten geschichtlichen Bedingungen der jeweiligen Daseinsweisen analysierte. Er wendete sich aber auch gegen die dialektische Teleologie von Hegel und Hegelmarxismus, in denen das Dasein nur noch Objekt eines sich hinter dem Rücken des Menschen abspielenden Prozesses ist. Geschichte hat bei Marcuse ihren Eigensinn behalten und die Wahrheit der Geschichte ist keine des abstrakten Erkennens, sondern eine des Geschehens, der radikalen Tat (Seibert 1996).

Diese Einsicht war zentral für Marcuses Verständnis von Politik und läßt sich bereits für sein Frühwerk nachweisen. Diese Einsicht machte seine Theorie so anziehend für eine Generation, die abgeschreckt war vom rasenden Stillstand eines autoritären Sicherheitsstaates und einer formierten Gesellschaft, die allen Experimenten mit einem Generalverdacht entgegentrat. Kraushaar bringt Marcuses Diktum und Einfluss auf den Punkt:

«Das Signal lautet: Geschichte ist machbar, die Gegenwart bestimmbar, das Glück liegt im Gegensatz zur privaten Idylle – als öffentlich-kollektives zum Greifen nahe. Nur wer diese subjektive Verdichtung, diese zeitliche Zuspitzung, ihre sinnliche Präsenz, verspürt, kann die Atmosphäre jener Tage, das Eingreifenwollen, begreifen» (Kraushaar 1998 Bd. 3, 198).

Im Gegensatz zum Parteimarxismus begriff Marcuse die gesellschaftliche Entwicklung nicht nur als eine ökonomisch-politische Krise des Kapitalismus, sondern als Katastrophe des menschlichen Wesens. Diese Katastrophe konnte nur durch eine «totale Revolution» aufgehoben werden. Möglich war dies nur durch eine Versöhnung von Vernunft und Sinnlichkeit. Wer konnte diese Versöhnung herbeiführen? Das Proletariat war es nicht. Mit dem verkürzten Verständnis von Fortschritt und Befreiung als Technik- und Produktivkraftentwicklung konnte es der herrschaftsdienlichen Funktionalisierung der Technik wenig entgegensetzen. Insbesondere die Massenkommunikation trug zur Herrschaftsstabilisierung bei, da sie auch noch die individuellen Wahrnehmungs- und Bewusstseinsformen und die Bedürfnisse strukturierte. Damit die Menschen in dieser entfremdeten Welt gehalten werden konnten, wurde das Glücksversprechen immer wieder in die Zukunft verschoben. Hier machte sich Marcuse Freuds Trieb- und Sublimierungstheorie zu eigen. Alles in allem entstand so ein düsteres Bild der bestehenden Gesellschaft. Es drohte wie bei Jaspers eine Gesellschaft ohne Opposition, eine historisch neue Form von Totalitarismus. Gab es einen Ausweg? Ja. Aber die Rettung konnte nur vom Rande her kommen, von denen, die noch nicht oder nicht mehr integriert waren. Damit meinte er die Befreiungsbewegungen in der Dritten Welt und AußenseiterInnen wie die Hippies in den Industrieländern. Es war nicht allein eine politische, sondern eine umfassende Kulturrevolution notwendig. Nicht Fortschritt und Entwicklung, sondern nur ein «neuer Mensch» konnte die reale Möglichkeit eines Lebens ohne materielle Sorgen, die beim Stand der Produktivkraftentwicklung gegeben war, verwirklichen. Mit dieser Utopie verband Marcuse keineswegs den Traum eines ewigen Glücks. Die natürliche Individualität des Menschen wird immer Trauer kennen. Aber Brechts Diktum «zuerst kommt das Fressen und dann die Moral» hätte zumindest seine Bedeutung verloren.

Die herausragende Bedeutung Marcuses für die 68er Bewegung ergibt sich vor allem aus zwei Aspekten seiner Theorie, die auch zum Bruch mit Adorno und Horkheimer führten. Trotz aller besorgniserregender Entwicklungen hält er an der Möglichkeit der Rebellion fest. Auch wenn die Gesellschaft noch so eindimensional ist und sich weitreichende Techniken der Herrschaftsstabilisierung herausgebildet haben, so kann die Subjektivität trotzdem niemals völlig durchrationalisiert und durch und durch vergesellschaftet werden. Es gibt vitale Bedürfnisse, die aus sich heraus ein emanzipatorisches Potential erzeugen und dem Realitätsprinzip der Industriegesellschaft die Utopie einer nicht-repressiven Gesellschaft gegenüberstellen. Dies erfordert aber nicht nur ökonomische und politische Reformen, wie sie von der SPD intendiert waren, sondern eine Veränderung des gesamten Menschen, mithin eine Kulturrevolution. Dies entsprach in hohem Maße dem Lebensgefühl der damaligen AktivistInnen, die eine Revolutionierung des Alltags anstrebten. Der zweite Aspekt ist seine radikale Kritik an der Politik der USA in Vietnam.

2.2 Vietnam – der Bruch der APO mit Horkheimer und Adorno

Marcuse verurteilte in aller Schärfe die Kriegspolitik der USA in Vietnam. Er sah in ihr die Fortsetzung des Faschismus. In einem Brief an Horkheimer vom 17. Juni 1967 schreibt er: «Lass mich meine Meinung so extrem wie möglich aussprechen. Ich sehe in Amerika heute den historischen Erben des Faschismus. Die Tatsache, dass die Konzentrationslager, die Morde, die Folterungen außerhalb der Metropole stattfinden (...) ändert nichts am Wesen. Was in Vietnam geschieht, sind Kriegsverbrechen und Verbrechen an der Menschheit.» Gerade damit sprach Marcuse der APO aus dem Herzen. Verbrechen an der Menschheit, verübt von denen, die immer die Fahne der Menschenrechte vor sich hertrugen. Neuer Faschismus und Konzentrationslager, erbaut von denen, die den Nationalsozialismus und Faschismus im Namen der Freiheit und der Menschenrechte bekämpft hatten. Man sieht: Die Protestbewegung gegen den Vietnam-Krieg formierte sich in einer hochgradig aufgeladenen Situation. Für die APO schien der Faschismus global geworden zu sein. Gerade deshalb war Internationalismus für die AktivistInnen der StudentInnenrevolte kein Anhängsel ihrer innenpolitischen Praxis, sondern Erste, Zweite und Dritte Welt bildeten eine untrennbare weltweite Totalität. Der Kampf gegen die Fahrpreiserhöhungen in Bremen wurde umstandslos in eine Linie gestellt mit dem Befreiungskampf der FNL in Vietnam. Gerade weil es in den Industrieländern keine Opposition mehr gab und verdinglichte Bewusstseinsstrukturen vorherrschten, spielte die Dritte Welt für die Emanzipationskonzepte der AktivistInnen eine entscheidende Rolle.

Für Marcuse war die Opposition in den «Entwicklungsländern» die «letzte und entscheidende Gegenkraft». Und für Oskar Negt bestimmte der Zusammenhang zwischen der innergesellschaftlichen Oppositionsbewegung und den Befreiungsbewegungen der Dritten Welt das Selbstverständnis der Neuen Linken. Eine politische Analyse der Bundesrepublik wird deshalb «geradezu reaktionär (...), wenn sie von der internationalen Vermitteltheit der scheinselbständigen Momente der Nationalstaaten absieht» (Dutschke, zit. nach Kraushaar 1998 Bd. 2, 178).

Im Gegenteil: Nur durch die Berücksichtigung der weltweiten Totalität und hier insbesondere der Länder der sog. Dritten Welt war überhaupt ein Begriff von Emanzipation möglich. Nur vor dem Hintergrund dieses Totalitätsverständnisses konnte die sog. Dritte Welt eine derart wichtige Rolle im Bewusstsein der AktivistInnen einnehmen, wie es später nie mehr der Fall sein sollte. Die entscheidende Frage für die StudentInnenbewegung war, wie unter den Bedingungen einer «formierten Gesellschaft» Emanzipation und Freiheit theoretisch und praktisch überhaupt noch möglich sein sollte. Das Proletariat spielte in dieser Revolutionstheorie keine positive Rolle mehr, da es von der Ausbeutung der sog. Dritten Welt durch Imperialismus und Kolonialismus profitiere. Dass das Proletariat seiner Bestimmung nicht gerecht werde, liege auch daran, dass das Bewusstsein durch eine riesige Kultur- und Manipulationsindustrie in «Konzentrationslagern für das Bewusstsein» (Nirumand 63) gefangen gehalten werde. Entscheidend dafür waren die Medien mit ihrem «Bewusstseins-Generalmajor» Axel Springer. Die Hoffnung auf die revolutionäre Rolle des Proletariats war deshalb vergeblich, da das «tiefe Wissen um die Herr-Knecht-Problematik (...) in den letzten dreißig Jahren einer ungeheuren Entmündigung der arbeitenden Schichten des Volkes gewichen» sei (Dutschke 1964, 179). Auch bei Horkheimer und Adorno konnte der Wunsch nach Befreiung nicht theoretisch und schon gar nicht praktisch begründet werden. Horkheimer sah den Faschismus europaweit auf dem Vormarsch (vgl. Kraushaar 1998 Bd. 3, 111f). Und bei Adorno existierte das Nicht-Identische nur noch in den Residuen einer nicht-verdinglichten Ästhetik (Jung 1995, 159ff; Wiggershaus 663ff).

Es gab also scheinbar für die Frage nach dem Ort von sozialen Veränderungen in den Industriestaaten keine befriedigende Antwort. Umso begieriger beschäftigte man sich mit der Situation in der sog. Dritten Welt, zumal die vietnamesische Befreiungsbewegung auf die offene Frage eine konkret-praktische Antwort zu geben schien. Das tiefe Wissen um die Herr-Knecht-Problematik schien vom Proletariat auf die nationalen Befreiungsbewegungen der sog. Dritten Welt übergegangen zu sein. Diese entwickelten in der Auseinandersetzung mit ihren Unterdrückern einen neuen Revolutionsbegriff. Der «revolutionäre Volkskrieg» kehrte die alte Auffassung vom Gang der Revolution um. Die Revolution in der sog. Dritten Welt werde «nach ihrem Sieg auf die hochindustrialisierten Länder übergreifen», schreiben Gäng/Reiche (9) in ihrem einflussreichen Buch «Modelle der kolonialen Revolution». Wo immer möglich, wollte man dieser abstrakten Einsicht auch in den Industriestaaten konkrete Taten folgen lassen. Eine erste Möglichkeit für konkrete Proteste eröffnete sich beim Besuch des reaktionären kongolesischen Ministerpräsidenten Moise Tschombé Ende 1964 in Berlin. Tschombé war mitverantwortlich für die Ermordung seines fortschrittlichen Gegners Patrice Lumumba (Juchler 5). Bei seinem Besuch gelang es zum ersten Mal in der Nachkriegsgeschichte, eine größere internationalistische Demonstration zu organisieren. Rudi Dutschke hebt die Bedeutung dieser Demonstration hervor: «Mit der Anti-Tschombé-Demonstration hatten wir erstmalig die politische Initiative in dieser Stadt ergriffen. (...) Wir (können) sie als Beginn unserer Kulturrevolution ansetzen, in der tendenziell alle bisherigen Werte und Normen des Etablierten in Frage gestellt werden, sich die an der Aktion Beteiligten primär auf sich selbst konzentrieren und in der Aktion ihre Selbstaufklärung über den Sinn und das Ziel der Aktion weiterführen» (Dutschke1968, 63). Ihre Bedeutung sah er in der «Bereitschaft bei der Mehrheit der Demonstranten zu einer Illegalisierung [...], (im) Handeln gegen die fetischisierten Spielregeln der formalen Demokratie».

Mit der Anti-Tschombé-Demonstration war ein Anfang gemacht. Durch das Engagement gegen den Krieg in Vietnam wurde jedoch eine qualitativ neue Seite des oppositionellen

Protestes in der BRD aufgeschlagen. «Mit Vietnam ist etwas explodiert», so die Ansicht des Aktivisten Klaus Vack vom «Komitee für Grundrechte und Demokratie». Und er fährt fort: «Wir alle wollten ausbrechen aus der Apathie, aus dem Konformismus, dieser Gesellschaft, diesem Mief. (...) Da ist etwas zusammengebrochen. Und als wir erfuhren, dass ausgerechnet Kennedy, der Präsident, den wir angehimmelt hatten, die Eskalation dieses Krieges angeordnet hatte, war die Wirkung auf uns noch viel schlimmer. Da fand etwas statt, das man in der Individualpsychologie als Vatermord bezeichnet. (...) Junge Menschen haben sich von ihren Eltern befreit, haben sie und ihre Vergangenheit abgestoßen, wollten nichts mehr damit zu tun haben» (Vack, zit. nach Balsen/Rössel 129).

Ausgangspunkt des Protestes war der offensichtliche Widerspruch zwischen dem Anspruch der USA und der restlichen westlichen Länder, Hort der Freiheit und der Menschenrechte zu sein, und dem mit großer Grausamkeit geführten Krieg gegen die Mehrheit der südvietnamesischen Bevölkerung. Vor allem unter der Präsidentschaft Lyndon B. Johnsons, dem Nachfolger Kennedys, eskalierte der Krieg. Von 1964 auf 1965 steigerten die USA das Truppenkontingent von 50.000 Soldaten auf 200.000 Soldaten. Ab Anfang 1965 flog die US-Army regelmäßig Bombenangriffe gegen Ziele in Nordvietnam. Der Vietnamkrieg wurde zu einem Experimentierfeld modernster Waffentechnologie. Eingesetzt wurden Gas und Entlaubungsmittel ebenso wie Phosphor- und Napalmbomben, deren Zweck die Verbrennung von Menschen ist. Napalm klebt auf der Haut und ist kaum zu löschen. Ebenso wurden die Reisernten vernichtet und Dämme und Deiche zerstört. Allein in der letzten Märzwoche des Jahres 1965 wurden 17.570 Einsätze geflogen. Bis 1967 war die Truppenstärke der USA auf 500.000 Soldaten angewachsen. Der Oberbefehlshaber der US-Truppen in Vietnam Westmoreland prägte den Satz: «Wir werden sie mit unseren ausgeklügelten Waffen, die sie sich nicht leisten können, so lange bearbeiten, bis sie nach Gnade winseln» (zit. nach Balsen/Rössel 136). Zum Symbol für die Verbrechen der USA wurde das Dorf My Lai, in dem am 16. März 1968 alle Einwohner – Kinder, Greise und Frauen eingeschlossen – von US-Soldaten förmlich massakriert wurden. Vor dem Hintergrund der Kriegseskalation mussten die Worte von US-Präsident Johnson geradezu als zynisch erscheinen, die USA würden in (Süd-)Vietnam für Freiheit und Wohlergehen der Menschen kämpfen.

Der Widerspruch zwischen Anspruch und Wirklichkeit erfüllte die StudentInnen mit einem «existentiellen Ekel vor einer Gesellschaft, die von Freiheit schwätzt und die unmittelbaren Interessen und Bedürfnisse der Individuen und der um ihre sozial-ökonomische Emanzipation kämpfenden Völker subtil und brutal unterdrückt» (Dutschke 1968, 91)[2]. Der Ekel bezog sich aber auch auf die deutsche Gesellschaft, die den Krieg der USA vorbehaltlos unterstützte, da in Vietnam angeblich auch die Freiheit West-Berlins und der BRD verteidigt wurde. «Die Unfähigkeit zu Trauern» (Mitscherlich) zeigte sich für die AktivistInnen auch in dieser absoluten Identifikation mit der Kriegspolitik des neuen Über-Ichs, den USA. Während man in Berlin den Angehörigen von in Vietnam gefallenen US-Soldaten Nachbildungen der Freiheitsglocke schenkte, begegnete man den Gefallenen auf vietnamesischer Seite ohne Mitleid. Nur wenige wurden durch die im Fernsehen frei Haus gelieferten schockierenden Kriegserlebnisse aufgerüttelt. Für sie konnte es nur eine Konsequenz geben: Sollte es eine Lehre aus dem Faschismus geben, sollte der Schwur der Insassen des Konzentrationslagers Buchenwald «Nie wieder Krieg, nie wieder Faschismus» irgendeine Bedeutung haben, und sollte es wahr sein, dass in den USA ein neuer Faschismus entstanden war, so mußte man sich diesem Krieg verweigern.

Nicht zuletzt die unterschiedliche Haltung zum Krieg in Vietnam führte zum Bruch zwischen der StudentInnenbewegung und ihren ehemaligen Mentoren Horkheimer und Adorno. Im Gegensatz zur eindeutigen Position Marcuses relativierten sie die Verbrechen der USA oder zeigten mit Verweis auf noch schlimmere Konsequenzen sogar Verständnis. Diese noch schlimmere Konsequenz bestand für sie in einer Weltherrschaft der chinesischen KommunistInnen unter Mao, einer Gefahr, vor der auch schon Jaspers eindringlich gewarnt hatte. Deshalb sprach sich Horkheimer gegen einen Rückzug der us-amerikanischen Militärs aus Südvietnam aus, denn ein solcher führe zu «fürchterlichem Blutbad in Südvietnam und würde den Weg der Chinesen zum Rhein beschleunigen» (Horkheimer in Kraushaar 1998 Bd. II, Nr. 100). Den Intellektuellen wirft er vor, nur die Gräuel des Krieges und die unglücklichen Vietnamesen wahrzunehmen. «Was sie nicht sehen, ist die Hölle einer chinesischen Weltherrschaft.» Zwar gesteht Horkheimer zu, dass in Vietnam Furchtbares geschieht. Aber durch Demonstrationen in Deutschland sei dies nicht zu verhindern. Stattdessen sollten die StudentInnen «in anständiger Weise versuchen, an dem Aufbau einer richtigeren Welt mitzuwirken» (Vortrag im Amerikahaus Frankfurt am 7.5.67). Was damit gemeint sein könnte, verriet er allerdings nicht. Er forderte zu bedenken, dass Amerika «Deutschland und Europa vor dem furchtbarsten totalitären Terror» gerettet habe und dass man es nur dem Eingreifen der USA zu verdanken habe, dass man noch frei reden könne. Dies war für ihn die Rechtfertigung, von der konkreten imperialistischen Politik der USA in Vietnam zu abstrahieren, und gipfelte in der Behauptung, der von den USA verübte Massenmord diene der Durchsetzung der Menschenrechte. «Wenn in Amerika es gilt, einen Krieg zu führen – und nun hören Sie wohl zu – einen Krieg zu führen, so ist es nicht so sehr die Verteidigung des Vaterlandes, sondern es ist im Grunde die Verteidigung der Verfassung, die Verteidigung der Menschenrechte» (Nr. 115). Die Ereignisse in Vietnam werden ihrem konkreten Kontext und somit der Kritik entzogen: «Über das Grauenvolle gibt es keinen Zweifel, aber das Grauenvolle ist ja in der Welt, in der wir leben.» Er selbst wüßte nicht, welche Entscheidung er treffen würde, wenn er an verantwortlicher Stelle in den Vereinigten Staaten wäre. Anstatt Kritik an den USA zu üben, sollten sich die Völker der USA und der BRD, «die unendlich viele geistvolle und gutgesinnte Menschen einschließen», zusammentun. Denn es gäbe «nicht mehr so viele Völker, die eigentlich das, was wir Kultur nennen, noch schützen können». An der eindeutigen Intervention Marcuses ließ er folgerichtig kein gutes Haar. In ihm sah er den radikalen Intellektuellen, der nicht nur die eigenen Missstände angreife, sondern auch noch mit dem Osten sympathisiere und damit «die schlimmste Art der Barbarei propagiert». Wie Horkheimer zu diesem Vorwurf kommt, bleibt unklar, da Marcuse immer die Entwicklung im «Osten» kritisiert hat und von einer allmählichen wechselseitigen Angleichung von Kapitalismus und Sozialismus ausgegangen ist, in der die in den Produktionsprozess eingebaute Technik als entscheidendes Herrschaftsmittel fungiere.

In einem offenen Brief an Horkheimer wirft der SDS Frankfurt diesem eine Apologie der amerikanischen Außenpolitik vor. Dies sei umso unverständlicher, als sich der Faschisierungsprozess der amerikanischen Gesellschaft beschleunige und jede Kritik daran als Volksverbrechen denunziere. Der Brief des SDS gipfelt in dem Vorwurf: «Ihre in die Apologie des Faschismus und Imperialismus umgeschlagene Resignation vor gesellschaftlich veränderter Praxis läßt für uns die Frage auftauchen, welche Relevanz die kritische Theorie der gesellschaftlichen Praxis, sofern sie auf Veränderung zielt, jemals haben wird» (Nr. 116).

Fassen wir die politische Konstellation aus der Sicht der APO zusammen: eine verlogene Heile-Welt-Mentalität, die Verdrängung des Nationalsozialismus, die kritiklose Unterstützung eines barbarischen Krieges, die Notstandsgesetze und alles in allem die reale Gefahr einer «formierten Gesellschaft», einer Gesellschaft ohne Opposition. Die ökonomischen, sozialen, außen- und innenpolitischen Entwicklungen verdichteten sich für die Oppositionellen zu einer gefährlichen Einheit. Man befürchtete, dass «eine postfaschistische Periode in eine präfaschistische umgeschlagen sei» (Wolfstetter, zit. nach Negt 1995, 247). «Im Mai 1968 musste man weder besonders radikal noch fanatisch sein, um die Furcht vor einem ‹ zweiten 1933› zu teilen; den moralisch Sensibleren genügten dafür die Erfahrungen in einer Gesellschaft mit ‹ unbewältigter Vergangenheit› », schreibt der Historiker Norbert Frei (Die Zeit 1.2.2001). Nur in den Ländern der sog. Dritten Welt gab es massiven Widerstand gegen die imperialistische Politik der USA und ihrer Verbündeten. Der Focus der Wahrnehmung der APO richtete sich von daher verstärkt auf die nationalen Befreiungsbewegungen, die nun zu den neuen Hoffnungsträgern wurden.

2.3 Die Befreiungstheoretiker: Fanon, Lin Biao und Che

Die Existenz eines neuen revolutionären Subjekts in Gestalt der nationalen Befreiungsbewegungen, wie es in Vietnam konkret sichtbar geworden war, machte eine theoretische Fundierung dieses Paradigmenwechsels notwendig. War die Dritte Welt das «schwächste Kettenglied» wie das russische Zarenreich im Ersten Weltkrieg? Konnte hier der Verdinglichungszusammenhang und die Totalität des Imperialismus durchbrochen werden? Mit Frantz Fanon, Lin Biao und Che Guevara hatten drei Befreiungstheoretiker ihre Erklärungsversuche vorgelegt. Damit sollten sie neben Marcuse zu den bedeutendsten Ideengebern der StudentInnenbewegung werden.

Fanon wurde in der BRD über Nacht berühmt. Das viel gelesene «Kursbuch 2» veröffentlichte 1965 ein Kapitel aus seinem Hauptwerk «Die Verdammten dieser Erde», das 1961 mit einem Vorwort von Sartre in Paris erschienen war. Dieses Buch war das «kommunistische Manifest der antikolonialen Revolution» (Balsen/Rössel 68). Entstanden war es im Krieg (1954-1962) der algerischen Befreiungsbewegung gegen die Kolonialmacht Frankreich. Dieser Krieg wurde vor allem von Seiten Frankreichs mit aller Grausamkeit geführt. Bei einer Gesamtbevölkerung von zehn Millionen starben schätzungsweise eineinhalb Millionen Algerier (Balsen/Rössel 68). Das im Kursbuch abgedruckte Kapitel beschäftigt sich mit der Frage, wie die koloniale Herrschaft von der heimischen Bevölkerung gebrochen werden kann. Fanons Antwort darauf ist eindeutig: nur durch bewaffneten Widerstand. «Die Intuition der kolonisierten Massen begreift also plötzlich, daß ihre Befreiung durch die Gewalt geschehen muß und nur durch sie geschehen kann» (Fanon 1965, 31). Gewalt führt nicht nur zu einer Befreiung vom äußeren Unterdrücker. Fanon, Chefarzt in einer psychiatrischen Klinik, schreibt ihr auch eine individual-psychologisch befreiende Funktion für die Unterdrückten zu. «Auf der individuellen Ebene wirkt die Gewalt entgiftend. Sie befreit den Kolonisierten von seinem Minderwertigkeitskomplex, von seinen kontemplativen und verzweifelten Haltungen» (46).[3]

Ein neues Element in den revolutionstheoretischen Debatten der damaligen Zeit war auch der Beitrag des chinesischen Verteidigungsministers Lin Biao (1968; 1970). In Analogie zur chinesischen Revolution, die ihren Ausgangspunkt vom Land nahm und in einem langwierigen Kampf allmählich die Städte einkreiste, behauptete er diese Entwicklung jetzt auch für die Weltebene. Danach konnten Nordamerika und Westeuropa als die Städte der Welt betrachtet werden. Die vom Kolonialismus befreiten Länder der sog. Dritten Welt stellten demnach die Dörfer dar, die allmählich die Länder der Ersten Welt einkreisten. Diese Theorie hatte ihre Entsprechung in der «Dominotheorie» oder «Faule-Äpfel-Theorie» der USA. Ein fauler Apfel (Staat) kann andere Äpfel (Staaten) anstecken, auch wenn er noch so klein ist (Chomsky 1988).

Lin Biao sprach dem politischen Bewusstsein der Völker der sog. Dritten Welt große Bedeutung zu. Dadurch könne die materielle Waffenüberlegenheit des Hauptfeindes, der USA, mehr als ausgeglichen werden. «Diese Völker, obwohl anscheinend klein und schwach, sind in Wirklichkeit viel kraftvoller als der US-Imperialismus. (...) Die reaktionären Truppen des USA-Imperialismus können unmöglich mit dem Mut und der Opferbereitschaft ausgestattet werden, wie sie die revolutionären Völker besitzen. Die geistige Atombombe, welche die revolutionären Völker besitzen, ist eine weitaus gewaltigere und nützlichere Waffe als die physikalische Atombombe» (Lin Biao 1968, 185 f). Der US-Imperialismus war nur ein «Papiertiger», der mit seinen ganzen technischen Apparaten letztlich gegen das revolutionäre Bewusstsein der Massen nichts ausrichten konnte.

Obwohl es auf Kuba zum Jahreswechsel von 1959 auf 1960 eine erfolgreiche Revolution gegeben hatte und mit Che Guevara und Fidel Castro zwei charismatische Anführer an ihrer Spitze standen, spielte Kuba für die bundesrepublikanischen Debatten lange Zeit keine Rolle. Erst nach seinem Tod im Jahre 1967 entstand der «Mythos Che» (ila 1997). Jetzt las man auch seine revolutionstheoretischen Schriften. Die kubanische Revolution hatte bewiesen, dass selbst eine kleine entschlossene Gruppe in der Lage ist, eine Revolution zu machen – und das in einem Land der sog. Dritten Welt. Die orthodox-kommunistische Ansicht, dass die geschichtliche Entwicklung in Stadien und Etappen verlaufe, wurde praktisch widerlegt. Diese Erfahrung wurde ex post von Che Guevara und Regis Debray zu der sog. Focustheorie verallgemeinert. Selbst ein kleiner revolutionärer Herd (Focus) kann eine Revolution auslösen. «Ein Funke kann zum Steppenbrand werden», war die Umschreibung desselben Sachverhalts durch den chinesischen Revolutionsführers Mao Tse-Tung (1968, 133).

Daneben faszinierten die Schriften, in denen Che seine Visionen vom «Neuen Menschen» entwickelte. Che wollte die verdinglichten Prozesse kapitalistischer Vergesellschaftung wieder in den Bereich menschlicher Verfügbarkeit zurückholen. Dies bleibt sein Verdienst. Fatalerweise geschah dies im Rückgriff auf futuristische und technokratische Sozialutopien. Che verkennt, dass gesellschaftliche Emanzipation nur mit «verletzlichen Männern und Frauen» möglich ist, so die Tupamara Yessie Macchi. Ches «neuer Mensch» dagegen ist ein Mensch ohne Widersprüche. Gerade dieser Aspekt faszinierte die APO. «Der Kampf der Guerilleros dort lehrt die revoltierenden Studenten hier eine politische Moral der Kompromisslosigkeit, deren Verkörperung nicht zuletzt Che Guevara darstellte»

(Krahl 1985, 244). Für Theo Bruns war der Traum vom neuen Menschen «Ches – und unser? – schönster und gefährlichster Traum» (ak 413 vom 9.4.98). Die Antwort auf diese paradoxe Feststellung ist einfach: Es gab zwei Visionen vom «neuen Menschen». Die weichere Variante vertraten Marcuse oder Fromm. Der «neue Mensch» war für sie der (romantische) Außenseiter, der sich dem Zwang zum Funktionieren und zur Verwertung verweigerte. Marcuse betonte vor allem die libidinösen Aspekte der Befreiung. Er hoffte auf die «rebellische Subjektivität» der Menschen. Dieser neue Mensch will eine qualitativ andere Zukunft. Aber es ist ein widersprüchlicher Mensch. Die harte Variante vertrat idealtypisch Che Guevara. Der «neue Mensch» war hier nicht der Außenseiter, sondern er verkörpert sich im futuristischen Bild eines jungen und muskelbepackten Arbeiters. Für Che nahm dieser Traum 1964 wahrscheinlich nach der Lektüre von Fanons «Verdammte dieser Erde» konkrete Gestalt an. Dieser Traum zielte auf die «Transzendenz des Bestehenden und dem Anvisieren einer neuen Gattung, der gegenüber der gegenwärtige, empirische Mensch notwendig ein defizitäres Wesen sein mußte» (Bruns). Ches Bild vom neuen Menschen orientiert sich an Prometheus, dem Mann des Fortschritts. Er ist ein Märtyrer, der sich für die Zukunft aufopfert und deshalb in der Gegenwart leidet. Für Heiner Müller ist Prometheus der genussunfähige Linke – das Gegenbild zum Narziss.

Die Menschen auf Kuba waren noch weit von Prometheus entfernt. Che litt förmlich körperlich an den Unzulänglichkeiten der Menschen: an ihrem Absentismus, an ihrer Ungenauigkeit bei der Produktion und ihren sonstigen Schwächen. Er war deshalb besessen von der Vision, den neuen Menschen nicht nur zu fordern, sondern ihn auch vorzuleben. Er war immer einer der ersten, wenn es galt, zusätzliche Arbeit zu leisten: sei es bei der Zuckerernte oder am Bau oder anderswo. Es war seine Mission. Der «neue Mensch» – also er selbst – gestattete sich keine Schwächen. Er wollte die Menschen aus ihrer Entfremdung befreien. Was er letztlich darunter verstand, beschreibt er in «Der Sozialismus und der Mensch auf Kuba», ein Dokument, das heute erschüttert. Es ist eine Vision einer umfassenden Planbarkeit und Machbarkeit aller Verhältnisse, auch der menschlichen. Che schwärmt dabei von den «Volksmassen, die der Zukunft als ein harmonisches Ganzes aus Kanälen, Stufen, Staudämmen und gut geölten Apparaten entgegenmarschieren» und auf ihrem Vormarsch «eine natürliche Auslese» der Avantgarde ermöglichen. Den neuen Menschen «ohne all seine früheren Mängel» will Che aus der Jugend formen, die für ihn der «Ton» seiner Sozialtechnologie ist.

Der Mythos des Neuen Menschen als Leitbild für den zukünftigen Menschen entstand in der Linken nicht erst in der Internationalismusbewegung mit Che Guevara, sondern hatte sich tief in die Mentalität ihrer ProtagonistInnen eingeschrieben. Traditionslinien führen zu sozialrevolutionären christlichen Bewegungen des Mittelalters. Bei ihnen ist der Neue Mensch vom Geist Gottes, dem Pneuma, erfüllt. Dieser Mensch weiß, dass die Zeit erfüllt ist oder diese erfüllte Zeit im Kommen ist. Dieser Traum war auch essentieller Bestandteil in der Ikonographie der Arbeiterbewegung und ihrer Fortschrittsmythen. Der neue Mensch war der in der Arbeit gestählte Proletarier, der den Massen das Licht der Aufklärung und der Vernunft brachte. Dieser Mythos war erfüllt von einem grenzenlosen Fortschrittsglauben und einem fast kindlichen Vertrauen in die segensreiche Wirkung der Technik. Die Planbarkeit aller Bereiche galt ihm als selbstverständlich.

Die schlimmsten Szenarien vom «Neuen Menschen» der Linken waren nicht frei von eugenischen Züchtungsphantasien. So phantasiert etwa Trotzki von der Verwandlung des Menschen in einen Übermenschen.[4] «Der Mensch wird schließlich ernsthaft daran gehen, mit sich selbst zu harmonisieren. Er wird sich zur Aufgabe machen, in die Bewegung seiner eigenen Organe – bei der Arbeit, beim Gehen, beim Spiel – die höchste Klarheit, Zweckmäßigkeit, Ökonomie und damit Schönheit zu bringen. Er wird die halbunbewußten und dann auch die unbewußten Prozesse in seinem eigenen Organismus beherrschen wollen – die Atmung, den Blutkreislauf, die Verdauung, die Befruchtung – und in den notwendigen Grenzen sie der Kontrolle der Vernunft und des Willens unterwerfen. Das Leben, sogar das rein physiologische, wird kollektiv-experimentell werden. Das Menschengeschlecht, der erstarrte Homo sapiens, wird in eine radikale Umgestaltung eintreten und – unter den eigenen Fingern – zum Objekt kompliziertester Methoden der künstlichen Auslese und psychophysischen Trainings werden. In seiner Gesamtheit liegt dies auf der Linie der Entwicklung. Zunächst verjagte der Mensch das dunkle Element aus Produktion und Ideologie, indem er barbarische Routine durch wissenschaftliche Technik und Religion durch Wissenschaft verdrängte. (...) Der befreite Mensch wird das höchste Gleichgewicht in der Arbeit seiner Organe erreichen wollen, (...) weil es keinen Zweifel daran geben kann, dass gerade die äußerste Disharmonie des Menschen – die anatomische, physiologische –, die außerordentliche Ungleichmäßigkeit der Entwicklung und Abnützung der Organe und Gewebe dem Lebensinstinkt eine verklemmte, krankhafte, hysterische Form der Angst vor dem Tod verleihen. (...) Der Mensch wird sich zum Ziel setzen, seine eigenen Gefühle zu beherrschen, die Instinkte auf die Höhe der Bewußtheit zu erheben, sie klar zu machen, eine Leitung des Willens in das Unterschwellige und Untergründige zu legen und sich damit auf die höchste Stufe zu heben – einen höheren gesellschaftlich-biologischen Typus zu schaffen, wenn man will – einen Übermenschen.» (Dok. in Fetscher 293 f) Dann wird der «durchschnittliche Menschentyp sich bis zum Niveau des Aristoteles, Goethe und Marx erheben. Und über dieser Gebirgskette werden neue Gipfel aufragen.» Es wundert von daher nicht, dass Trotzki Anhänger des Pawlowschen Behaviorismus war. Der Behaviorismus geht davon aus, dass die Menschen durch bestimmte Reize zu genau vorherbestimmbaren Reaktionen zu konditionieren sind. Trotzki wollte die Erkenntnisse des Behaviorismus für die sozialtechnokratische staatliche Lenkung nutzbar machen.

Das Bewusstsein des Neuen Menschen soll in den Augen Ches eine «vollkommene Identifizierung zwischen der Regierung und der Gemeinschaft in ihrer Gesamtheit» (Che 101) erlauben. Und die Revolutionäre werden «das Lied vom neuen Menschen mit der wahren Stimme des Volkes anstimmen» (107). Diese Anrufung des neuen Menschen verband sich bei Che mit einer männlichen Opfer- und Märtyrer-Rhetorik. Besonders deutlich wird dies in seiner Botschaft an die Trikontinentale mit dem Titel «Schaffen wir zwei, drei, viele Vietnam». Mit einem Pathos, das kaum noch zu steigern ist, deklamiert er: «Wenn wir auf einem winzigen Punkt der Weltkarte die Aufgabe erfüllen, die wir vertreten, und wenn wir das wenige, was wir opfern können, unser Leben und unser Leiden, für den Kampf hingeben, an einem beliebigen Ort, schon von uns besetzt und mit unserm Blut getränkt, und wenn wir an einem dieser Tage unseren letzten Atemzug tun, so sind wir uns der Tragweite unseres Tuns bewußt und halten uns für nichts anderes als für Menschen in der großen Armee des Proletariats; (...) Was bedeuten die Gefahren oder Opfer eines Mannes oder eines Volkes, wenn das Schicksal der Menschheit auf dem Spiel steht. (...) An welchem Ort uns der Tod auch überraschen mag, er sei willkommen, wenn unser Kriegsruf nur aufgenommen wird und eine andere Hand nach unseren Waffen greift und andere Menschen bereit sind, die Totenlieder mit Maschinengewehrsalven und neuen Kriegs- und Siegesrufen anzustimmen» (128).

Bis weit in die 80er Jahre blieb der neue Mensch im Sinne eines Menschen ohne Widersprüche das Leitbild zahlreicher InternationalistInnen. Deutlich wird dies auch an der Symbol- und Bildsprache auf unzähligen Plakaten und Flugblättern. Eines der beliebtesten Motive war die bewaffnete, junge und schöne Guerillera, einem Symbol für eine militante und trotzdem unschuldige Madonna, dem Idealbild von Entschlossenheit und Schönheit.

Es ist unbestritten, dass die Beschäftigung mit den sozialrevolutionären Befreiungsbewegungen in der sog. Dritten Welt «entscheidend für die Ausbildung unseres antiautoritären Bewusstseins» war, so Hans-Jürgen Krahl (23), der wichtigste Theoretiker des SDS neben Rudi Dutschke. Die Frage lautete: Warum gab es in der Dritten Welt revolutionäre Bewegungen, während in den Industrieländern nur verdinglichte Bewusstseinsstrukturen anzutreffen waren, die entgegen den Prophezeiungen im Kommunistischen Manifest die Entwicklung eines emanzipatorischen Bewusstseins verhinderten? Mit der Verdinglichungstheorie ließ sich der Stillstand des Klassenkampfes in den Industrieländern erklären. Dabei berief man sich insbesondere auf die Wertformanalyse von Karl Marx im ersten Band des Kapitals, auf die Frühschriften von Georg Lukács, vor allem auf den Aufsatz «Die Verdinglichung und das Bewusstsein des Proletariats», sowie auf die Arbeiten der Frankfurter Schule. Das verdinglichte Bewusstsein sei vor allem Resultat des verallgemeinerten Tauschverkehrs in der bürgerlichen Gesellschaft. Die qualitativen Beziehungen der Menschen werden durch Verhältnisse zwischen Dingen ersetzt. Georg Lukács geht von einer Universalisierung der Warenform aus, die mittlerweile alle gesellschaftlichen Bereiche durchdrungen hätte. Dieses verdinglichte Bewusstsein verdeckt wie durch einen Nebelschleier die gesellschaftlichen Strukturen, etwa die Ausbeutung in der Produktion. Dieses System könne man nur durchbrechen, wenn man den Standpunkt des Proletariats einnehme und diesen Standpunkt praktisch werden lasse. Das Bewusstsein des Proletariats entsteht nicht zwangsläufig, wie es der Ökonomismus der Sozialdemokratie nahe legte, sondern dies könne «nur die – freie – Tat des Proletariats selbst sein».

In dieser Hoffnung auf den existentialistischen Sprung des Proletariats konnte die APO Lukács nicht mehr folgen. Was Lukács noch nicht wahrgenommen habe, war die Möglichkeit der Kulturindustrie, mit kitschigen und verlogenen Inszenierungen den falschen Schein einer möglichen Versöhnung des Menschen mit der Welt zu erzeugen. Krahl sah in diesen Entwicklungen den Zerfall des bürgerlichen, aufgeklärten Individuums. Ein massenhafter Widerstand in den Metropolen sei auch deshalb nicht mehr zu erwarten, weil «im Zuge des technischen Fortschritts und der anarchischen Verwaltung des industriellen Maschinenparks durch wenige Kapitaleigentümer die Menschen auf bloße Reaktion, gleichsam nach dem Pawlowschen Reflex, reduziert werden; daß sie nurmehr reagieren, aber in keinerlei Weise mehr agieren können» (25). Krahl konstatiert eine «Vertierung des Menschen» (24) und eine «restlose und radikale Vernichtung der Bedürfnisentwicklung in der Dimension des menschlichen Bewußtseins».

Hieß dies Abschied nehmen von jeglicher interventionistischen Politik? Das Nichtidentische, das sich gegen Vereinnahmung und Manipulation sperrt, in der Kunst zu suchen, wie es Adorno und Horkheimer empfohlen hatten? Das käme einer Kapitulation gleich. Gerade im Verhältnis von Theorie und Praxis waren die Differenzen zwischen den StudentInnen und Adorno/Horkheimer unüberbrückbar geworden. Eine Anekdote von Krahl verdeutlicht diesen Bruch: «Als wir vor einem halben Jahr das Konzil in der Frankfurter Universität belagerten, kam als einziger Professor Herr Adorno zu den Studenten zum Sit-in. Er wurde mit Ovationen überschüttet, lief schnurstracks auf das Mikrophon zu und bog kurz vor dem Mikrophon ins Philosophische Seminar ab; also kurz vor der Praxis wiederum in die Theorie» (257). Die Kritische Theorie rationalisiere ihre resignative und individualistisch-subtile Angst, indem sie behaupte, Praxis sei unmöglich – so lautete der Vorwurf.

Gerade diese Erkenntnis, dass «in unserer eigenen Wirklichkeit keine Möglichkeiten für eine sinnvolle politische Praxis» (Dutschke 1968, 61ff) bestanden, führte zur Auseinandersetzung mit internationalen Fragen. Die Auseinandersetzungen im Kongo und in Vietnam machten «als sinnlich-manifeste Beispiele (...) die Praxis der internationalen Konterrevolution sichtbar». Sichtbar wurde dadurch aber auch der zentrale Unterschied zwischen den Ländern der Dritten Welt und den kapitalistischen Industrieländern. «Denn dort liegt die Unterdrückung offen zutage; dort ist sie noch nicht verschleiert durch einen schon etablierten bürgerlichen Tauschverkehr.» Dort herrschte also noch kein verdinglichtes Bewusstsein. Dort hatten noch nicht die «falschen» Bedürfnisse die «wahren» Bedürfnisse überlagert. Die Befreiungsbewegungen der Dritten Welt ermöglichten ein Gefühl von Authentizität und Eigentlichkeit, das sich fundamental «von der seichten, prinzipienlosen bürgerlichen Realpolitik» unterschied.

Hier liegt auch der Grund, warum der autoritäre Sozialismus in der Sowjetunion für die meisten keine Anziehungskraft entfalten konnte. Er war – so Marcuse – mit seinen bürokratischen Apparaten selbst ein Teil des Problems geworden. Mit der Theorie der «friedlichen Koexistenz» zwischen Kapitalismus und Kommunismus hatte die Sowjetunion deutlich gemacht, dass es ihr weniger auf Veränderung und Befreiung als auf die Absicherung des Status quo ankam. Dies war nicht vergleichbar mit den flammenden Appellen eines Che Guevara oder eines Mao, den Imperialismus an allen Ecken der Welt zu bekämpfen. Spätestens nach dem Einmarsch der Warschauer-Pakt-Staaten in Prag 1968, wo sie die Hoffnung auf einen «Sozialismus mit menschlichem Antlitz» mit Panzern niederrollten, konnte man sich keine Illusionen mehr über den Charakter der Sowjetunion machen. Vor die Alternative zwischen den alten Langeweilern Chrustschow oder Breschnew und dem jugendlichen Che Guevara gestellt, konnte es für die meisten nur eine Antwort geben. Ein Chrustschow konnte nun wirklich nicht den Wunsch nach Identifikation mit Vorbildern und Idolen erfüllen. Dieser Wunsch kam in den unzähligen Che-, Mao- und Ho-Chi-Minh-Plakaten auf den Demos und in den WGs zum Ausdruck. Politik vermittelte sich wieder über konkrete Personen; sie war durch die Repräsentanten der Befreiungsbewegungen wieder greifbar geworden, weil diese die von ihnen geforderte Kompromisslosigkeit auch vorlebten. Dagegen wurde Politik in den Zentren des Spätkapitalismus und im autoritären Sozialismus nur noch von «Charaktermasken» exekutiert. Nirgends – auch nicht in der Opposition – gab es hier noch Vorbilder. An wem hätte man sich orientieren können? An Willy Brandt etwa, der den Völkermord in Vietnam voll und ganz unterstützte? Und in der Kultur? Günter Grass wies bei jeder Gelegenheit darauf hin, dass es links von der SPD keinen Platz für eine neue oppositionelle Bewegung geben könne und dürfe. Oder Heinrich Böll? Der war zwar integer, aber alles in allem doch ein braver katholischer Moralist und Humanist, der dem Bedürfnis nach Aktion und Eingreifen nicht gerecht wurde. Nur wenige deutschsprachige Schriftsteller wie Peter Weiss, Erich Fried, Hans Magnus Enzensberger oder Reinhard Lettau schlugen sich überhaupt auf die Seite der StudentInnenbewegung. Aber auch sie waren keine Identifikationsfiguren.

Die Möglichkeit der Identifikation, die die Dritte Welt bot, war deshalb sozialpsychologisch entscheidend für die StudentInnenbewegung. Man fühlte sich als Teil eines weltweiten revolutionären Prozesses. Aus dieser globalen Perspektive relativierte sich die eigene nationale Perspektive. Man stand jetzt nicht mehr alleine mit dem Rücken an der Wand in einer Gesellschaft, in der man ohne Aussicht auf Erfolg kämpfte und aus der man nur noch – wie die ehedem verehrten akademischen Lehrer Horkheimer und Adorno – in die Sphären ästhetischer Dissidenz flüchten konnte. Man war jetzt Teil einer übergroßen weltweiten Mehrheit im Kampf für Befreiung. Die Bühne, auf der man in Deutschland kämpfte, war zwar relativ klein, aber das spielte nur aus einer national-bornierten Perspektive eine Rolle. Ein revolutionärer Überschwang löste die Einsicht der eigenen Schwäche ab. Die APO hatte jetzt eine konkrete Perspektive bei ihren politischen Aktivitäten. Durch ihre Aktionen in der BRD konnte sie den «Hauptfeind der Menschheit» (Che), den US-Imperialismus, schwächen. «Alles ist teilbar. So auch der Koloß USA-Imperialismus. Er kann gespalten und dann besiegt werden. Stück um Stück können die Völker Asiens, Afrikas, Lateinamerikas und anderer Gebiete ihn vernichten, wobei die einen gegen sein Haupt zielen und die anderen gegen seinen Leib» (Lin Biao 1968, 181).

Revolution war möglich. Die Vorbildfunktion der Befreiungsbewegungen lag auf der Hand. Sie waren das lebendige Beispiel dafür, schon hier und jetzt die Welt aus den Angeln heben zu können. Nicht mehr länger das Glück auf die Zukunft verschieben, lautete das Motto. Die Utopie war konkret geworden. Eine Utopie, die die Erfüllung der aktuellen Wünsche immer nur in die Zukunft verlegte, erschien als Betrug an der Gegenwart. Das war Sache der Sozialdemokratie und des autoritären Staatssozialismus. Diese aktivistischen Komponenten verbanden die oft sehr unterschiedlichen Strömungen der

Anarchisten, Marxisten, Leninisten, Maoisten, Surrealisten, Situationisten und Existentialisten. Die Parolen der chinesischen Kulturrevolution wie «Rebellion ist gerechtfertigt» trafen den Nerv der Zeit. Die StudentInnen sahen darin den geglückten Versuch, sich eines bürokratischen Parteiapparates zu entledigen und den Sozialismus zu erneuern. Das machte China gegenüber der Sowjetunion attraktiv. Die realgeschichtlichen Vorgänge in China verblassten dagegen hinter diesen Parolen. Die Kulturrevolution setzte in China keine kreativen Potentiale frei, sondern förderte Anpassung und Konformität und forderte zahlreiche Opfer. Sie war ein von Mao strategisch eingesetztes Element im Machtkampf innerhalb der kommunistischen Partei Chinas.

Aktionen hatten für die StudentInnenbewegung nicht nur die Funktion, bestimmte Meinungen im öffentlichen Raum zum Ausdruck zu bringen, sondern durch sie sollte revolutionäres Bewusstsein geschaffen werden. Durch die Bewusstseinsindustrien und die Manipulationsmechanismen – so lautete die These – wurde das wahre, unverfälschte Bewusstsein verschleiert. Die traditionelle Form der Aufklärung, jemanden durch die normative Kraft des besseren Arguments in einem herrschaftsfreien Diskurs überzeugen zu können, brach sich von vornherein an diesem Verdinglichungs- und Verblendungszusammenhang. Die klassische Aufklärung hatte für die StudentInnen an Bedeutung verloren. Sie mußte durch neue aktionsorientierte Politikformen ergänzt werden. Provozierende Aktionen konnten bewusstseinsbildend sein, wenn sie die Absurdität der Verhältnisse offenbarten. In einer Rede im April 1967 verdeutlichte Peter Schneider diesen Zusammenhang: «Wir haben in aller Sachlichkeit über den Krieg in Vietnam informiert, obwohl wir erlebt haben, daß wir die unvorstellbarsten Einzelheiten über die amerikanische Politik in Vietnam zitieren können, ohne daß die Phantasie unserer Nachbarn in Gang gekommen wäre, aber daß wir nur einen Rasen zu betreten brauchen, dessen Betreten verboten ist, um ehrliches, allgemeines und nachhaltiges Grauen zu erregen. (...) Da sind wir auf den Gedanken gekommen, daß wir erst den Rasen zerstören müssen, bevor wir die Lügen über Vietnam zerstören können.» (Zit. nach Kraushaar 2000, 66) Das wahre Wesen des Staates, seine strukturelle Gewalt, sollte durch solche Aktionen zum Vorschein kommen. Die Evidenz der staatlichen Gewalt mußte durch die provokative, regelverletzende Tat entlarvt und dadurch sinnlich erfahrbar werden. Das «verwaltete Bewußtsein» musste durchbrochen werden (Marcuse zit. nach Dutschke 1991, 37). Deswegen forderte Dutschke bereits 1965, dass «genehmigte Demonstrationen in die Illegalität überführt werden» müssen. «Die Konfrontation mit der Staatsgewalt zu suchen ist unbedingt erforderlich» (35). Nur so könne sich ein Bewusstseinssprung ereignen.

2.4 Die Radikalisierung der Revolte: Situationisten und Surrealisten

Die Notwendigkeit, ständig die geltenden Normen und Gesetze in Theorie und Praxis zu durchbrechen, hatten vor allem die Situationisten der StudentInnenbewegung nahe gebracht. Die situationistische Internationale hatte sich 1957 als Zusammenschluss radikaler Künstler- und Intellektuellenzirkel gegründet. Sie repräsentierten die «Focustheorie» in den Metropolen. Ihr gehörten etwa die Gruppe Cobra mit den Malern Asger Jorn und Karel Appel an. Die deutsche Sektion bildete die Münchner Künstlergruppe «Spur», in der ab 1960 auch Dieter Kunzelmann Mitglied war, die mit einer Reihe Aufsehen erregender Manifeste und Pamphlete von sich Reden gemacht hatte. Von dort gibt es eine Linie über die «Subversive Aktion», der sich auch Dutschke und Rabehl anschlossen, zum SDS, dem die «Subversive Aktion» beitrat. In der «Subversiven Aktion» wurde schon frühzeitig die Bedeutung der Befreiungsbewegungen und Frantz Fanons «Die Verdammten dieser Erde» erkannt.

Mit ihrer wilden, aber originellen Mischung aus Fragmenten des Existentialismus, Surrealismus, Dadaismus, Marxismus, der Philosophie Hegels, Kierkegaards und Nietzsches sowie der modernen Kunst und Poesie beeinflussten die Situationisten vor allem in Frankreich die Revolte von 1968 maßgeblich. Die bekanntesten Werke aus der Feder von Situationisten sind Raoul Vaneigems «Handbuch der Lebenskunst für jüngere Generationen» und Guy Debords «Gesellschaft des Spektakels». Der Begriff des Spektakels war zentral für ihre Gesellschaftsanalyse (Seibert; s.a. http://machno.hbi-stuttgart.de). Er orientierte sich an Marx' Analyse des Warenfetischismus, der gesellschaftliche Beziehungen als Beziehung von Dingen erscheinen ließ. Diese Verobjektivierung von Beziehungen wird in der Gesellschaft des Spektakels noch verstärkt durch einen massenmedialen Totalitarismus, «wo alles, was direkt gelebt wurde, sich zu einer Repräsentation entwickelt hat». Die Bilder vom eigentlichen Leben ersetzen das eigentliche Leben. Das Spektakel ist ein Mechanismus der sozialen Kontrolle, in der diese aber als freie Wahl erscheint. Allerdings gibt es immer wieder Menschen, die sich gegen die Gefangennahme ihrer Wünsche und Begierden in dem herrlichen Gefängnis des Spektakels widersetzen und entziehen wollen. Diese Revolten laufen aber immer schon Gefahr, im nächsten Augenblick vom Spektakel wieder vereinnahmt zu werden. Die Situationisten bezeichnen dies als Rekuperation. Dies erfolgt durch Trennen, Isolieren und Integrieren der ursprünglich dissidenten Elemente. Exemplarisch dafür ist der Punk. Was als Revolte gegen den Mainstream begann, ist durch Ästhetisierung in der Mode selbst Teil dieses Mainstreams geworden. Die ständige Gefahr der Rekuperation erfordert Methoden, die dies verhindern sollen. Diese fanden die Situationisten zum einen im ziellosen und forschenden Umherschweifen und der ständigen Entfremdung und Zweckentfremdung aller gesellschaftlichen Güter. Sie zielen mit dieser Subversionsstrategie darauf ab, erstarrte Elemente in Theorie und Praxis wieder zu verflüssigen oder verschüttete Elemente wieder freizulegen. Ihre Kritik des traditionellen Marxismus oder der ästhetischen Moderne fasst genau diesen Punkt ins Auge: Sie, die einst angetreten waren, die gesellschaftlichen Verhältnisse zum Tanzen zu bringen, sind selbst Teil des Spektakels geworden, weil sie in ideologischen Dogmen und festen institutionellen Formen erstarrt seien.

Im Verweis auf die jederzeit bestehende Gefahr der Rekuperation trafen sich die Situationisten mit der Position Herbert Marcuses. In seiner äußerst einflussreichen Schrift «Repressive Toleranz» aus dem Jahre 1965 hatte er die These vertreten, dass in einer «repressiven Gesellschaft selbst fortschrittliche Bewegungen in dem Maße in ihr Gegenteil umzuschlagen [drohen], wie sie die Spielregeln hinnehmen».[5]

Um sich nicht vereinnahmen zu lassen, war eine ständige Überschreitung der bestehenden Grenzen nötig, die den Gewaltcharakter des Spektakels oder des Ganzen (Marcuse) verdeutlicht. Darin kann man unschwer eine Guerillamentalität entdecken. Die Situationisten waren die Guerilleros/as des Alltags, in der Theorie, in der Politik, in der Kunst, die genau diese Aufteilung des Lebens in voneinander abgeschottete

Teilbereiche zum Einsturz bringen wollten. Sie brachten wohl als «einzige Bewegung über die ganzen sechziger Jahre hinweg den revolutionären Geist, der im Mai 1968 zum Ausbruch kam», zum Ausdruck (Kiwitz, zit. nach Seibert 282). Ihre Respektlosigkeit gegenüber Autoritäten, ihre Provokationen und ihre Maßlosigkeit – auch im Umgang untereinander, was sich in endlosen Ausschlüssen und Spaltungen manifestierte – faszinierte viele. Sie wurden zum «Katalysator der Begierden einer Epoche» (283). Jeder konnte, wenn er es wollte, revolutionäres Subjekt sein. Die Situationisten suchten nach dem Riss innerhalb der Gesellschaft des Spektakels, den sie dann mit Hilfe der Satire, des Bluffs, der Provokation, der Ironie und der Gewalt vergrößern wollten. Dies unterschied sie etwa von der Frankfurter Schule, mit der sie ansonsten viele theoretische Gemeinsamkeiten hatten. Diese suchte eher nach dem Zement, der die Gesellschaft in ihrem Verblendungszusammenhang verharren ließ (Marcus). Von der Melancholie und Nostalgie, die den Schriften von Horkheimer und Adorno anhaftete, von den verzweifelten «Reflexionen aus dem beschädigten Leben», wie es im Untertitel von Adornos «Minima Moralia» hieß, war bei den Situationisten nichts zu spüren. Sie verstanden sich als Spieler (Marcus 127), als Umherschweifende ohne festen Grund. Bei ihnen kam die Mentalität des Aufbruchs, der Unruhe, des Augenblicks und der Beschleunigung der Zeit, die allen Strömungen von «68» als Klammer gemeinsam war, am deutlichsten zum Ausdruck.

In der surrealistischen Provokation und im Größenwahn, die auch bei den Situationisten zentrale Elemente waren, sieht Bohrer die entscheidenden Komponenten der 68er Bewegung. «Aus unseren Begierden die Wirklichkeit zu machen», darin bestand für die SI die «historische Arbeit». Man wollte die radikale Transzendenz des Bestehenden – ohne danach zu fragen, ob dies zu verwirklichen war. Die Anziehungskraft der Bewegung bestand genau in dem Überschreiten der traditionellen Kampfziele der Arbeiterklasse. Ihre Schriften und Aktionen enthielten einen «Vollstreckungsbefehl an die Wirklichkeit, in dem das Wissen steckt, daß er nicht verwirklicht werden kann». Für Bohrer hatten die Auftritte der Dutschke, Cohn-Bendit oder Krahl etwas Surrealistisches, da sie mit ihrer Mischung aus Moralismus, Furchtlosigkeit und Materialismus suggestive Augenblicke entfachen konnten.

Neben den Situationisten wurden vor allem die Schriften Walter Benjamins für die Rezeption des Surrealismus maßgeblich, den er für den Marxismus fruchtbar machen wollte (Bohrer 1998). Seine Kritik galt dem naiven, linearen Fortschrittsglauben der Sozialdemokratie und des Kommunismus, die nicht in der Lage waren, die Brüche der Zeit zu erfassen. Gegen dieses chronologische Zeitverständnis betonte Benjamin die Notwendigkeit eines kairologischen Zeitverständnisses, das die Möglichkeit der radikalen Veränderung betont. Das Kontinuum der Geschichte kann und muss aufgesprengt werden, weil ein «Weiter so!» die eigentliche Katastrophe sei. Benjamin brach damit in einer Radikalität, wie sie schärfer kaum denkbar ist, mit den sozialdemokratischen und kommunistischen Mythen des Fortschritts und der Wissenschaftlichkeit. Es gibt keine Gesetze in der Geschichte und diese ist somit auch nicht wissenschaftlich vorauszubestimmen. Eine neue Gesellschaft setzt den Bruch mit der alten voraus. Revolutionen sind keine Beschleuniger auf eine als Endzustand hin perspektivierte Zukunft. Vielmehr sind sie «der Griff des in diesem Zuge reisenden Menschengeschlechts nach der Notbremse» in der Geschichte, die der Katastrophe des «Weiter so!» Einhalt gebietet. Damit schaffte Benjamin Raum für das ganz Andere, für all die Strömungen und Ideen, die im «wissenschaftlichen Sozialismus» als irrational und sektiererisch ausgeblendet wurden. Vor allem die Surrealisten mit ihren Visionen und Träumen und ihrer Betonung des «ganz Anderen» hatten es ihm angetan. In ihnen sah er die wahren Erben des Marxismus. In ihren Träumen und Visionen ging die Jetztzeit schwanger mit neuen Möglichkeiten. Sie waren offen für etwas Neues, im Gegensatz zu den kruden ÖkonomistInnen der SPD und KPD.

2.4.1 Das knisternde Vietnamgefühl – Jacob Taubes' Verteidigung der Kommune I

Spätestens ab 1967 war die Zeit für die surrealistische Provokation reif. Die bürgerliche Öffentlichkeit fühlte sich durch die APO herausgefordert und reagierte gereizt und repressiv auf deren Vorwürfe und Aktionen. Dies hatte sich bereits beim Besuch des US-Vizepräsidenten Hubert Humphrey im April 1967 gezeigt, als ein harmloses «Puddingattentat» zu einem gefährlichen Bombenanschlag aufgebauscht wurde. Der eigentliche Kairos für die surrealistische Provokation, auf die sich vor allem die Mitglieder der Kommune I spezialisiert hatten, kam kurze Zeit später. Während einer Exportmesse der USA in

Flugblatt Nr. 7

NEU! UNKONVENTIONELL! NEU! UNKONVENTIONELL! NEU! UNKONVENTION

Warum brennst du Konsument?

NEU! ATEMBERAUBEND! NEU! ATEMBERAUBEND! NEU! ATEMBERAUBEND!
Die Leistungsfähigkeit der amerikanischen Industrie wird bekanntlich nur noch vom Einfallsreichtum der amerikanischen Werbung übertroffen. (...)
Mit einem neuen gag in der vielseitigen Geschichte amerikanischer Werbemethoden wurde jetzt in Brüssel eine amerikanische Woche eröffnet: ein ungewöhnliches Schauspiel bot sich am Montag den Einwohnern der belgischen Metropole:
Ein brennendes Kaufhaus mit brennenden Menschen vermittelte zum ersten Mal in einer europäischen Großstadt jenes knisternde Vietnamgefühl (dabeizusein und mitzubrennen), das wir in Berlin bislang noch missen müssen.
Skeptiker mögen davor warnen, «König Kunde», den Konsumenten, den in unserer Gesellschaft so eindeutig Bevorzugten und Umworbenen, einfach zu verbrennen.
Schwarzseher mögen schon unsere so überaus komplizierte und kompliziert zu lenkende Wirtschaft in Gefahr sehen.
So sehr wir den Schmerz der Hinterbliebenen in Brüssel mitempfinden: Wir, die wir dem Neuen aufgeschlossen sind, können, solange das rechte Maß nicht überschritten wird, dem Kühnen und Unkonvontionellen, das, bei aller menschlichen Tragik, im Brüsseler Kaufhausbrand steckt, unsere Bewunderung nicht versagen.
Auch der Umstand, daß man dieses Feuerwerk Anti-Vietnam-Demonstranten andichten will, vermag uns nicht irrezuführen. Wir kennen diese weltfremden jungen Leute, die immer die Plakate von gestern tragen, und wir wissen, daß sie trotz aller abstrakten Bücherweisheit und romantischer Träumereien noch immer an unserer dynamisch-amerikanischen Wirklichkeit vorbeigegangen sind.

K I, 24.5.1967 Flugblatt Nr. 7

Belgien am 22. Mai verbrannten im Brüsseler Kaufhaus «A l'Innovation» fast 400 Menschen. Zwei Tage später veröffentlichte die K I ihre berüchtigten Flugblätter 6-9. Der Brand wird zum Anlass genommen, aus verschiedenster Perspektive über dieses Ereignis zu berichten, sei es als sensationsheischende Springer-Berichterstattung oder als imperialistische Selbstwerbung, die den Brand als Beweis für die Leistungsfähigkeit der us-amerikanischen Industrie erscheinen ließ. Der Brand wurde in einen direkten Zusammenhang zum Vietnamkrieg gebracht. Zum ersten Mal sei mitten in Europa ein «knisterndes Vietnamgefühl» entstanden. Mit dem Kaufhausbrand hätten es die belgischen Freunde geschafft, «die Bevölkerung am lustigen Treiben in Vietnam wirklich zu beteiligen». Diese Provokationen markieren das Ende jeglicher Aufklärung. Wozu noch aufklären, wenn das unerlaubte Betreten des Rasens die Bevölkerung mehr erschütterte als der Völkermord in Vietnam, den sie tagtäglich beim Abendessen im Fernsehen konsumieren konnte? Bei den Flugblättern handelt es sich um einzigartige Dokumente des Protestes in der Nachkriegsgeschichte. Deshalb sollen zumindest zwei hier dokumentiert werden. (Die Originalfehler wurden beibehalten; das Flugblatt Nr. 7 verfasste Dagrun Enzensberger, Nr. 8 im Kasten übernächste Seite schrieb Dieter Kunzelmann.)

Dieselbe Öffentlichkeit, die die Massentötungen in Vietnam schulterzuckend als Verteidigung von Freiheit und Demokratie legitimierte, reagierte wie erwartet auf die Flugblätter mit Abscheu und Ekel. Gegen Fritz Teufel und Rainer Langhans von der K I wurde Anklage wegen Aufrufs zur Brandstiftung erhoben. Noch im selben Jahr kam es zu einem spektakulären Prozess. Die Anklage lautete, durch «Verbreitung von Schriften zur Begehung strafbarer Handlungen aufgefordert zu haben, nämlich zum vorsätzlichen Inbrandsetzen von Räumlichkeiten, welche zeitweise dem Aufenthalt von Menschen dienen». Gleichgesinnte sollen dadurch «aufgefordert werden, auch in Berliner Warenhäusern – und zwar während der Verkaufszeiten – Brände zu legen» (zit. nach Taubes 1967, 1069). Die Ernsthaftigkeit der in den Flugblättern enthaltenen Aufforderung zu menschengefährdender Brandstiftung könne – so der Staatsanwalt – nicht angezweifelt werden.

Der Prozess endete überraschend mit einem Freispruch. Ausschlaggebend war dabei das Gutachten des jüdischen Religionsphilosophen Jacob Taubes.[6] Er ordnete die Flugblätter in die Tradition des Surrealismus ein. «Auf den ersten Blick sieht man, dass es sich bei den Flugblättern der ‹ Kommune I› um surrealistische Dokumente handelt.» Ihn habe im Berlin des Jahres 1967 eine solche Aktion, die den Bürger erschrecken (das *épater le bourgeois* Baudelaires) will, nicht gewundert. Zum Instrumentarium surrealistischer Rhetorik gehörte vor allem die provokatorische Aufforderung zur Gewalttat. André Breton, das Haupt der Pariser Surrealisten, schrieb 1930 im «Zweiten Manifest des Surrealismus» die berüchtigten Sätze: «Die schlichteste Tat des Surrealismus besteht darin, mit Revolvern in den Fäusten auf die Straße hinabzugehen und wahllos, ziellos, hemmungslos in die Passanten zu ballern. Wer nicht ein einziges Mal in seinem Leben wenigstens Lust gehabt hat, derart der derzeit bestehenden, elenden, kleinlichen, ehrlos machenden, verdummenden Gesellschaftsordnung den Garaus zu machen, gehört eindeutig selber zu der Masse der Passanten auf der Straße, sein Bauch wie ihre Bäuche in Höhe des Revolverlaufs.»

Was wollten die Surrealisten mit solchen verbalen Provokationen erreichen? Breton will den Menschen zeigen, wie leicht ihre falschen Anschauungen «zu erschüttern wären und auf (...) welch einsturzgefährdenden Hohlräumen sie ihre Kartenhäuser errichtet haben». Angesichts der Grausamkeit und der Verbrechen in der realen Welt, die viele Surrealisten und Dadaisten in den Schützengräben des Ersten Weltkrieges erleben mussten, konnten und wollten sie dieser realen Welt nicht mehr mit Vernunft, Rationalität, dem gepflegten Gedankenaustausch und verlogenen Kompromissen begegnen. Geistesgeschichtlich markiert bereits der Erste Weltkrieg den unumkehrbaren Bruch mit den Fortschrittsmythen des 19. Jahrhunderts. Denn wie dieser Krieg gezeigt hatte, war der Rationalismus selbst Teil des Problems. Angesichts dieser Welt «sind alle unsere Maßlosigkeiten und Ausfälle gerechtfertigt», so Breton.

Ähnlich stellte sich für die K I die Situation dar. Angesichts einer aufgeheizten Stimmung, in der der Völkermord der USA als Verteidigung der Freiheit von Berlin rationalisiert wurde, sah die K I nur in der Provokation ein angemessenes Mittel. Wenn schon der Massenmord in Vietnam die Bürger nicht schockte, so sollten es wenigstens ihre Beleidigungen und Provokationen tun. Für Taubes ist es die erste Pflicht solcher Gruppen, den Skandal und den bourgeoisen Philister zu provozieren.

Wann brennen die Berliner Kaufhäuser?

Bisher krepierten die Amis in Vietnam für Berlin. Uns gefiel es nicht, dass die armen Schweine ihr Cocacolablut im vietnamesischen Dschungel verspritzen mußten. Deshalb trottelten wir anfangs mit Schildern durch leere Straßen, warfen ab und zu Eier ans Amerikahaus und zuletzt hätten wir gern HHH [gemeint ist US-Vizepräsident Humphrey, Anm. J.H.] in Pudding sterben sehen. Den Schah pissen wir vielleicht an oder, wenn wir das Hilton stürmen, erfährt er auch einmal, wie ohltuend eine Kastration ist, falls überhaupt nocht was dranhängt ... es gibt das so böse Gerüchte.

Ob leere Fassaden beworfen, Repräsentanten lächerlich gemacht – die Bevölkerung konnte immer nur Stellung nehmen durch die spannenden Presseberichte. Unsere belgischen Freunde haben endlich den Dreh heraus, die Bevölkerung am lustigen Treiben in Vietnam wirklich zu beteiligen: sie zünden ein Kaufhaus an, zweihundert saturierte Bürger beenden ihr aufreghendes Leben und Brüssel wird Hanoi. Keiner von uns braucht mehr Tränen über das arme vietnamesische Volk bei der Frühstückszeitung zu vergießen. Ab heute geht er in die Konfektionsabteilung von DaDeWe, Hertie, Woolworth, Bilka oder Neckermann und zündet sich diskret eine Zigarette in der Ankleidekabine an. Dabei ist nicht unbedingt erforderlich, daß das betreffende Kaufhaus eine Werbekampagne für amerikanische Produkte gestartet hat, denn wer glaubt noch an das «made in Germany»?

Wenn es irgendwo brennt in der nächsten Zeit, wenn irgendwo eine Kaserne in die Luft geht, wenn irgendwo in einem Stadion die Tribüne einstürzt, seid bitte nicht überrascht. Genauso wenig wie beim Überschreiten der Demarkationslinie durch die Amis, der Bombardierung des Stadtzentrums von Hanoi, dem Einmarsch der marines nach China.

Brüssel hat uns die einzige Antwort darauf gegeben:

burn, ware-house, burn !

KOMMUNE I (24.5.67)

Allerdings spart Taubes am Schluß seines Gutachtens nicht mit harter Kritik an der K I. Er wirft ihr vor, einen politischen Quietismus zu befördern, da ihre Provokation zur «Ausschaltung aus der Politik» führe, «an der sie mit ihren Methoden so gerne teilgenommen» hätte. Deshalb sei die Kommune I «ein Objekt für die Religionsgeschichte und Literaturwissenschaft, aber nicht für Staatsanwalt und Gericht». Ein Jahr später wurden aus Protest gegen den Vietnamkrieg tatsächlich Brandsätze in einem Frankfurter Kaufhaus gelegt. Mit daran beteiligt waren Gudrun Ensslin und Andreas Baader, die späteren Gründungsmitglieder der Roten Armee Fraktion (RAF). Der Protest gegen den Vietnamkrieg hatte damit eine neue, verhängnisvolle Stufe erreicht.

2.5 Der Vietnamkongress und die RAF

Hatten die surrealistischen Provokateure der K I ihren Kairos mit den Kaufhausbrand-Flugblättern gefunden, so schien für die politischen Akteure der APO das «Jetzt» der Tat, der erfüllte Augenblick, mit dem Vietnamkongress vom 17. und 18. Februar 1968 gekommen zu sein. Der Kongress markiert zweifellos den Höhepunkt der ersten Phase der neuen Internationalismusbewegung. In den Reden ist noch heute das Gefühl von Endzeitstimmung, von Entscheidungskampf förmlich körperlich zu spüren. «Genossen! Wir haben nicht mehr viel Zeit. (...) Wenn sich dem Vietcong nicht ein amerikanischer, europäischer und asiatischer Cong zugesellt, wird die vietnamesische Revolution ebenso scheitern wie andere zuvor», beschwor Rudi Dutschke die Anwesenden (SDS 123). Angesichts der militärischen Erfolge der FNL befürchtete man eine weitere militärische und geographische Eskalation seitens der USA bis hin zum Einsatz von Atomwaffen. Sollte die vietnamesische Revolution nicht tatsächlich scheitern, müsse die Oppositionsbewegung in den kapitalistischen Ländern «ihren Kampf auf eine neue Stufe heben, ihre Aktionen ausweiten, verschärfen und konkretisieren. Die Oppositionsbewegung steht vor dem Übergang vom Protest zum politischen Widerstand», heißt es in der Abschlusserklärung. Was war damit gemeint? Zum einen sollte die militärische Zusammenarbeit zwischen den USA und den westeuropäischen Ländern zerschlagen werden. Zum anderen ging es darum, eine «zweite revolutionäre Front gegen den Imperialismus» aufzubauen. Jetzt allerdings nicht mehr in einem Land der Dritten Welt, sondern in den Metropolen selbst. Konkret waren dafür eine Reihe von Maßnahmen geplant: Die Kampagne zur materiellen Unterstützung der FNL sollte verstärkt werden; die hier stationierten GI's sollten mit Hilfe von Aufklärungsaktionen davon überzeugt werden, dass es notwendig war, Widerstand zu leisten, Sabotageaktionen durchzuführen oder zu desertieren; eine Kampagne «Zerschlagt die NATO» sollte initiiert werden und schließlich sollte in Häfen, in denen Rüstungsgüter verschifft wurden, auf Streiks der Hafenarbeiter hingearbeitet werden.

Die in der Abschlusserklärung formulierten Forderungen und Thesen entsprachen genau den Forderungen, die Che Guevara in seiner Botschaft an die Trikontinentale erhoben hatte. Indem zwei, drei, viele Vietnams überall auf der Welt entstanden, war der Imperialismus gezwungen, «seine Kräfte unter dem heftigen Ansturm des zunehmenden Hasses der Völker der Welt zu zersplittern».

Über den möglichen Einsatz militanter Aktionen ließ Rudi Dutschke niemanden im Unklaren. «Dass wir der manifesten Gewalt nicht mit Gewaltlosigkeit begegnen könnten (...) ist ganz selbstverständlich» (zit. nach Linke Liste 6 f). Allerdings müsse man in der jetzigen Übergangsphase gewaltlose Formen des Widerstandes anwenden. Aber das könne sich schnell ändern: «Durch Griechenland ist Vietnam auch nach Europa gekommen. (...) Wenn sie [die Bundesrepublik, Anm. J.H.] 1969 zum Beispiel nicht einen eigenen Kurs geht, dann ist nicht auszuschließen, daß bundesrepublikanische Truppen zur Unterdrückung sozialrevolutionärer Bewegungen eingesetzt werden und daß dann sozialrevolutionäre Gewalt als Gegengewalt gegen die Gewalt der Herrschenden eingesetzt werden muß – ich denke, das sollte für jeden, der für Emanzipation kämpft, selbstverständlich sein.» Allerdings sei in den spätkapitalistischen Ländern sozialrevolutionäre Gewalt gegen Menschen nicht mehr zu legitimieren, sondern nur noch gegen die Infrastruktur. Dutschke selbst war an den Planungen für einen Sprengstoffanschlag auf ein mit US-Kriegsmaterial beladenes Schiff beteiligt. Den Sprengstoff hatte der italienische Verleger Feltrinelli besorgt und geliefert.

Wie ernst waren die Aufrufe zum Widerstand gemeint? Was hieß, den Kampf «auf eine neue Stufe zu stellen» und vom Protest zum Widerstand überzugehen? Hieß das, den bewaffneten Kampf in den kapitalistischen Metropolen tatsächlich zu führen? Zumindest sahen dies einige Gruppen so, die in der Folgezeit mit unterschiedlichen Begründungen und Ansätzen tatsächlich daran gingen, Guerillagruppen aufzubauen. Zu ihnen gehörte ab 1970 auch die RAF. Zunächst plante diese nicht, in den bewaffneten Untergrund zu gehen und eine Stadtguerilla nach lateinamerikanischem Vorbild aufzubauen. Dazu sahen sich die späteren Mitglieder erst durch einen missglückten Befreiungsversuch gezwungen, bei dem Andreas Baader aus dem Gefängnis geholt werden sollte und ein Mensch schwer verletzt wurde.

Die RAF war zunächst in der Linken keineswegs so isoliert, wie dies nach 1977 den Anschein hatte. In ihrer Entstehungszeit konnte sie mit einer relativ großen Sympathie rechnen, die bis in die Feuilleton-Redaktion der FAZ reichte, wie der ehemalige FAZ-Redakteur Bohrer behauptet. Die RAF war diejenige Organisation, die am explizitesten eine antiimperialistische Begründung für den bewaffneten Kampf heranzog. Damit knüpfte sie in vielen Punkten an die Diskussionen an, die etwa auf dem Vietnamkongress 1968 geführt worden waren. Dazu gehörten die Einsicht in den grundsätzlichen Widerspruch zwischen dem Imperialismus und der Dritten Welt, der Aufbau einer bewaffneten Front auch in den Metropolen und die damit verbundene Sabotage der US-Kriegsmaschinerie. Dies versuchte die RAF mit der Mai-Offensive 1972, in deren Rahmen u.a. ein Anschlag auf das Hauptquartier der US-Army in Heidelberg durchgeführt wurde.

Der bewaffnete Widerstand war für die RAF-Mitglieder von einer unmittelbaren Evidenz. In dem Bekennerschreiben nach dem Anschlag in Heidelberg im Mai 1972 heißt es: «Die amerikanische Luftwaffe hat in den letzten 7 Wochen mehr Bomben über Vietnam abgeworfen als im 2. Weltkrieg in Deutschland und Japan zusammen. Von weiteren Millionen Sprengstoffen ist die Rede, die das Pentagon einsetzen will, um die nordvietnamesische Offensive zu stoppen. Das ist Genozid, Völkermord, das wäre die ‹ Endlösung› , das ist Auschwitz.»

Damit war das entscheidende Stichwort gefallen. Wenn die USA – wie es Che formuliert hatte – der «große Feind des Menschengeschlechts» war; wenn in den USA ein neuer Faschismus herrschte, wie es von Marcuse analysiert wurde; wenn Vietnam «das Spanien unserer Generation» war – so der Theologe Gollwitzer – an dem sich die weitere Zukunft der Menschheit

heit entschied; und wenn schließlich in Vietnam eine neue Endlösung wie in Auschwitz praktiziert wurde, dann durfte man nicht mehr länger mit dem bewaffneten Widerstand warten. Ulrike Meinhof war geradezu von der Angst getrieben, im Widerstand gegen einen neuen Faschismus zu spät zu kommen. Keiner sollte ihr später die Frage stellen können: «Warum habt ihr nichts gemacht?» Und niemand sollte sich mit der Lüge herausreden können, er hätte von nichts gewusst.

Es ging der RAF um den Aufbau einer zweiten Front. Man wollte dadurch die Kräfte des Feindes zersplittern. Da brauchte es nicht unbedingt eine große Guerilla-Armee. Diese Aufgabe konnte bereits eine kleine Gruppe entschiedener AktivistInnen leisten, weil es nicht unbedingt darauf ankam, den Imperialismus in der BRD zu besiegen. Schließlich handelte es sich um einen weltweiten Kampf. Im Konzept Stadtguerilla heißt es dazu (GNN Verlag 10 f): «Wenn es richtig ist, daß der amerikanische Imperialismus ein Papiertiger ist, d.h. daß er letzten Endes besiegt werden kann; und wenn die These der chinesischen Kommunisten richtig ist, daß der Sieg über den amerikanischen Imperialismus dadurch möglich geworden ist, daß an allen Ecken und Enden der Welt der Kampf gegen ihn geführt wird, so daß dadurch die Kräfte des Imperialismus zersplittert werden und durch die Zersplitterung schlagbar werden, wenn das richtig ist, dann gibt es keinen Grund, irgendein Land und irgendeine Region aus dem antiimperialistischen Kampf deshalb auszuschließen, weil die Kräfte der Revolution dort besonders schwach, weil die Kräfte der Reaktion dort besonders stark sind.»

Wie gesagt: Angesichts der Pogromstimmung in Berlin gegen die KriegsgegnerInnen und angesichts der Hetze, die von der Springerpresse betrieben wurde, haben sich anfangs nur wenige Linke gewundert, dass sich die RAF konstituierte. Nach der gescheiterten Maioffensive 1972 wurden allerdings der Dialog und die Auseinandersetzung immer schwieriger. Bereits auf dem Angela-Davis-Kongress hatte sich Oskar Negt vom Sozialistischen Büro (SB) eingehend mit der Strategie eines bewaffneten Widerstandes auseinandergesetzt. Er warf der RAF ein «Gemisch aus Illegalitätsromantik, falscher Einschätzung der gesellschaftlichen Situation als offener Faschismus» und die nicht gerechtfertigte Übertragung von Stadtguerilla-Praktiken auf die hiesigen Verhältnisse vor. Die von der RAF verfolgte Absicht, die «Bomben auch in das Bewusstsein der Bevölkerung» zu werfen, sei gescheitert. Anstatt die kapitalistischen Widersprüche auf die Spitze zu treiben, um sie dem Volk dadurch sichtbarer zu machen, hätte die RAF die Verhältnisse verschleiert und somit das Gegenteil erreicht. Er prophezeite der RAF «die totale Isolierung, der als Offensivstrategie getarnte Rückzug auf das eigene Überleben».

Diese Vorhersage sollte sich bestätigen. Die RAF begann ihr antiimperialistisches Weltbild zu immunisieren. Wer wie «Negt, das Schwein» (Ulrike Meinhof) Kritik übte, wurde verdammt. Die im Herbst 1972 bereits im Gefängnis verfasste Schrift «Zur Strategie des antiimperialistischen Kampfes» zeichnet sich bereits durch ein dichotomes, manichäisches Feindbild aus. Ulrike Meinhof zeichnet hier ein Bild eines fast allmächtigen Imperialismus, der wie eine Krake die ganze Erde umschlingt. In diesem Bild gibt es keine Kräfteverhältnisse zwischen gesellschaftlichen Gruppen mehr und ebenso wenig unterschiedliche Interessen zwischen den rivalisierenden imperialistischen Staaten. Widersprüche werden nicht mehr analysiert. Stattdessen ist der Imperialismus «das System, das sich der politischen Form des Rechtsstaats ebenso bedient wie der des Faschismus». Als würde der Imperialismus über der Welt thronen und einmal mit der Marionette «Rechtsstaat» und einmal mit der Marionette «Faschismus» spielen. Gerade so, wie es ihm gefällt. Alle Phänomene werden als Strategie des Imperialismus analysiert. ER «überläßt das mittlere Management Einheimischen». ER «paßt sich vorhandenen Bedingungen an». ER «lernt die Landessprache». ER «hält sich an geltendes Landesrecht». ER «vermeidet Provokationen». ER «übernimmt, wo er kann, die Regierung der Länder der Dritten Welt in die eigene Galerie der Charaktermasken des Systems». ER «überläßt die Völker der Dritten Welt der Disziplinierung durch Analphabetismus und Hunger, in den Metropolen der Verblödung, Abstumpfung und Brutalisierung durch Fernsehen, Springer und Verkehrsunfälle». (GNN 31 ff)

2.5.1 Falsche Faschismusanalyse: Israel und USA in der Kritik

*I*n ihrem manichäischen Weltbild schreckt Ulrike Meinhof nicht davor zurück, die Geiselnahme israelischer Sportler während der Olympischen Spiele 1972 in München durch ein Kommando des palästinensischen «Schwarzen September» als «antiimperialistisch, antifaschistisch und internationalistisch» zu glorifizieren. Diese Aktion dokumentiere «eine Menschlichkeit, die von dem Bewußtsein bestimmt ist, gegen dasjenige Herrschaftssystem zu kämpfen, das als das historisch letzte System von Klassenherrschaft gleichzeitig das blutrünstigste und abgefeimteste ist, das es je gab». Schon bei dieser impliziten Relativierung des deutschen Nationalsozialismus verschlägt es einem den Atem. Doch es kommt noch schlimmer. Meinhof wirft Israel vor, ein «faschistischer Staat» zu sein; Israels Staatspräsidentin Golda Meir sei eine Charaktermaske des faschistischen Imperialismus; in Verteidigungsminister Moshe Dayan erkannte sie den «Himmler Israels»; es gelte den Widerspruch zwischen «dem Faschismus des entfalteten Imperialismus und Israels Nazi-Faschismus» auszunutzen. Aber selbst dieser Vergleich war noch steigerbar. Als bei der dilettantisch durchgeführten Befreiungsaktion sowohl die israelischen Sportler als auch das palästinensische Kommando getötet werden, schiebt Meinhof die Schuld dafür Israel in die Schuhe. Sie wirft Israel vor, «Krokodilstränen» zu vergießen. Ihre Vorwürfe gipfeln in dem skandalösen Vergleich, Israel habe «seine Sportler verheizt wie die Nazis die Juden – Brennmaterial für die imperialistische Ausrottungspolitik».

Diese Ausfälle sind sicherlich das schwärzeste Kapitel in der Geschichte des Internationalismus. Dabei hatte Ulrike Meinhof noch bis 1967 die unbedingte Solidarität mit Israel eingefordert. Die antizionistische Wende von ihr und einem Großteil der deutschen Linken erfolgte erst nach dem Sechs-Tage-Krieg von 1967, als Israel in einer Blitzaktion den Sinai, das Westjordanland und die Golan-Höhen besetzte. In der Folgezeit ergriffen viele Linke Partei für die «Opfer der Opfer». Israel galt jetzt als Vorposten des Imperialismus in Nahost und musste deshalb bekämpft werden. Die deutsche Linke müsse sich von ihrem «Judenknacks» befreien, forderte Dieter Kunzelmann. Denn «Palästina ist für die BRD und Europa das, was für die Amis Vietnam ist». Notwendig sei deshalb eine klare und eindeutige Solidarität mit Al-Fatah, «die im Nahen Osten den Kampf gegen das Dritte Reich von gestern und heute und seine Folgen aufgenommen hat» (zit. nach Bruhn 40).

Angesichts der Maßlosigkeit der Ausfälle, die weit über einen linken Antizionismus hinausgingen, muss man hier von einem linken Antisemitismus sprechen. Ohne Bedenken konnte Menachem Begin in der «iz3w» mit einer Hakennase dargestellt werden, der in seinem Furor die ganze Welt vernichtet und sich nach getaner Arbeit darüber beklagt, dass die Welt ihn nicht verstehe.[7] Überdeutlich wird ein linker Antisemitismus, wenn etwa jüdische Einrichtungen in Deutschland zum Gegenstand von Anschlägen und Aktionen werden, um damit die Politik der israelischen Regierung kritisieren zu wollen. Der schwerwiegendste Vorfall geschah am 9. November 1969, also dem 31. Jahrestag der Reichspogromnacht, als die «Schwarzen Ratten – Tupamaros Westberlin» jüdische Mahnmale beschmierten und eine Brandbombe im jüdischen Gemeindehaus deponierten. Offensichtlich war der linke Antisemitismus auch 1982, als von christlichen Milizen in den Beiruter Palästinenserlagern Sabra und Schatila mit Hilfe der israelischen Armee Massaker an den dortigen Bewohnern durchgeführt wurden. Israelische Armee und Regierung wurden daraufhin in zahlreichen linken Zeitschriften der «Endlösung der Palästinafrage» und des «umgekehrten Holocausts» angeklagt. In einigen Städten der BRD wurden Besetzungsaktionen in Einrichtungen der jüdischen Kultusgemeinden durchgeführt. Deutsche StaatsbürgerInnen jüdischen Glaubens oder jüdischer Kultur wurden somit von Linken in Sippenhaft für die Politik Israels genommen.

Welche Bedeutung hatte der linke Antisemitismus? Diese Frage ist nur schwer zu beantworten, weil die Grenze zwischen Antisemitismus und Antizionismus unscharf ist und nicht jeder Antizionist gleich ein Antisemit ist. Sicher ist aber: Es waren keine vereinzelten Stimmen. Dies belegt Michael Kloke in seinem detailreichen Buch «Israel und die deutsche Linke». Die Aufarbeitung des linken Antisemitismus begann etwa Mitte der 80er Jahre. Wichtige Stationen waren die Diskussionen über das Stück «Der Müll, die Stadt und der Tod» von Rainer Werner Fassbinder, in dem ein Spekulant mit jüdischen Stereotypen gemalt wurde. Ein wichtiger Eckpunkt war ferner das «Versöhnungsspektakel» von Bitburg am 8. Mai 1985, als Helmut Kohl und Ronald Reagan am 40. Jahrestag der Kapitulation des Nationalsozialismus den Bitburger Soldatenfriedhof besuchten, auf dem auch SS-Soldaten begraben sind, um im Gedenken an alle gefallenen Soldaten des Zweiten Weltkrieges die Versöhnung Deutschlands mit seiner Geschichte zu zelebrieren. Gegen diesen Geschichtsrevisionismus demonstrierten fast ausschließlich jüdische Organisationen, während die deutsche Linke fast kollektiv durch Abwesenheit glänzte. Bitburg war Anlass, um über dieses Versagen nachzudenken. Schließlich trugen auch die intensiven Auseinandersetzungen während der Historikerdebatte zu der Einsicht bei, dass eine Gleichsetzung der israelischen Politik mit dem Nationalsozialismus den Faschismus unverantwortlich relativiert.

Aus diesen Diskussionen begann die internationalistische Linke zu lernen. Als Ende der 80er Jahre Autonome die palästinensische Intifada zum Anlass nahmen, um zum Boykott israelischer Waren aufzurufen, kam es zu heftigen Auseinandersetzungen in diesen Kreisen. Es zeigte sich, dass eine Position, die das Existenzrecht des Staates Israel ablehnte, nur noch wenig Rückhalt hatte. Die Anerkennung des Staates Israel muss für eine Linke selbstverständlich sein, was Kritik an der konkreten Regierungspolitik keineswegs ausschließt.

Auch in militanten Gruppen wie den Revolutionären Zellen (RZ) begann man sich allmählich mit ihrer antizionistischen Geschichte auseinanderzusetzen. Aus Anlass der Ermordung eines ehemaligen RZ-Mitgliedes durch eine palästinensische Gruppe reflektierten sie über ihren eigenen Anteil an einem linken Antisemitismus («Gerd Albartus ist tot», in ID-Archiv). Im Zentrum stand die Frage, wie es zu «Entebbe» im Jahre 1976 kommen konnte. Damals hatte ein vierköpfiges Kommando, dem auch zwei deutsche Mitglieder der RZ angehörten, eine Maschine der Air France entführt, um damit Gefangene in Israel und der BRD zu befreien. Im Laufe der Entführung trennte das Kommando die Passagiere «entlang völkischer Linien». Alle nichtjüdischen und nichtisraelischen Passagiere wurden freigelassen. Während einer Verhandlungspause stürmten Einheiten der israelischen Armee das Flugzeug und töteten die Mitglieder des Kommandos. Eine jüdische Passagierin, die das KZ überlebt hatte, kam bei der Entführung ebenfalls ums Leben.

Wie war diese «historische Amnesie und moralische Desintegration» möglich? Die RZ verwiesen auf den Umstand, dass man den Konflikt «mit den Kategorien eines an Vietnam geschulten Antiimperialismus wahrnahm». Die Situation in Palästina war «uns Grund genug und zugleich Vorwand, unser Wissen über Auschwitz in den Hintergrund zu drängen. Wir machten uns die Losungen des palästinensischen Befreiungskampfes zu eigen und setzten uns darüber hinweg, dass unsere Geschichte eine vorbehaltlose Parteinahme ausschloss.» Stattdessen sah man im Nahen Osten «vor allem gute und schlechte Völker». Man sei von einem homogenen Befreiungsprozess und einem homogenisierenden Volksbegriff ausgegangen. Nur so konnte es geschehen, dass jüdische Passagiere gleich welcher Nationalität in Sippenhaft für die Politik der israelischen Führung genommen wurden. Dies sei eine politische Katastrophe gewesen und die schwerste Hypothek in der Geschichte der RZ.

Ein beliebtes Argument im antizionistischen Weltbild war auch, Israel das Existenzrecht abzusprechen, weil es ein «künstliches Gebilde» und kein «gewachsenes Volk» sei. Solche naturalistischen Weltbilder implizieren, es könnte so etwas wie «natürliche Völker» geben. Alle Nationen sind aber Konstrukte, die ihre vermeintliche Homogenität über Gründungsmythen stiften und sich ihrer Identität über ritualhaft sich wiederholende Deutungskämpfe versichern müssen. Wenn dies verleugnet oder verkannt wird, gibt es in der Tat Überschneidungen zum Nationendiskurs der Rechten. Damit erscheint auch die heutige Positionierung eines Horst Mahler oder Bernd Rabehl im rechtsradikalen Lager nicht mehr so überraschend, wie manche glauben mögen.

Wie gezeigt, war die Angst vor einem neuen Faschismus zentral für die Konstituierung der APO. Die Auseinandersetzung der APO mit dem Faschismus hatte mehrere Dimensionen. Mit den Bewegungen gegen die Wiederbewaffnung und die Notstandsgesetze sowie aufgrund der Debatten um die Verjährung von Straftaten, die während des Nationalsozialismus begangen wurden, wurde diese Zeit allmählich wieder öffentlich diskutiert. Durch den Auschwitz-Prozess konnte man sich genauer über das nazistische Vernichtungssystem informieren. Diejenigen aber, die für eine Aufarbeitung des NS eintraten, stießen auf eine Mauer des interessierten Schweigens. Der Grund war, dass es in der BRD – trotz aller Brüche – in vielerlei Hinsicht eine personelle, institutionelle und ideologische Kontinuität zum Faschismus gab. Die meisten der entscheidenden Funktionsträger im Nationalsozialismus wurden bald nach Kriegsende rehabilitiert und machten in der BRD schnell wieder Karriere: sei es in der Politik, Justiz, Verwaltung oder im Militär. Auf diese faschistischen Kontinuitäten hingewiesen und diese skandalisiert zu haben, war eines der großen Verdienste der APO.

Aber der Faschismus-Begriff bekam mit dem Vietnamkrieg eine weit darüber hinausreichende Bedeutung. Er hatte in den Diskussionen der APO die Funktion eines Passepartouts, der zur Charakterisierung unterschiedlichster Phänomene und Gesellschaften angewandt wurde. In fast allen dargestellten gesellschaftstheoretischen Entwürfen spielte der Verweis auf den Faschismus eine große Rolle. Die BRD als post- und präfaschistischer Staat, Israel als zionistischer Faschismus, die USA als Erbe des historischen Faschismus: «USA-SA-SS» lautete bis in die 80er Jahre eine der am häufigsten skandierten Parolen, die die USA als direkten Erben der nationalsozialistischen Vernichtungsapparate charakterisierte. In der Inflationierung des Faschismusbegriffes war nicht mehr zu erkennen, was die differentia specifica dieses Begriffes ausmachte. Was waren die spezifisch deutschen Elemente am Faschismusbegriff? Welche Rolle spielten in den Faschismusanalysen Auschwitz und die anderen Vernichtungslager?

Auffallend ist, dass eine konkrete Auseinandersetzung darüber kaum stattfand. Auschwitz war trotz des Auschwitzprozesses von 1963-65, bei dem zum ersten Mal in der Nachkriegszeit eine juristische Aufarbeitung des Nationalsozialismus stattfand, eine Leerstelle oder bestenfalls ein Zeichen, das auf etwas anderes verwies – den Völkermord in Vietnam. Es gab keine Diskussion über die Herausbildung des spezifisch deutschen Antisemitismus, wie er sich in der Romantik in Opposition zu den Ideen der Französischen Revolution von 1789 entwickelt hatte (Plessner; Dörner; Hoffmann). Auch über die Rolle des deutschen organischen Volks- und Nationenbegriffes wurde nicht diskutiert, der es ermöglichte, die Juden schon frühzeitig als parasitären inneren Feind zu begreifen, den es auszumerzen galt; keine Rede von der Radikalisierung dieser Vorstellungen durch die Adaption des Darwinismus von Seiten der AntisemitInnen vor und nach dem Ersten Weltkrieg.

Warum der Faschismus gerade in Deutschland so erfolgreich war, warum es gerade hier bis zum bitteren Ende eine Massenunterstützung gegeben hat, warum gerade hier der Massenmord an Juden, Sinti und Roma und anderen «Außenseitergruppen» in seiner technokratisch industriellen Effizienz durchgeführt werden konnte, solche Fragen drangen mit diesen Parolen nicht mehr in das Blickfeld, geschweige denn, dass sie beantwortet werden konnten. Diese Form der Normalisierung konnte nur eine doppelt unschuldige Generation leisten: unschuldig, weil links und unschuldig, weil nachgeboren.

Wie konnte es zu diesem verkürzten Faschismusbegriff kommen? Wo lagen die Ursachen für die Gleichsetzung von Kapitalismus, Imperialismus und Faschismus?

In seiner Schrift «Die Juden und Europa» aus dem Jahre 1939 hatte Horkheimer den kategorischen Imperativ für jede linke Faschismustheorie formuliert: «Wer aber vom Kapitalismus nicht reden will, sollte auch vom Faschismus schweigen» (1984, 33). Ohne Kapitalismusanalyse ist Faschismusanalyse nicht möglich. Gegen Interpretationen, wie sie in der Nachkriegszeit in der BRD vorherrschend waren und die den Faschismus auf ein vormodernes Phänomen reduzierten oder zu einer «Hitler-Diktatur» personalisieren wollten, bestand Horkheimer und ihm folgend die APO zu Recht auf den Verbindungen zwischen Kapitalismus und Faschismus, was aber nicht heißt, dass beide identisch sind. Es ist nicht der notwendige Endpunkt der allgemeinen kapitalistischen Entwicklung, wie er in dem Slogan «Kapitalismus führt zu Faschismus» zum Ausdruck kommt. Dadurch würde die schlichte Tatsache, dass der Holocaust in Deutschland und nicht anderswo stattfand, als relativ unbedeutendes Ereignis abgewertet werden. Leider gelingt es Horkheimer selbst nicht, die Dimensionen des Faschismus auszuloten. In einer auffällig ökonomistischen Analyse leitet Horkheimer die Verfolgung der Juden aus den Formveränderungen der Ökonomie ab. Eine ökonomistisch verkürzter Faschismusbegriff sollte auch kennzeichnend für die Analysen der StudentInnenbewegung werden.

Wichtiger als Horkheimer war eine weitere Traditionslinie. Diese berief sich auf die Faschismusanalyse der Kommunistischen Internationalen (KI). Auf dem VII. Weltkongress 1935 definierte der Generalsekretär der KI, Georgi Dimitroff, den Faschismus als «die offene terroristische Diktatur der reaktionärsten, am meisten chauvinistischsten, am meisten imperialistischsten Elemente des Finanzkapitals». Die imperialistischen Kreise würden den Faschismus brauchen, um die Krise auf die Schultern der Werktätigen abzuwälzen. Dabei sei der deutsche Faschismus die «reaktionärste Spielart dieses Faschismus». Diese Analyse bezog sich auf Lenins Imperialismusanalyse, derzufolge der Imperialismus das höchste Stadium des Kapitalismus sei. Lenin charakterisiert den Imperialismus als Monopolkapitalismus, der als solcher auf dem Boden der freien Konkurrenz erwächst und «den Übergang von der kapitalistischen zu einer höheren ökonomischen Gesellschaftsformation» bedeutet (LAW I, 869). Lenins Imperialismustheorie reihte sich in die damaligen Debatten in der Arbeiterbewegung um die Zukunft des Kapitalismus ein. Wegen sinkender Verwertungsmöglichkeiten stoße der Kapitalismus an seine objektiven Grenzen. Deshalb hielten viele TheoretikerInnen den baldigen Zusammenbruch des Kapitalismus für sehr wahrscheinlich. Lenin ging davon aus, dass der Imperialismus mit seinen Kartellen, Trusts und Monopolen die unmittelbare Vorstufe des Sozialismus sei. Beim Imperialismus handelt es sich somit um eine absterbende Gesellschaftsformation, um – so Lenin – einen «parasitären oder in Fäulnis begriffenen Kapitalismus» (870). Sowohl Lenin als auch Dimitroff greifen immer wieder auf eine solch naturalistische Metaphorik zurück: Fäulnis, parasitär, Absterben des Staates, Opportunisten werden mit einem «bösartigen Geschwür an einem gesunden Organismus» verglichen. Dahinter steckt die geschichtsphilosophische Erwartung und Hoffnung, dass der Übergang zum Sozialismus kurz bevorstehe, weil die Bedingungen jetzt «reif» seien. Doch dieser Übergang geschehe nicht automatisch, weil die Arbeiter in ihrem reformistischen Bewusstsein gefangen seien. Es bedürfe deshalb einer kompromisslosen revolutionären Avantgardepartei, die den Arbeitern das richtige Bewusstsein von außen beibringe. Dann sei es möglich, die Früchte zu ernten. Der Imperialismus befand sich also in seinem Todeskampf. Sterbende wehrten sich aber oft mit allen ihnen zur Verfügung stehenden Mitteln gegen ihr Ableben. Das gelte natürlich auch für den Imperialismus mit seiner besonderen Aggressivität.

Wie ordnet sich nun der Faschismus in dieses Geschichtsbild ein? Warum kam es nicht zum Übergang vom Imperialismus zum Sozialismus? Von der teleologischen Geschichtsphilosophie, die eine naturgesetzliche Entwicklung von der Urgesellschaft über Sklavenhaltergesellschaft, Feudalismus, Kapitalismus hin zu Sozialismus und Kommunismus behauptete, wollte und konnte man in der KI nicht abgehen. Wenn aber der Imperialismus schon das höchste Stadium des Kapitalismus war, dann konnte der Faschismus nur das allerhöchste Stadium von Kapitalismus und Imperialismus sein, eben «die offene Diktatur der reaktionärsten, am meisten chauvinistischen, am meisten imperialistischen Elemente des Finanzkapitals». Die Rhetorik des Superlativismus ergibt sich aus der zugrundeliegenden Geschichtsphilosophie, die den Faschismus nicht erwartet hat und jetzt nachträglich nach einer Erklärung sucht. Der Kapitalismus ist also mit dem Faschismus an sein absolutes Ende gelangt. An diesem Endpunkt sind dann Kapitalismus, Imperialismus und Faschismus identisch. Nur ein kleiner Teil des Finanzkapitals hält ihn mit aller Gewalt an der Macht. Da aber der Kapitalismus-Imperialismus-Faschismus nicht kampflos kapituliert, mobilisieren am Endpunkt dieser Entwicklung die reaktionärsten Kapitalfraktionen noch einmal die letzten Reserven, um den Sozialismus zu verhindern.

Die Dimitroffsche Faschismusanalyse hatte zuvorderst eine politische Funktion. Sie sollte einen radikalen Kurswechsel der Bündnispolitik der KI legitimieren. Mit dem VII. Weltkongreß erfolgte eine Wendung zur Einheits- und/oder Volksfrontpolitik. Die KI und die KPD hatten lange Zeit die Sozialfaschismustheorie vertreten, wonach die SPD der Hauptfeind der Arbeiterklasse sei. Nach der Machtergreifung der NSDAP und dem Verbot sowohl von KPD als auch SPD mußte die KPD diese Linie ändern und orientierte sich nun auf ein möglichst breites Bündnis gegen die NSDAP. Dies erlaubte die Dimitroffsche Faschismusanalyse, da sie nur die reaktionärsten Teile des Kapitals verantwortlich machte und alle anderen Gesellschaftsgruppen primär als Opfer betrachtete, mit denen im Prinzip ein Bündnis möglich war.

Ohne diese politischen Rahmenbedingungen zu betrachten und die kruden Imperialismus- und Faschismustheorien zu reflektieren, übertrug die APO diese Theorien unkritisch auf die Nachkriegszeit.8 Nur hatten sich die Schwerpunkte vom Deutschen Reich auf die USA verlagert. Dort bündelten sich jetzt die politischen, ökonomischen, militärischen und ideologischen Mächte in ihrer aggressivsten Form. Durch Übertragung per Analogieschluss war klar, dass die USA das historische Erbe des Faschismus angetreten haben mussten. Nur so sind die unsäglichen «USA – SA-SS»-Parolen zu erklären. Wer aber mit den USA aufs Engste verbunden war, wie Israel, war selbst ein Teil des imperialistisch-faschistischen Systems: deswegen die Rede von Israel als zionistisch-faschistischem Staatsgebilde, vom Golda-Meir- und Mosche-Dayan-Faschismus.

Die damalige Neigung, jedes reaktionäre Gesetz als Teil eines umfassenden Faschisierungsprozesses zu begreifen, war fast unbegrenzt. Als wäre es nicht möglich gewesen, die reaktionären Bestrebungen in der BRD oder den imperialistischen Krieg der USA ohne das Superlativ-Etikett des Faschismus radikal zu kritisieren. Die Fähigkeit zur Differenzierung ging dadurch verloren. Parlamentarische Demokratie, Diktatur und Faschismus wurden tendenziell als Herrschaftsformen des Kapitals gleichgesetzt. Durch diesen undifferenzierten und inflationären Gebrauch des Faschismusbegriffes betrieb die deutsche Linke lange vor Martin Walser und tutti quanti eine Relativierung des deutschen Nationalsozialismus. In einem bewegenden Essay kurz vor seinem Selbstmord ging der Philosoph und Überlebende der KZs Auschwitz, Buchenwald und Bergen-Belsen Jean Améry mit der Inflationierung des Faschismusbegriffes hart ins Gericht: «Im Panzer einer neomarxistischen, abstrakten Begriffswelt steckend, sahen wir ‹ Faschistoides› , weil es Banken gab und Industriekomplexe, und vergaßen über solcher Schrecknis den gewöhnlichen Faschismus, den Nazismus, um präziser zu sein (...). Statt Analysen der geschichtlichen Wirklichkeit vorzunehmen, errichteten wir Begriffskartenhäuser. Nicht über den nazistischen Alltag redeten wir, (...) sondern schrien schrill ‹ Faschismusgefahr!› , weil ein ungebildeter Marktwirtschaftsminister die Linksintellektuellen ‹ Pinscher› nannte» (275).

Stand hinter dem Faschismusvorwurf an die USA angesichts des Vietnamkrieges auch Antiamerikanismus, wie Horkheimer 1967 vermutete? Oder galten die «USA-SA-SS»-Parolen nur der Politik der US-Regierung? Einen linken Anti-Amerikanismus völlig zu leugnen, ist sicherlich falsch. In der Alternativ- und Friedensbewegung, aber auch von links-christlichen Strömungen wurde in den 70er und 80er Jahren immer wieder die us-amerikanische Kultur des «Mammons» kritisiert und sich über den oberflächlichen Geist der Hollywood-Industrie lustig gemacht, weil diese angeblich der Tiefe des deutschen Geistes entbehre. Einen nicht unerheblichen Einfluss übte Adornos Kulturindustriethese in der «Dialektik der Aufklärung» aus, der in der Massenkultur nur eine neue Form der Manipulation und Unterdrückung wahrnehmen konnte. Selbst im Jazz sah er nur Konformität und Scheinfreiheit. Dass er auf das Verbot des Jazz im Nationalsozialismus öffentlich mit Lob reagierte, weil es sich um eine unwahre Kunstform handle, dürfte sein gravierendstes Fehlurteil gewesen sein (Schweppenhäuser 1996, Anm. 160). Genauso wie aber Adorno trotz seiner Verachtung Hollywoods kein «Antiamerikaner» war, war auch die Linke nicht antiamerikanisch, wie es etwa Diner und Herzinger/Stein behaupten. Letztere machen es sich dabei denkbar einfach. Sie erklären einfach den Antiamerikanismus als undefinierbar, da er keine Mitte habe, um im nächsten Augenblick alle x-beliebigen Phänomene als antiamerikanisch zu denunzieren. Sogar in der angeblichen Vorliebe deutscher Linker für Asterix manifestiere sich ein unbewusster Antiamerikanismus. Denn in diesen Heften werde das reaktionäre Lob einer nicht-entfremdeten Natur gepredigt, wohingegen Dagobert Duck wegen seiner Geldgier von der Linken abgelehnt werde. Bei dieser «Theologie der Leerstelle» (Rudolf Walther) gibt es kein Entrinnen. Jede Kritik an der Interessenspolitik der USA gerinnt zum Antiamerikanismus-Verdikt.

Grundsätzlich war aber das Verhältnis der deutschen Linken – wie bei Adorno selbst auch – nicht durch einen allgemeinen Antiamerikanismus, sondern durch eine Hassliebe geprägt. Selbstverständlich wurde die Politik der US-Regierung und die Kulturindustrie Hollywoods scharf kritisiert. Unbestritten ist aber auch, dass die us-amerikanische Jugendkultur die Jugend faszinierte. Blues, Jazz und Rock prägten ihr Lebensgefühl im Westeuropa der Nachkriegszeit. Die Musik der Doors, von Jimmy Hendrix, Janis Joplin oder den Velvet Underground hatte etwas Unerhörtes. Die abstrakte Malerei eines Jackson Pollock und die Pop Art eines Andy Warhol eröffneten neue ästhetische Dimensionen. Die Hippie und Beatnick-Literaten wie Allen Ginsberg, Jack Kerouac und William S. Borroughs suchten hierzulande ihresgleichen und vermittelten ein Gefühl von Aufbruch, Freiheit und Radikalität. «The Naked Lunch» von Borroughs wurde zum Kultbuch der Gegenkultur. Der Wunsch aus dem «Gehäuse der Hörigkeit» (Max Weber) auszubrechen, zu experimentieren – auch mit Drogen –, ist ohne diese Einflüsse nicht zu denken. Auch politisch gab es zahlreiche Einflüsse. Etwa die Tradition des zivilen Ungehorsams, die durch die Aktionen des Civil-Rights-Movements auch hier wahrgenommen wurde. Diese Bewegung wandte sich Anfang der 60er Jahre in den Südstaaten gegen die rassistische Diskriminierung der schwarzen Bevölkerung. Aus Protest gegen diese Praxis wurden neue Aktionsformen wie «go-ins» oder «sit-ins» ausprobiert, die eine große Öffentlichkeitswirksamkeit hatten und sich deshalb schnell auch in Deutschland ausbreiteten. Die militante Black-Panther-Bewegung, Malcolm X und Angela Davis übten hier eine große Faszination aus. Viele weitere Beispiele ließen sich nennen. Selbst für Kennedy hatten viele Linke, trotz seiner Kuba-Politik, zunächst große Sympathien, bis er die USA in den Krieg nach Vietnam führte.

2.5.2 Die Bedeutung des bewaffneten Kampfes

Das Lob des bewaffneten Kampfes spielte in der APO von Anfang an eine herausragende Rolle. Es wurden vor allem diejenigen Befreiungstheoretiker rezipiert, die den bewaffneten Kampf als zentral ansahen. Bahman Nirumands in Anlehnung an Marx aufgestellte Behauptung, dass die «Waffe der Kritik die Kritik der Waffen» nicht ersetzen könne (1968, 62f), war keine Außenseitermeinung, sondern repräsentierte die Auffassung vieler AktivistInnen. «Waffen sind das beste Brot für die Dritte Welt» und «Die besten Pazifisten sind das bewaffnete Volk» waren gängige Parolen (Kursbuch 57, 205). In einer Diskussion 1979 über den Internationalismus fasste Daniel Cohn-Bendit rückblickend die damalige Einstellung noch einmal zusammen. «Die Dritte Welt hatte aufgrund historischer Entwicklungen angefangen mit der militärischen Auseinandersetzung, aber – ob ausgesprochen oder nicht – diese Auseinandersetzung würde für uns nicht ausbleiben, ob in fünf oder in zehn Jahren oder in einem.» (205) In der heftig geführten Gewaltdebatte spielten religiös-metaphysische Aspekte eine große Rolle. Denn wie Frantz Fanon aufgezeigt hatte, bewirkte die Gewalt eine doppelte Befreiung: die Befreiung vom Kolonisator und die eigene innere Befreiung. Insofern war diese Gewalt keine klassische unterdrückerische Gewalt der Alten Welt, sondern eine neue Gewalt, eben die Gewalt der sog. Dritten Welt, aus der sich der neue Mensch konstituierte. Indem es sich um eine befreiende Gewalt handelte, galt sie in einem ethisch-moralischen Sinne als gerechtfertigt und mußte nicht mehr legitimiert werden. Sie war bereits die Gewalt eines neuen Zeitalters, eines neuen Äons. Die metaphysische Überhöhung der Gewalt konnte sich auf eine Fülle von Gewährsleuten stützen. Schon in der Französischen Revolution hatte Robespierre den «Terror der Vernunft» als Instrument des Fortschrittes bezeichnet. Für Hegel vollzog sich der Fortschritt auf den Schlachtbänken der Geschichte. Und für Marx und Engels war klar, dass Gewalt als «Geburtshelferin der Geschichte» eine wichtige Rolle spielte.

Die Totalität des Imperialismus ließ scheinbar keinen anderen Weg offen. Auch die Regionen, die sich wie z.B. die BRD nicht im Krieg befinden, leisten ihren Beitrag für den imperialistischen Krieg. Es könne deshalb kein ruhiges Hinterland geben. Für viele war unbestritten, dass der bewaffnete Kampf die höchste Form des Widerstandes war. Aus Anlass der Ermordung von Che Guevara veröffentlichte der Schriftsteller Peter Weiss im Kursbuch einen kurzen Artikel, in dem der Mythos der Gewalt deutlich wird. Che habe gezeigt, so Peter Weiss, dass «das einzig Richtige ist, ein Gewehr zu nehmen und zu kämpfen». Sein Tod stelle die Frage nach unserer Mitschuld, nach unserem Verrat, weil wir nicht so gekämpft haben wie er. «Wie wir die Frage nach seinem Tod auch wenden, die Antwort bleibt, und sie ist einfach. Es ist eine Antwort, die auf unsere Niederlage und unsere Feigheit deutet.» (Kursbuch 11, 1)

Was letztlich zählt, ist der bewaffnete Kampf. Alle anderen Formen von politischer Arbeit haben somit den Charakter eines «Noch-Nicht» und werden damit abgewertet. Dem entsprach auch die Wahrnehmungsweise der Internationalismusbewegung. Wo kein bewaffneter Kampf, dort auch kein Widerstand. Noch einmal Peter Weiss: Che und die anderen Guerillaführer Lateinamerikas wissen, «daß ihrem Feind gegenüber nichts anderes verschlägt als der bewaffnete Kampf. Nur die Gewalt kann helfen. Und sie wissen, dass es nötig ist, zu ihr zu greifen, auch wenn dies zu Niederlagen und schweren Verlusten führt. Sie wissen: jede Atempause, die dem Feind gewährt wird, macht ihn stärker. Sie wissen auch: wenn sie selber niedergekämpft werden, so werden andere ihnen folgen und den Kampf weiterführen.» Der bewaffnete Kampf wird hier nicht mehr mit einer konkreten historischen Situation verbunden, sondern verabsolutiert.

2.6 Der revolutionäre Messianismus

Zentral für das Verständnis der Opposition gegen den Vietnam-Krieg wie der gesamten APO war ihr messianischer Charakter. Deutlich wird dieser Messianismus in den Reden, die auf dem Internationalen-Vietnam-Kongress im Februar 1968 in Berlin gehalten wurden. Noch heute ist bei der Lektüre dieser Reden eine Aura von «Endkampf» und «Endzeit» zu verspüren. Rudi Dutschkes Ausruf «Genossen! Wir haben nicht mehr viel Zeit!», war durchaus ernst gemeint. Eine Periode, wenn nicht die ganze Geschichte, geht ihrem Ende entgegen. Aber davor kommt es noch zur Entscheidungsschlacht. «In Vietnam werden auch wir täglich zerschlagen, und das ist nicht ein Bild und ist keine Phrase. (...) Wir haben eine historisch offene Möglichkeit. Es hängt primär von unserem Willen ab, wie diese Periode der Geschichte enden wird» (Dutschke 1968, 92). Im Folgenden zitiert Dutschke zustimmend Fanon, dass man die «große Nacht», in der man versunken wäre, abschütteln müsse, damit der «neue Tag (...) uns standhaft, aufgeweckt und entschlossen» antreffe. Dutschke fährt fort: «Laßt uns endlich unseren richtigen Kurs beschleunigen. Vietnam kommt näher, in Griechenland beginnen die ersten Einheiten der revolutionären Befreiungsfront zu kämpfen. (...) Es hängt von unserem schöpferischen Willen ab, kühn und entschlossen, die sichtbaren und unmittelbaren Widersprüche zu vertiefen und zu politisieren, Aktionen zu wagen, kühn und allseitig die Initiative der Massen zu entfalten.» (92)

Auf die Spitze getrieben wurde diese Argumentation in einem Beitrag von Bahman Nirumand, der kurz zuvor ein viel gelesenes Buch über die Situation im Iran und die Politik des Schahs veröffentlicht hatte. «Denn wir stehen jetzt an dem Übergang zur Dritten Welt, zur Welt des neuen Menschen, mit der die Vorgeschichte des Menschen, seine Unterdrückung und Zerstückelung beendet sein wird. Die erste Welt, als die der Imperialismus sich begreift, wird die letzte der Despoten und Tyrannen sein; die dritte Welt aber, die der Imperialismus, jetzt schon mit dem Rücken zur Wand, zerschlagen will, wird die erste Welt des Menschen sein. (...) Lassen wir dem Erwachen der Verdammten das Erwachen der Verdummten folgen, halten wir darum nicht länger die pseudorevolutionäre Praxis der stimmungsvollen Kongresse und Aufrufe für ausreichend, erinnern wir uns, daß die Waffe der Kritik die Kritik der Waffen nicht ersetzen kann! Die Konzentrationslager, die die Ideologen der Reaktion für das Bewußtsein der Massen errichtet haben, können durch kritische Kritik oder Referat plus Korreferat [sic!] nicht hinweggefegt werden.» (1968, 63)

In den Theoriefragmenten der APO ist eine scheinbar paradoxe Konstellation zu erkennen. Einerseits bezog man sich auf Theorien, die von einer absoluten Undurchdringlichkeit des gesellschaftlichen Verdinglichungs-, Manipulations- oder Verblendungszusammenhangs ausgingen. Dem stand ein ungeheurer Optimismus entgegen, der Wille, die Welt aus den Angeln zu heben. Dieses Paradoxon läßt sich zum Teil auflösen, wenn man eine Tradition in den Blick nimmt, die die StudentInnenbewegung in hohem Maße beeinflusste: den Messianismus. Begriffe wie die «große Nacht und der neue Tag» (Fanon), der «neue Mensch» (Guevara), die Rede von den USA als dem «großen Feind der Menschheit» (Che, zit. nach Balsen/Rössel 1986, 189), die «große Weigerung» (Marcuse), der «Endkampf» entstammen einer apokalyptisch-messianischen Überlieferung. Auch der Begriff «Dritte Welt» bei Bahman Nirumand verweist auf diese Zusammenhänge. Nirumand verwendet diesen Begriff nicht im ökonomisch-technologischen Sinne der Modernisierungstheorien, derzufolge die Einordnung nach der Wirtschaftsleistung und dem Stand der technologischen Entwicklung erfolgt, sondern er nimmt eine geschichtsphilosophische Einteilung vor. Die erste Welt ist demnach die Geschichte des alten Chinas, Ägyptens und Mexicos; die zweite Welt beginnt mit Athen und «endet heute in Washington». Diese Welt wird derzeit schon begraben von der dritten Welt, die «die erste Welt des Menschen und somit das Ende der bisherigen Welt sein wird» (Nirumand 1968, 62).

Diese Geschichtsphilosophie schließt unmittelbar an die Geschichtsteleologie des Joachim von Fiore an (Agnoli 1996, 135ff; Cohn 1988, 117ff; Taubes 1991, 90ff). Im Jahre 1190 hatte dieser seine Theorie von den Drei Reichen entwickelt. Demnach stand die Ablösung des zweiten Reiches (das Reich des Sohnes) durch das dritte Reich (das Reich des Heiligen Geistes) unmittelbar bevor. Dieses Reich wird aber das Ende der Zeit sein, das Neue Jerusalem aus der Johannes-Apokalypse, der letzten Schrift des Neuen Testamentes. Der Joachimismus hatte einen ungeheuren Einfluß auf die sozialutopischen Bewegungen des Mittelalters. Im deutschen Bauernkrieg bezog sich etwa Thomas Münzer explizit auf ihn (Taubes 1991). Der Grund lag darin, dass er ein neues Element in die christliche Sozialutopie brachte, nämlich das Element der Befreiung in der Geschichte durch die revolutionäre Tat. Das Paradies ist nicht mehr das Jenseits und die Verwirklichung des christlichen Glücksversprechens wird nicht mehr auf eine unbestimmte Zeit verschoben. Sondern das alles kann heute, hier, jetzt geschehen und jeder kann seinen Beitrag dazu leisten. Die messianisch-apokalyptischen sozialrevolutionären Strömungen knüpften an die Parusiehoffnung der christlichen Urgemeinden an. Diese bestand darin, dass die Wiederkunft Jesu und damit die Errichtung des Gottesreiches auf Erden bald bevorstehe. Nachdem sich die apokalyptischen Visionen der frühchristlichen Gemeinden nicht erfüllt hatten, verloren sie ab dem 2. Jahrhundert an Einfluss. Mit Augustinus (354-430) war eine komplette Uminterpretation der ursprünglichen auf das Diesseits gerichteten Endzeit-Idee abgeschlossen. Demnach war die neue Welt durch die Ankunft des Messias bereits verwirklicht. Allerdings ereignete sich dieses neue Jerusalem nicht mehr in der historischen Welt, sondern es war eine spirituelle neue Welt, die sich im Innern der christlichen Gemeinde, der Ekklesia, offenbarte. Die Welt der Geschichte ist nur eine Scheinwelt ohne große Bedeutung für die Erlösung. Augustinus und Papst Gelasius I. kodifizierten diese Zwei-Reiche-Lehre. Eine revolutionäre Veränderung war deshalb nicht mehr nötig. Mit der Übernahme des quietistischen Neoplatonismus vermittelt über Plotin und Origines zur bestimmenden Philosophie erhielt eine abwartende, passive Interpretation des Christentums weiter Aufschwung, weswegen sie auch leicht zur römischen Staatsreligion unter Konstantin werden konnte.

Im Gegensatz dazu hatte der jüdische Messianismus seinen diesseitigen, revolutionären Charakter beibehalten (Scholem). Das Reich der Freiheit war ein Reich, das sich in der Geschichte ereignet, und unterschied sich damit stark von der spirituellen Innerlichkeit des Christentums. Es ist deshalb kein Zufall, dass die jüdischen und christlichen messianischen Traditionen über jüdische Intellektuelle Eingang in die StudentInnenbewegung fanden (Marx, Lukacs, Benjamin, Marcuse). Dabei spielte die messianische Philosophie Ernst Blochs eine entscheidende Rolle (B. Schmidt). Blochs Buch über Thomas Münzer war eines der Bücher, die Rudi Dutschke am tiefgreifendsten beeinflussten. In linkschristliche Kreise drangen die Ideen von Münzer und Bloch über die «Theologie der Hoffnung» von Moltmann ein.

Der Messianismus ging darüber hinaus noch eine Verbindung mit einer zweiten großen ideengeschichtlichen Strömung ein: der Identitätsphilosophie und hier vor allem der Philosophie Hegels. Nach Hegels Geschichtsphilosophie vollzog sich im geschichtlichen Prozess eine Entzweiung des Absoluten, d.h. des mit sich selbst identischen Geistes. In verschiedenen geschichtlichen Epochen vollzieht sich diese Entzweiung durch den dialektischen Entwicklungsprozeß von These – Antithese – Synthese auf einer gesellschaftlich immer höheren Stufenleiter, bis der absolute Geist am Ende wieder mit sich selbst versöhnt ist. Das Absolute verwirklicht sich also in der Geschichte. Insofern ist die Weltgeschichte das Weltgericht. Im Prozess der Weltgeschichte ist der absolute Geist immer präsent in Gestalt von Einzelpersonen oder ganzen Völkern, die die historische

Funktion haben, die Geschichte bis zu ihrem Ende voranzutreiben. Vernunft und Wirklichkeit, das Faktische und das Normative bilden dann wieder eine untrennbare Einheit. Die Rolle, die die historischen Akteure in diesem Prozess spielen, ist ihnen dabei meist nicht bewusst. Die hegelianische «List der Vernunft» (Hegel 1986, 49) setzt sich vielmehr hinter dem Rücken der Akteure durch.

Wie das Proletariat in der Theorie von Marx und Engels die Rolle des Weltgeistes vom preußischen Staat übernommen hatte, so übernahmen aus Sicht der StudentInnenbewegung nun die Länder der sog. Dritten Welt die Rolle des Weltgeistes vom Proletariat. Das Paradoxe oder, in Hegels Worten, «die List der Vernunft» bestand darin, dass die im Weltmaßstab Ärmsten der Armen durch ihre eigene Befreiung die ganze Welt befreien sollten. «Die revolutionäre Violenz macht nicht nur den Revolutionär von heute, sondern auch den Unterdrücker von gestern zum Menschen. Ihr Befreiungsakt ist nicht einseitig, sonst wäre er ohne geschichtlichen Wert; er erlöst auch den Gewaltherrn von der ihn selbst zerstörenden Lust, den Mitmenschen elend zu machen» (Améry 1990, 141). Diese Dialektik von Hoffnung und Befreiung hat christliche Wurzeln. Dahinter verbirgt sich die Dialektik von Kreuz und Auferstehung, von Karfreitag und Ostern. Der Augenblick der größten Katastrophe und Erniedrigung, die Hinrichtung des Gottessohnes am Kreuz und sein qualvolles Sterben, bedeuten nicht das Ende der Hoffnung auf Erlösung. Im Gegenteil! Weil das Kreuz nicht isoliert, sondern nur in der dialektischen Verbindung mit Ostern und dem damit verbundenen Glauben an die Auferstehung gesehen werden darf, beinhaltet es zugleich die größte Hoffnung. Das Marterinstrument Kreuz wird zum Symbol für die Errettung der Menschheit und die Erlösung ihrer Sünden.

Diese dialektische Figur des Umschlags von größter Verzweiflung in Hoffnung musste nur noch von ihren theologischen Schlacken befreit werden. Dies tat Marx in seinem furiosen «Kommunistischen Manifest». Er entwirft ein geschichtsphilosophisches Panorama, in dem in und durch die qualvolle Ausbeutung in der Produktion ein neuer säkularer Messias, das Proletariat, geschmiedet wird, das die geschichtsphilosophische Mission hat, durch seine eigene Befreiung (= Auferstehung) die ganze Menschheit von ihren Ketten zu befreien. Da dieser Heilsplan an der Geschichte scheiterte, wanderten die Hoffnungen in die Dritte Welt. Die dortigen Völker waren jetzt die «Verdammten dieser Erde», die am meisten Ausgebeuteten, die mittels der Befreiungsbewegungen das Herr-Knecht-Verhältnis umdrehen sollten. Da sie nichts zu verteidigen hatten, konnten auch die Verdinglichungsmechanismen bei ihnen nicht greifen. Sie – und nicht die Arbeiterbewegung der Ersten Welt – standen dem Feind der Menschheit Auge in Auge gegenüber. Sie, die in der tiefsten Nacht der menschlichen Existenz lebten, sollten die Welt in neuem Licht erglänzen lassen. Die Begleitmusik dafür lieferten Rio Reiser und die Ton-Steine-Scherben ab, denn – so der Titel eines ihrer Lieder – «Wo die Nacht am tiefsten ist, ist der Tag am nächsten». Hegels Geschichtsphilosophie legte die Deutung nahe, dass sich die Geschichte trotz aller Widersprüche in Richtung Befreiung bewegte. Indem sich die StudentInnen auf die Seite des neuen historischen Subjekts der Befreiung stellten, waren sie selbst Teil dieses Befreiungsprozesses. «Time is on my side», hieß es in einem Lied der Rolling Stones.

Der Messianismus beförderte auf der anderen Seite den Aktionismus. Im Gegensatz zum Passivismus, dem Warten auf bessere Zeiten, – die schon seit Lassalle vorherrschende Tendenz in der Arbeiterbewegung – konnte, ja mußte schon jetzt mit der Befreiung begonnen werden. Der «große Sprung» auf die andere Seite war möglich. Notwendig war nur der bewusste Wille. Auch diese Position fand in der Musik ihren adäquaten Ausdruck: «Break on through to the other side», sang Jim Morrison von den Doors. Und die Ton, Steine, Scherben ergänzten: «Was wir wollen, können wir erreichen» und forderte alle auf, sich für den «Kampf ums Paradies» bereitzuhalten.

2.7 Der Bedeutungsverlust der sog. Dritten Welt

Die erste Phase der Internationalismusbewegung endete auch im Bewusstsein der damaligen AktivistInnen erstaunlich abrupt (Kraushaar 1998c, 32; Mosler 1977; Eisenberg/Thiel 1975). Dies hing zum einen mit der Wiederentdeckung des Proletariats als revolutionärem Subjekt in den Metropolen und zum anderen mit der Ernüchterung über die Entwicklung in Kambodscha zusammen.

Das Jahr 1968 markierte den Höhepunkt des Vietnam-Protestes. Es war aber gleichzeitig das Jahr einschneidender Niederlagen. Dies gilt zum einen für die Verabschiedung der Notstandsgesetze, die trotz breiter Gegenmobilisierung problemlos durchgesetzt werden konnten und von vielen als «präventive Konterrevolution» bezeichnet wurden. Und dies gilt vor allem aber für die Niederlage der gemeinsam streikenden ArbeiterInnen und StudentInnen in Frankreich im Mai. Obwohl sich an den Streiks bis zu zehn Millionen Arbeiter beteiligten, gewannen die Gaullisten im Juni die Wahlen mit absoluter Mehrheit. Zum ersten Mal hatte es in Frankreich gemeinsame Aktionen von StudentInnen und Arbeitern gegeben. Auch in Deutschland näherten sich im Zuge des Protestes gegen die Notstandsgesetze der SDS und Teile der Gewerkschaften an. Auch wenn sich die Verabschiedung der Notstandsgesetze nicht verhindern ließ, so zeigte die formierte und eindimensionale Gesellschaft erste Risse. 1966/67 machte sich eine erste kleinere Wirtschaftskrise bemerkbar; im September 1969 sorgten wilde Streiks für Aufsehen. Analytisch hatte dies das Wiederaufleben der marxistischen Klassenanalyse und traditionellen Revolutionstheorien zur Folge. Das Proletariat als revolutionäre Klasse wurde wiederentdeckt. Mit dem «Vorschein» (Bloch) einer revolutionären Arbeiterklasse war man an einem Wendepunkt angelangt. Auch die «Schlacht am Tegeler Weg», bei der sich im November 1968 APO-AktivistInnen stundenlange militante Auseinandersetzungen mit der Polizei lieferten, brachte für viele die Erkenntnis, dass eine Phase an ihr Ende gekommen war. Sie forderten das Ende des «Spontaneismus» und den Aufbau fester Organisationsstrukturen. Die K-Gruppen wurden geboren. Man wollte nun «dem Volke dienen.» Die bisherige politische Praxis galt als gescheitert (Mosler 1977). Schuld aus der Sicht der Mehrheit der AktivistInnen hatte der eigene politische Liberalismus. «Der Haß, der gegen das bürgerliche Erbe freigesetzt worden war, fiel in überraschend kurzer Zeit auf seine Träger zurück und verwandelte sich in Selbsthaß. Die antiautoritäre Bewegung wurde nun als Verlängerung des Liberalismus in der Linken identifiziert» (Kraushaar 1998 Bd. 3, 32).

Es begann die Zeit der «geborgten Identitäten» und damit des beschleunigten Verfalls des SDS (Claussen in Kursbuch 1979). Historisch scheinbar oder tatsächlich erfolgreiche Organisationskonzepte wie leninistische und/oder maoistische Parteimodelle wurden durch die K-Gruppen unkritisch auf die BRD übertragen. Straffe Disziplin und Gehorsam prägten die meisten dieser Kaderorganisationen.[10] Der Heidelberger SDS-Vorsitzende und spätere Vorsitzende des Kommunistischen Bundes Westdeutschlands (KBW) und heutige Vordenker im Außenministerium, Joscha Schmierer, forderte die «Liquidierung der antiautoritären Phase». Die Folge war, dass die «punktuell vorhandene Einheit von Veränderung der Umstände und Selbstveränderung» verloren ging (Eisenberg/Thiel 1). Es kam zu einer «permanenten Selbstkastrierung» durch die Fetischisierung von «Organisation, Disziplin und Askese» (2 f).

Die StudentInnenbewegung differenzierte sich sehr schnell in unterschiedliche Strömungen und Bewegungen aus: Frauenbewegung, Alternativbewegung, Spontis, K-Gruppen, Hippies.

Da mit dem Pariser Mai und den Septemberstreiks die Arbeiterklasse in der Wahrnehmung der StudentInnen die nationalen Befreiungsbewegungen als revolutionäres Subjekt wieder verdrängt hatte, spielten diese nicht mehr die entscheidende Rolle. Der Sieg des Vietcong in Vietnam und die Flucht des letzten US-Soldaten am 1. Mai 1975 wurde sehr verhalten wahrgenommen. Lediglich nach dem Militärputsch in Chile und für die Unterstützung der afrikanischen Befreiungsbewegungen gegen den portugiesischen Kolonialismus in Moçambique, Angola und Guinea-Bissao konnten noch einmal relativ viele Menschen mobilisiert werden (Cabral 1983; Ansprenger 1992).

Die Ereignisse in Kambodscha versetzten dieser Bewegung den letzten Todesstoß. 1975 hatten die Roten Khmer unter Pol Pot die Macht übernommen. Diese führten mit äußerster Gewalt eine Zwangskollektivierung und einen Agrarkommunismus ein. «Bis 1978 kamen zwischen 500.000 und 1 Mio. Menschen (von insgesamt ca. 7,5 Mio.) über die normale Todesrate hinaus ums Leben» (Schier 1994, 417). Viele der Gruppen und Parteien aus der Erbmasse der 68er Bewegung, die die Roten Khmer unterstützten, wollten dies nicht wahrhaben. Entsprechende Berichte wurden als Propaganda des US-Geheimdienstes CIA abgetan. «Die ‹grauenhaften Greueltaten› der Roten Khmer, die allerorten durch die Presse geistern, sind erfundene Berichte vornehmlich von CIA-Agenten.» (Rote Fahne, 21.5.75, zit. nach Kursbuch 1979, 175) Die «Befreiung Kampucheas (war) zu sehr die Erfüllung unserer Ideen und Hoffnungen, als daß wir an Massaker und Hungerkatastrophen hätten glauben wollen», schreibt die Redaktion der iz3w in der Ausgabe 100. Als sich die Berichte als wahr erwiesen, war dies ein Schock für viele, nur vergleichbar mit dem Schock über den Einmarsch der Warschauer-Pakt-Staaten in der CSSR 1968 (Breidenstein in iz3w 76).

Dieser Schock ist noch spürbar in der Diskussion, die das ehemalige Mitglied der Gruppe «Revolutionärer Kampf» und jetzige Außenminister Joschka Fischer mit anderen bedeutenden Aktivisten der StudentInnenbewegung – wie Daniel Cohn Bendit, Rupert von Plottnitz, Reimut Reiche und Dietrich Wetzel – führte. Die Diskutanten gehen sehr scharf mit ihren eigenen Illusionen, Mythen und Gewaltphantasien ins Gericht. «Ich will eine Selbstkritik. (...) Ich will eine Abkehr von allen Illusionen, die man sich gemacht hat, und dafür ist der Antiimperialismus das beste Beispiel, weil er so eine zentrale Bedeutung hatte. Und die Selbstkritik wird auch schon massenhaft vollzogen: Für Persien mobilisiert sich niemand mehr, für Nicaragua auch nicht», so Joschka Fischer (Kursbuch 1979, 219). Auch Daniel Cohn-Bendit bekannte «keine Sympathien für die Sandinisten zu haben» (206). Ihre Konsequenz aus dem Scheitern des Internationalismus war der lange Marsch durch die Institutionen der Grünen. Heute sind es gerade Fischer und Cohn-Bendit, die sich um eine Militarisierung der deutschen Außenpolitik verdient machen. Ihr verkürzter Antiimperialismus der 70er Jahre dient heute als Passepartout für eine neue Form imperialistischer Politik. Mit dem Argument, ein zweites «Auschwitz» verhindern zu wollen, setzte Fischer sich für die Bombardierung von Jugoslawien ein.

2.8 Die Rekuperation von «68» – ein Sieg der Bankangestellten?

Wird es «68» gegeben haben? Der Versuch, diese Zeit in das Geschichtsbild der Bankangestellten einzugliedern, indem sie als wichtiger Bestandteil des mittlerweile abgeschlossenen Normalisierungsprozesses uminterpretiert wird, scheint erfolgreich gewesen zu sein. Doch diese Zeit hatte Elemente, die sich bis heute gegen eine solche Vereinnahmung sperren. Entscheidend für «68» war ihre Ambivalenz. Sie wollte antiautoritär sein und war doch in hohem Maße autoritär. Die Männer sprachen von Gleichberechtigung und doch konnten die Frauen ihre Anerkennung erst in der Revolte gegen die APO-Männer erkämpfen. Der notwendige Kampf gegen die eindimensionale Gesellschaft führte oft zu völlig eindimensionalen Wahrnehmungsmustern. Ambivalent war weiter die Einstellung zur Gewalt. Dies galt auch für die Kunst: etwa in den Filmen der Nouvelle Vague, in Antonionis «Blow Up» oder in den Büchern des wohl bekanntesten Schriftstellers der 68er-Generation, Rolf Dieter Brinkmann. Wegen seiner Kritik an den Mainstreamliteraten wurde er etwa von Martin Walser als Faschist beschimpft.

Die Faszination der APO bestand darin, dass sie etwas völlig Neues, bisher Unbekanntes wollte. Sie wollte den Alltag revolutionieren und die Welt. Individualität und Solidarität waren für sie keine Widersprüche. Sie kämpfte gegen den «Muff von Tausend Jahren» sowie gegen die Mentalität der Blockwarte. Sie kämpfte nicht nur gegen eine belastende Vergangenheit, sondern auch gegen eine belastende Zukunft, für die die Notstandsgesetze und der globale Imperialismus standen. Aber diese Beweggründe für die Revolte verblassen. «68» ist mittlerweile Teil des Spektakels des medial und politisch Erlaubten. Denn wer hätte noch vor ein paar Jahren gedacht, dass ein Friedrich Merz in der Pose eines jugendlichen Rockers den Vorreiter der Revolte würde spielen können.

3. Nicaragua und Schuldenkrise – Internationalismus in der Defensive

3.1 Die Krise des Keynesianismus: ökologische und militärische Bedrohungen

Die Rahmenbedingungen der wirtschaftlichen Entwicklung in der Nachkriegszeit änderten sich Mitte der 60er Jahre. Sinkende Produktivitätszuwächse und ein geringeres Wachstum führten erst zum Ausbruch und dann zu einem immer stärkeren Anstieg der Arbeitslosigkeit, die sich bald strukturell verfestigte. Der Versuch, mit einer expansiven Geld- und Finanzpolitik entgegenzusteuern, schlug fehl und zeigte die Grenzen keynesianischer Makrosteuerung auf. Auch außenwirtschaftliche Erfolge konnten die Binnenschwäche nicht kompensieren. Andere Länder hatten ebenfalls wirtschaftliche Schwierigkeiten. Dies traf insbesondere auf die USA zu, die in den Nachkriegsjahrzehnten eine ökonomische Lokomotivfunktion eingenommen hatte. Ihre Akkumulationsschwäche musste sich so auch auf andere Länder und auf die Weltwirtschaft insgesamt auswirken. Vor allem im Zusammenbruch des Systems von Bretton Woods mit seinen die Nachkriegszeit prägenden Pfeilern – dem System fester Wechselkurse und dem Gold-Dollar-Standard – machte sich in Verbindung mit der Niederlage in Vietnam die Hegemonieschwäche der USA bemerkbar.

Die ökonomische Krise des Fordismus führte auch zu einem Hinterfragen seiner Leitbilder. Dies zeigte sich in der sinkenden Akzeptanz der tayloristisch-fordistischen Arbeits- und Lebensnormen sowie des bürokratischen Interventionsstaates, der das Leben «von der Wiege bis zur Bahre» bestimmte. Bei nicht unerheblichen Teilen der Bevölkerung setzte ein Wertewandel ein. In einer Gesellschaft, in der sich immer stärker das Leitbild des modernen und flexiblen Individuums durchsetzte, das selbstbestimmt sein Leben gestalten mochte, wurde das hohe Maß an Bürokratisierung, Normierung und Reglementierung nicht mehr unhinterfragt akzeptiert. Die Jugendlichen wollten «nicht mehr werden, was ihr Alter ist» (Ton Steine Scherben).

Entscheidend für die Beschleunigung des «Wertewandels» und die Herausbildung der Neuen Sozialen Bewegungen der 80er Jahre war jedoch die Perzeption ökologischer Bedrohungsszenarien. Die Studie «Die Grenzen des Wachstums» von Dennis und Donella Meadows (1973) im Auftrag des «Club of Rome» erregte sofort großes Aufsehen. Die Studie «Global 2000. Der Bericht an den Präsidenten» (1981), die im Auftrag des US-Präsidenten Jimmy Carter nach mehrjährigen Forschungen veröffentlicht wurde, bestätigte die Warnungen vor einer drohenden ökologischen Krise. In Deutschland wurden innerhalb kürzester Zeit 300.000 Exemplare gekauft (Hermand 1991, 174). Die konservative Zivilisationskritik konstatierte eine menschliche Hybris und traf sich hier mit einer neulinken humanistischen Kritik an den zerstörerischen Tendenzen der Moderne (Kraiker 1991; Sieferle 1984; Hermand 1991). Erich Fromm stellte mit seinem Buch «Haben oder Sein. Die seelischen Grundlagen einer neuen Gesellschaft» die Grundfrage nach der Qualität der herrschenden Lebensweise. Organisatorischer Ausdruck dieser Stimmungen war die Anti-Parteien-Partei «Die Grünen», die laut Petra Kelly weder links noch rechts, sondern vorne war.

Der Wahlsieg der SPD 1969 wirkte auf viele wie ein Akt der Befreiung. Der Wahlslogan des neuen Kanzlers Willy Brandt «Mehr Demokratie wagen» schien Wirklichkeit zu werden. Die Entspannungspolitik mit dem Osten war das deutlichste Zeichen für die neue Politik. Es gab noch andere: Die Bildungsreform erleichterte Kindern aus bisher wenig repräsentierten Schichten den Zugang zur höheren Bildung. Auch das Ungleichgewicht zwischen Jungen und Mädchen beim Bildungszugang wurde allmählich abgebaut. Die Frauenbewegung forderte das Recht auf Selbstbestimmung («Ob Kinder oder keine, entscheiden wir alleine») und die Reform des Ehe- und Familienrechts.

Doch schon bald wich die Aufbruchseuphorie einer Ernüchterung. Die Verabschiedung des Radikalenerlasses führte zu einem Bruch zwischen der neuen sozialliberalen Regierung und Teilen der neuen Linken. Dieser vertiefte sich, als Brandt durch Helmut Schmidt abgelöst wurde. Er galt für viele als Technokrat und Repräsentant eines auf Wachstum und einen starken Staat ausgerichteten Kurses. Für die Ängste vieler Menschen vor den neuen ökologischen Risikopotentialen hatte er wenig Verständnis. Dies zeigte sich vor allem in der Auseinandersetzung um die Atompolitik. Schmidt war glühender Anhänger der Atompolitik, gegen die sich seit Mitte der 70er Jahre die Anti-AKW-Bewegung formierte, die bis weit ins bürgerliche Lager hinein Unterstützung erhielt. Den endgültigen Bruch zwischen Bundesregierung und Teilen der Bevölkerung markierte der NATO-Doppelbeschluss aus dem Jahre 1979, der die Stationierung neuer Waffensysteme vorsah. Die Entspannungspolitik wurde durch eine neue «Eiszeit» im Kalten Krieg abgelöst. In kürzester Zeit formierte sich eine breite Friedensbewegung, die gegen die Stationierung von Cruise Missiles und Pershing II Raketen protestierte. Apokalyptische Visionen machten sich breit. In den Schriften des Philosophen Günter Anders fanden diese Visionen ihren prägnantesten Ausdruck. Günter Anders sah in der «Apokalypseblindheit» eine große Gefahr. Er war Ende der 70er und in den 80er Jahren ein viel gelesener Autor. Bereits in den 50er Jahren hatte er, geprägt von den Vernichtungskapazitäten der Atombomben in Hiroshima und Nagasaki, «Die Antiquiertheit des Menschen» (1984) konstatiert. Im Mittelpunkt stand die These, dass es ein «prometheisches Gefälle» gäbe. Dieses zeige sich in der Differenz zwischen Herstellungs- und Vorstellungskapazitäten des Menschen.

Auch auf internationalem Terrain hatte sich vieles verändert. Die Hoffnung auf den weltweiten Sieg emanzipatorischer Regierungen – sei es über Wahlen oder durch den Sieg nationaler Befreiungsbewegungen – erwies sich als trügerisch. Bereits 1973 war in Chile die demokratisch gewählte Regierung Allende von den Streitkräften mit Unterstützung US-amerikanischer Geheimdienste und Firmen weggeputscht worden. In der BRD bildete sich eine sehr breite Solidaritätsbewegung, die aber bald wieder versandete (Balsen/Rössel 1986, 301ff).

Mit den Siegen gegen den portugiesischen Kolonialismus und den Schriften Amilcar Cabrals, dem Anführer der Befreiungsbewegung von Guinea-Bissau, flackerte ein letztes Mal Begeisterung für antikoloniale Befreiungsbewegungen auf, die aber nicht das Ausmaß der 60er Jahre heranreichte. Auch auf dem Feld der internationalen Institutionen hatten sich die Kräfteverhältnisse verschoben. Seit den 60er Jahren hatte sich die UNCTAD, der Welthandelskonferenz der Vereinten Nationen, zu einem wichtigen Sprachrohr für die Staaten der sog. Dritten Welt gemacht (Andersen/Langmann 1992). Anders als bei wichtigen UN-Sonderinstitutionen wie dem Internationalen

Währungsfonds (IWF) und der Weltbank (WB), in denen die Stimmverhältnisse nach der Finanzkraft verteilt sind und den Industriestaaten eine strukturelle Mehrheit sicheren, gilt in der UNCTAD das Prinzip «Ein Land – eine Stimme». Die sog. Dritte-Welt-Staaten konnten so mehrheitlich ihre Interessen auf die Agenda der Vereinten Nationen bringen. Vor allem sollte die Forderung nach einer neuen Weltwirtschaftsordnung in den UN-Gremien diskutiert und durchgesetzt werden. Auf der 6. Sonder-Generalversammlung der Vereinten Nationen 1974 wurde sogar die Forderung nach einer neuen Weltwirtschaftsordnung verabschiedet. Die westlichen Industriestaaten wehrten sich gegen diese Forderungen und reagierten mit einer Dreifachstrategie. Zum einen drängten sie darauf, dass immer mehr Bereiche der UNCTAD entzogen und auf UN-Organisationen übertragen wurden, in denen sie die Macht hatten. Neben IWF und Weltbank war dies das GATT-Regelwerk (General Agreement on Tariffs and Trade, das Allgemeine Zoll- und Handelsabkommen). Zweitens betrieben sie eine Politik der Kooptation der oder einer Kooperation mit den herrschenden Eliten in den sog. Dritte-Welt-Ländern. Vor allem die Entwicklungshilfe hatte hier eine wichtige Funktion. Man scheute sich nicht, Diktatoren wie Kaiser Bokassa in der Zentralafrikanischen Republik und den ehemaligen Präsidenten des Zaire Mobutu zu unterstützen. Dass diese schwerste Menschenrechtsverletzungen begingen, spielte solange keine Rolle, wie die jeweiligen Regierungen eine antisowjetische Position vertraten. So unterstützten die USA das Bündnis unter Führung der Roten Khmer in Kambodscha, obwohl das Ausmaß der Massenmorde bereits bekannt war (Schier 1994, 422). Der einzige Grund lag darin, dass Kambodscha mit Vietnam verfeindet war und Vietnam mit der Sowjetunion verbündet war.

Drittens schließlich schufen die EG-Staaten mit den Lomé-Verträgen ein eigenes Regelwerk, das ihren ehemaligen Kolonien gewisse Handelserleichterungen gewährte. So wurde die politische Brisanz der Forderung nach einer neuen Welthandelsordnung gedämpft und kanalisiert. In der Folgezeit verlor die UNCTAD sehr schnell an politischem Einfluß und verkümmerte zu einer mittlerweile einflusslosen UN-Organisation.

Zur Ernüchterung in den 80er Jahren trug auch bei, dass Befreiungsbewegungen an der Macht nicht automatisch demokratische und emanzipatorische Musterknaben waren. Auf die Entwicklung in Kambodscha wurde bereits verwiesen. Ein weiteres Beispiel war der Iran nach dem Sturz des Schahs 1979. Die befreiungsnationalistischen Bewegungen im Iran und ihre Unterstützergruppen hatten die religiöse Bedeutung der Revolution völlig unterschätzt. Sie hatten der religiösen Begeisterung des Schiismus unter Ayatollah Ruhollah Khomeiny nichts entgegenzusetzen. All diese Faktoren führten dazu, dass sich die revolutionäre Emphase der 60er Jahre abgeflacht hatte.

3.2 Die zentralen Handlungsfelder – Nicaragua und Schuldenkrise

Wenig war geblieben vom revolutionär-optimistischen Aufbruch der 60er Jahre. Die Stimmung der Zeit drückte Nicole in ihrem Lied «Ein bißchen Frieden» angemessen aus: Friede zwischen den Menschen gegen die drohende Kriegsgefahr und Friede mit der Natur gegen die Zerstörung der natürlichen Grundlagen. Vor allem die Abholzung der Regenwälder wurde zum Thema. Eine stark romantische Blickweise prägte die Neuen Sozialen Bewegungen. Die sog. Dritte Welt wurde zunehmend als letzte Zufluchtsstätte des Natürlichen und Organischen wahrgenommen, in der noch ein nicht entfremdetes Leben möglich war. Das rousseauistische Bild vom «bon sauvage», vom guten und edlen Wilden, erhielt dadurch Auftrieb. Die romantisch gefärbten angeblichen Berichte des Südsee-Häuptlings Papalagi erreichten immense Auflagenzahlen. Zwischen 1977 und 1983 wurden 620.000 Exemplare verkauft. Die sog. Dritte Welt wurde zur Projektionsfläche für die Träume und Wünsche nach einem Leben ohne Hektik, Streß und Zwang, von einem Leben, das sich gegen die ungeheure Beschleunigung sperrte. Die Anteilnahme galt Menschen, Völkern und Staaten, die sich gegen die Imperative der Moderne wehrten und für sich scheinbar oder tatsächlich in Anspruch nahmen, einen eigenen, anderen Entwicklungsweg einzuschlagen. Statt um Angriff auf die Totalität des Systems ging es nun um Verteidigung dieser Refugien. Dieser strukturell defensive Charakter prägte die Dritte-Welt-Bewegung (DWB) in den 80er Jahren. Dies zeigt sich gut an den beiden Hauptbetätigungsfeldern der DWB in dieser Zeit: der Solidarität mit der Revolution in Nicaragua und der Kampagne zur Schuldenkrise der sog. Dritten Welt anläßlich der Jahrestagung des Internationalen Währungsfonds (IWF) und der Weltbank 1988 in Berlin.

Seit 1936 beherrschte der Familienclan Somoza mit der von den USA ausgebildeten und ausgerüsteten Nationalgarde Nicaragua wie seinen Privatbesitz. Während sich die Familie rücksichtslos bereicherte, verarmte der Großteil der Bevölkerung immer mehr. 1961 gründete sich mit der Frente Sandinista de la Liberación Nacional (FSLN) eine Guerilla-Armee mit dem Ziel, diese Diktatur zu stürzen. Nachdem Somoza 1978 seinen bürgerlichen Kontrahenten Pedro Chamorro ermorden ließ, rückte ein Teil des Bürgertums von Somoza ab und ging ein Bündnis mit der FSLN ein. Damit war der Weg zum Sturz der Diktatur Somoza frei. Am 19. Juli 1979 übernahm die FSLN schließlich die Macht. Der eigentliche Umsturz erfolgte in einem atemberaubenden Tempo, so dass ihn nicht einmal die mit der Somoza-Diktatur verbündeten USA verhindern konnten. Da aber die USA bereits seit 1823 unter Präsident James Monroe ganz Lateinamerika als ihren «natürlichen Hinterhof» ansahen (Monroe-Doktrin), musste es zu einem Konflikt mit der neuen Regierung kommen. Die USA wollten um jeden Preis ein zweites Kuba verhindern[11] und betrieben in den Folgejahren eine Destabilisierungspolitik gegenüber Nicaragua, die schließlich 1990 zur Abwahl der Sandinisten führte.

In der BRD begannen sich nach der Ermordung des bürgerlichen Oppositionspolitikers Chamorro im Januar 1978 und der Besetzung des Nationalpalastes im Sommer 1978 Gruppen für Nicaragua zu interessieren. Im Gegensatz zu den Prophezeiungen von Joschka Fischer und Daniel Cohn-Bendit zog auch in der BRD der Kampf des «David» Nicaragua gegen den «Goliath» USA die Sympathien vieler Menschen auf sich. Interessant war, dass es sich um eine völlig neue Generation von InternationalistInnen handelte. «In fast allen Komitees fiel von Anfang an auch die große Zahl aktiver junger Leute auf, die andere Solidaritätsbewegungen nur noch vom Hörensagen kannten und von deren Erfahrungen wenig wussten» (Balsen/Rössel 1986, 403; Karges 1994).

Verschiedene Faktoren begünstigten die schnelle Verbreiterung der Nicaragua-Solidarität. Zum einen war die moralische Legitimität des Widerstandes gegen die Somoza-Diktatur offensichtlich. «Die Fronten waren klar. Gut und böse waren deutlich getrennt. Auf der einen Seite stand die brutale Diktatur, auf der anderen die Vereinigte Opposition – vom Campesino bis zum Finanzmakler, vom Unternehmerverband bis zur Guerilla» (Balsen/Rössel 1986, 404). Dies erschwerte es den

USA, die neue Regierung als kommunistischen Satelliten der Sowjetunion zu denunzieren. So konnte in der BRD ein breites Bündnis von unabhängigen linken Komitees über christliche Gemeinden bis hin zu gewerkschaftlichen und sozialdemokratischen Gruppen entstehen. Ferner gab es bereits vor der Machtübernahme durch die Sandinisten funktionierende Kontakte zwischen der BRD und nicaraguanischen Gruppen. Von großer Bedeutung waren hier vor allem christliche Gruppierungen. Dies hatte einen entscheidenden Grund: Ernesto Cardenal. Der Trappistenmönch Cardenal lebte auf der Insel Solentiname im großen Nicaragua-See. Bereits in den 60er Jahren hatte der Verleger Hermann Schulz vom Peter Hammer Verlag Kontakte zu Cardenal aufgenommen. Insbesondere seine dokumentarische Sammlung «Das Evangelium der Bauern von Solentiname» sprach nicht nur kirchliche Lesekreise an (Karges 1994; Koch 1986). Auf Reisen durch Europa in den 70er Jahren berichtete Cardenal über die sozialen und politischen Verhältnisse in seinem Land und bekannte sich zur Zusammenarbeit mit der FSLN, die eine stark christlich-revolutionäre Strömung aufwies. Durch ihn wurde auch hierzulande die Rezeption der Theologie der Befreiung begünstigt. Es waren dann auch vor allem christliche Gruppen, die in mehreren Hauptstädten Europas, u.a. der BRD, nicaraguanische Botschaften besetzten und den Rücktritt des Diktators Somoza forderten.

Die Offenbacher Luthergemeinde, eine der ersten Gruppen, die als Brigade ein Projekt in Nicaragua unterstützte, fasste ihre Faszination für die Revolution in folgende Worte: «Die gelungene Volksbewegung, die zum Sturz des Diktators Somoza im Juli 1979 geführt hatte, und die damit verbundene Hoffnung eines unabhängigen Weges für ein neues Nicaragua war (...) die ausschlaggebende Motivation. Hinzu kam die Faszination, die von den Texten Ernesto Cardenals ausging, von einer angewandten Theologie der Befreiung, die in Nicaragua konkrete Gestalt angenommen hatte. (...) Die Gruppe erfaßte eine Nicaragua-Euphorie, die sich in dem Wunsch verdeutlicht, in Nicaragua mit Ernesto Cardenal Tee zu trinken» (zit. nach Karges 1994, 19).

Ein Thema sollte die internationalistischen Debatten in der zweiten Hälfte der 80er Jahre maßgeblich bestimmen: die Verschuldungskrise der sog. Dritten Welt, für deren Verschärfung maßgeblich IWF und Weltbank verantwortlich gemacht wurden. Die entsprechende Kampagne versuchte anhand der

Verschuldungskrise paradigmatisch die Machtverhältnisse in den weltwirtschaftlichen Beziehungen aufzuzeigen (vgl. Altvater 1987; BUKO 1987).

Die Vereinten Nationen hatten in den 60er Jahren die erste Entwicklungsdekade ausgerufen. Hintergrund war der Prozess der Entkolonialisierung vor allem Afrikas. Im Jahre 1960 waren 13 Staaten unabhängig geworden; in den folgenden Jahren kamen immer mehr hinzu. In den entwicklungspolitischen und -ökonomischen Debatten drehte sich alles um die Frage, wie sich diese Länder wirtschaftlich an das Wohlstandsniveau der Industriestaaten annähern könnten. Den Entwicklungsländern wurde von den dafür zuständigen Organisationen, vor allem der Weltbank, die «Growth cum Debt»-Strategie empfohlen. Danach sollten die sog. Dritte-Welt-Länder auf den internationalen Kapitalmärkten Kredite aufnehmen und diese zum Aufbau einer eigenständigen Exportindustrie verwenden. So würden «forward and backward linkages» entstehen, also Branchen, die um die zentrale Exportindustrie herum angesiedelt sein würden. Dadurch würden immer mehr Menschen in die Erwerbsarbeit eingegliedert und eine kaufkräftige Bevölkerungsschicht entstehen. Induziert durch den Konsum dieser Schichten käme es zu «Durchsickerungseffekten» (trickle-down), von der auch die restliche Bevölkerung profitieren würde. So würde ein sich selbst tragender Wirtschaftsaufschwung entstehen, der zu einer grundlegenden Modernisierung der Gesellschaft führe, die wiederum die Voraussetzung für ein gelungenes «Nation-building» sei. Aufgrund der niedrigen Löhne wären diese Staaten auf dem Weltmarkt konkurrenzfähig und dadurch in der Lage, immer mehr Devisen zu erwirtschaften, mit denen schließlich die externen Schulden zurückgezahlt werden könnten.

Vor allem nach der ersten Ölkrise 1973 gewann diese Strategie große Attraktivität. Aufgrund der geringen Rendite im sekundären Sektor stand auf den internationalen Kapitalmärkten Kapital billig zur Verfügung. Der Nachteil war, dass die Kredite mit einem flexiblen Zinssatz aufgenommen werden mußten. Der Zins orientierte sich an den internationalen Kapitalmärkten. Planungssicherheit war dadurch nicht möglich. Dies war solange kein Problem, wie die Zinsen niedrig blieben. Das änderte sich aber spätestens mit dem Amtsantritt der Regierung Reagan grundlegend. Die Ursache war, dass die politische und ökonomische Hegemonie der USA in den 70er Jahren erodierte. Gewaltige US-Handelsbilanz- und Haushaltsdefizite musste die Reagan-Administration durch eine Kreditaufnahme auf den internationalen Kapitalmärkten ausgleichen. Dies gelang nur mit einer enormen Anhebung der Zinsrate in den USA. Der einsetzende (Kredit-)Kapitalstrom in die USA trieb den Dollarkurs in schwindelnde Höhen. Dies versetzte der Dritten Welt einen doppelten ökonomischen Tiefschlag. Zum einen stiegen fast über Nacht die Zinsen sprunghaft in die Höhe; zum anderen wurden die heimischen Währungen aufgrund der Hochzinspolitik abgewertet. Dies verteuerte die notwendigen Importe. Da aufgrund der Weltwirtschaftskrise infolge gestiegener Ölpreise Anfang der 80er Jahre die Absatzmärkte für Exportprodukte aus den nicht erdölexportierenden Ländern der sog. Dritten Welt ebenfalls stagnierten, erhöhte sich durch den Abwertungswettlauf sogar die Verschuldung. Als Mexico 1982 seine Zahlungsunfähigkeit erklärte, wurde die Schuldenkrise manifest. Zahlreiche Länder mußten in den folgenden Jahren ihre partielle Zahlungsunfähigkeit erklären.

Internationaler Währungsfonds (IWF) und (Weltbank) verordneten diesen Ländern einen rigiden Sparkurs. Dieser traf in seinen Auswirkungen vor allem die ärmsten Schichten durch Streichung der Lebensmittelsubventionen sowie durch Kürzungen in den Bereichen Soziales, Gesundheit und Bildung. Gegen dieses neoliberale Austeritätsprogramm lief die DWB Sturm. In der moralphilosophischen Diskussion wurde die Illegitimität der Schulden betont. Da die übergroße Mehrheit der Bevölkerung die Kredite nicht aufgenommen und von den Geldern nichts erhalten habe, dürfe sie jetzt auch nicht für die Verschuldung verantwortlich gemacht werden. Schuld im moralischen Sinne haben lediglich die für die Kapitaltransaktionen verantwortlichen Gläubiger und Schuldner, also hier die Privatbanken und die nationalen oder transnationalen öffentlichen Geldgeber und dort die nationalen, oft kleptokratischen Eliten (Trägerkreis 1989). Ökonomisch wurde argumentiert, dass die Schulden unbezahlbar seien, da trotz Nettokapitaltransfers von den Staaten der sog. Dritten Welt in die Industrieländer die Gesamtverschuldung ansteige. Die Ökonomin Susan George bezifferte diesen Nettokapitaltransfer allein für den Zeitraum von 1982 – 1990 auf 418 Mrd. US-$ (George 1993, 12). Die Schuldenkrise verschärfte sich aber weiter. Ende 1997 lag der Schuldenstand der Entwicklungsländer bei 2,17 Billionen US-$ (WEED 1999) und stürzte die Bevölkerung zahlreicher Länder in eine humanitäre Katastrophe.

Die beiden UN-Organisationen IWF und Weltbank wurden wegen ihres Schuldenmanagements als Hauptschuldige ausgemacht. Die Bildsprache war bedenklich: Meist wurden sie als Riesenkrake dargestellt, der die Welt umschlingt, oder als Zigarre rauchender dickleibiger Bourgeois, der auf der Welt reitet. Durch ihre Anwesenheit in Berlin 1988 konnte die «strukturelle Gewalt» (Galtung 1975) in der Weltwirtschaft konkretisiert werden. Daher rührte auch die Attraktivität, sich mit einem derart abstrakten Thema auseinanderzusetzen. Die DWB mobilisierte ihre gesamten Energien auf dieses Ereignis. Durch einen langen Vorlauf mit einer Fülle von Veranstaltungen, Seminaren, Kongressen und Publikationen war es gelungen, hohes Problembewusstsein zumindest in Teilen der Bevölkerung zu schaffen. Es herrschte eine große Bereitschaft, sich selbst mit den abstraktesten und kompliziertesten weltwirtschaftlichen Zusammenhängen auseinanderzusetzen: sei es Geld-, Währungs- oder Zinspolitik, die Bedeutung der Terms of Trade und der Wechselkurse sowie der unterschiedlichen Konditionalitäten des IWF. Die DWB mobilisierte 1988 ca. 80.000 Menschen zur Demonstration gegen die Jahrestagung von IWF und Weltbank in Berlin.

Von den meisten TeilnehmerInnen und Organisationen wurde bedingungslose Schuldenstreichung gefordert. Diese könne aber nur Ausgangspunkt für eine gerechtere und demokratische Weltwirtschaft sein. Eine solche sei aber «im Rahmen eines kapitalistischen Weltmarkts nicht zu verwirklichen» (Berliner Erklärung). Die Macht- und Herrschaftsverhältnisse wurden anhand einer Fülle von Beispielen verdeutlicht. Erkennbar ist der Versuch, die Verschuldungskrise nicht als isoliertes Ereignis zu sehen, sondern als Ergebnis dieser Machtverhältnisse, die auch eine Folge von Imperialismus und Kolonialismus waren. Konsequenterweise mündete diese Analyse in die Forderung nach Reparations- und Entschädigungszahlungen an die Dritte Welt. Damit sollte eine Umkehr der Perspektive in den Diskussionen um Schuldner und Gläubiger erzielt werden. Begründet wurde dies damit, dass die «Krisensituation von heute in hohem Maße durch koloniale und neokoloniale Ausbeutung, Zerstörung und Deformierung lokaler Strukturen bewirkt worden» ist. (Trägerkreis 315) Die Berliner Erklärung betonte die Rolle der BRD in der Weltwirtschaft. Sie sei eine Hauptnutznießerin der gegenwärtigen Entwicklung. Der Kampf sei deshalb auch gegen die bundesdeutschen Banken und Konzerne zu führen und gegen eine Politik, die «deren Interessen in diesem Land absichert und das bestehende kapitalistische Weltwirtschaftssystem stabilisiert» (318). Der heutige Staatsminister im Auswärtigen Amt, Ludger Volmer von den Grünen, forderte: «Solidaritätsarbeit mit den Völkern der Dritten Welt muss im eigenen Lande beginnen. Hier haben Ausbeutung und Unterdrückung maßgeblich ihren Ursprung.» (18) Letztendlich könne aber nur die «internationale Solidarität der Völker und ihrer Bewegungen (...) gegen die mörderische Logik des Weltmarkts, gegen das Prinzip des maximalen Gewinns, gegen die Macht von Multis, Banken und diktatorischen Regierungen» erfolgreich sein. Gerade in der Zusammenarbeit der unterschiedlichsten Strömungen sah man die Chance für einen neuen Internationalismus.

3.3 Der Einfluss des Christentums

Auffallend für den Internationalismus der Phase II ist das besondere Engagement christlicher Gruppen. Dies gilt sowohl für die Solidaritätsarbeit mit Nicaragua als auch für die Kampagne zur Verschuldungskrise. Nicht vergessen werden darf auch das Engagement von christlichen Gruppen gegen das Apartheidsregime in Südafrika. Dieses gesellschaftspolitische Engagement hatte unterschiedliche Gründe.

Bereits Ende der 60er, Anfang der 70er Jahre begannen sich immer mehr Personen und Gruppen mit einem christlichen und/oder humanitären Hintergrund für die Probleme der sog. Dritten Welt zu interessieren. Ausgangspunkt ihrer Aktivitäten waren nicht die Analyse der globalen Herrschaftsverhältnisse und der daraus abgeleitete Kampf gegen den Imperialismus, sondern die moralische Empörung über Armut und Hunger in der Dritten Welt, wie er täglich durch das Fernsehen vor allem aus Biafra (Nigeria) übermittelt wurde. Dort tobte ein blutiger Bürgerkrieg um die Beherrschung der wichtigen Ölressourcen. Eine Hungerkatastrophe war die Folge. Damals wurden Organisationen wie «medico international» gegründet und der Alternative Dritte-Welt-Handel von den katholischen und evangelischen Jugendorganisationen ins Leben gerufen.

Die am (christlichen) Humanismus orientierten Gruppen waren stark vom Entwicklungsgedanken geprägt. Sie forderten anfänglich eine Erhöhung der Entwicklungshilfe, weil sie Hunger und Elend meist auf fehlende materielle und monetäre Ressourcen zurückführten. Die Bedeutung der Entwicklungshilfe für die Abstützung der politischen Interessen der Industrieländer und zur Förderung der Exporte der jeweiligen Industrien wurde damals nicht gesehen. Mit dem Bau des Cabora-Bassa-Staudammes in Moçambique durch die portugiesische Kolonialmacht änderte sich dies. Von diesem Mammutprojekt sollten neben Portugal vor allem die Rassistenregime im damaligen Rhodesien und in Südafrika profitieren. Am Bau beteiligte sich auch eine Reihe deutscher Firmen wie Siemens, die deshalb das reaktionäre portugiesische Kolonialregime massiv gegen die nationalen Befreiungsbewegungen unterstützten.

Nicht zuletzt wegen dieser Ereignisse radikalisierte sich ein Teil des christlich und humanistischen Spektrums. «medico international» ging in den 70er Jahren von der kurzfristigen Katastrophenhilfe zur Befreiungshilfe über. Diese zeichnet sich durch eine langfristige Projektarbeit aus, deren Ziel die politische, kulturelle und ökonomische Autonomie der Menschen ist. Auch kirchliche Gruppen radikalisierten sich, was sich in der Thematisierung von Ausbeutungsstrukturen und von Macht- und Herrschaftsverhältnissen zeigte. Der Einfluss der 68er-Bewegung machte sich hier ebenso bemerkbar wie die Einsicht in die Grenzen der kirchlichen Caritas. Dieser ginge es eher – so die Kritik – um die Minderung des Leidens der Einzelnen und nicht auch um die Veränderung gesellschaftlicher Verhältnisse. Daraus wurde der Unterschied zwischen «Caritas» und «Politik» abgeleitet (Sölle 175). Caritas wolle die Not der Beschädigten lindern und ihr Schicksal erleichtern. Dies sei zwar im Einzelfall notwendig, aber nur ein Tropfen auf den heißen Stein und meist systemstabilisierend. Gegen dieses caritative Verständnis von Nächstenliebe müsse man ein politisches Verständnis von Nächstenliebe setzen. Diese bedeute die Entlarvung der Beschädiger und die Veränderung der Lage der Beschädigten. Damit war die revolutionäre Veränderung der gesellschaftlichen Verhältnisse in den Blick genommen. Vor allem die «politischen Nachtgebete» in der Kölner Antoniterkirche waren für die Politisierung wichtig. Gegen das vorherrschende defensive und caritative Verständnis von Hilfe wird die aktive, ja militante Seite des christlichen Glaubens betont. «Befreiung kann nicht einfach verliehen werden, weder an Völker noch an soziale Klassen», heißt es im dritten Nachtgebet, denn «Partizipation am Kampf ist im Begriff der Befreiung vorausgesetzt.» Und im zweiten Nachtgebet wird zustimmend an das Glaubensbekenntnis und Testament des kolumbianischen Guerilla-Priesters Camillo Torres erinnert: «Wenn das, was wir Caritas nennen, nicht erreicht, daß die Hungrigen satt, die Unwissenden wissend werden, dann müssen wir wirksamere Mittel finden. Diese Mittel werden nicht von der privilegierten Minderheit an der Macht zu erwarten sein, weil sie dann verpflichtet wäre, ihre Privilegien aufzugeben. Darum ist es nötig, der bevorzugten Minderheit die Macht zu nehmen und sie der Mehrheit der Armen zu geben. Das schnell zu verwirklichen, ist das Wesentliche einer Revolution. Die Revolution kann friedlich sein, wenn die Minderheit keinen gewaltsamen Widerstand leistet. Sie ist der Weg, eine Regierung zu errichten, die Hungrigen Brot gibt, Unwissende lehrt und die Werke der Liebe erfüllt, einer nicht nur gelegentlichen und flüchtigen Liebe, einer nicht nur auf wenige beschränkten Liebe, sondern einer Liebe für die Mehrheit unserer Nächsten. Darum ist Revolution nicht nur erlaubt, sie ist verpflichtend für Christen, die in ihr die einzige und angemessene Möglichkeit sehen, die Nächstenliebe zu allen zu verwirklichen.» (Sölle 145)

3.3.1 Die katholische Kirche und die Theologie der Befreiung

Camillo Torres war Teil einer christlichen Strömung in Lateinamerika, die sich in den 60er Jahren als «Theologie der Befreiung» immer mehr radikalisierte und eine große Bedeutung auch hierzulande gewann (Kern 1991; Löwy 1990; Goldstein 1982; ila 1993; LN 1998). Die Befreiungstheologie basierte auf einer breiten sozialen Bewegung, die zu Beginn der 60er Jahre in Lateinamerika entstand, also lange bevor die ersten theoretischen Abhandlungen geschrieben wurden. Bekannt wurde sie in Europa durch die Debatten auf der gesamtökumenischen Weltkonferenz 1966 in Genf. Die Entwicklung der Theologie der Befreiung fiel in die Zeit nach dem Zweiten Vatikanischen Konzil, in der sich die katholische Kirche auch für die sozialen und ökonomischen Probleme der Welt öffnete. Die Entwicklungsenzyklika «Populorum Progressio» Papst Pauls VI. von 1967 wurde als Freigabe des Revolutionsthemas für die kirchliche Diskussion verstanden. Dort hatte sich der Papst zwar im Grundsatz von revolutionären gesellschaftlichen Veränderungen distanziert, da man «das Übel, das existiert, nicht mit einem noch größeren Übel vertreiben» kann. Allerdings hatte er in Punkt 31 der Enzyklika eine gewichtige Ausnahme formuliert. In Fällen «der eindeutigen und lange dauernden Gewaltherrschaft, die die Grundrechte der Person schwer verletzt und dem Gemeinwohl des Landes ernsten Schaden zufügt», sei die Revolution erlaubt. Einen ersten Höhepunkt erreichte die Theologie der Befreiung 1968 auf der Bischofskonferenz im kolumbianischen Medellin. Als wichtigste und folgenreichste theologische Konsequenz galt für viele Beobachter die dort verabschiedete Formulierung: «Christus, unser Erlöser, liebt nicht nur die Armen, sondern er, der reich war, machte sich arm, lebte in Armut, konzentrierte seine Sendung darauf, daß er den Armen seine Befreiung verkündete und gründete seine Kirche als Zeichen dieser Armut unter den Menschen.» Dies begründete in der Folge eine neue Praxis eines Teils der Kirche, einen Wechsel, weg von der Seite der Reichen, Staatstragenden und politisch Mächtigen, hin zu einer «Option für die Armen» (LN 1998, 18). Gleichzeitig klagte die Konferenz die institutionalisierte und strukturelle Gewalt als Sünde an.

Die Bischofskonferenz von Medellin hatte Konsequenzen. Es entstanden neue pastorale Strategien. In deren Zentrum standen bewusstseinsbildende Maßnahmen zur Stärkung der Selbstorganisation der Menschen: Basisgemeinden wurden gebildet und die darin liegenden Möglichkeiten gegenseitiger Hilfe betont. Diese Bewegung umfasste wichtige Teile der institutionalisierten Kirche (Priester, Ordensgemeinschaften, aber auch Bischöfe), religiöse Laienbewegungen (christliche Universitätsjugend, christliche Arbeiterjugend), verschiedene Bereiche der Seelsorge und kirchliche Basisgemeinden.

Die bedingungslose Parteinahme für das Volk und die Armen interpretierten einige Geistliche als Aufruf, sich dem bewaffneten Kampf anzuschließen. In der nicaraguanischen Revolutionsregierung hatten mehrere Priester Ministerposten inne. Aufsehen erregte in den 60er Jahren vor allem der bereits erwähnte Priester Camillo Torres, der sich in Kolumbien der guevaristischen Guerilla ELN anschloß und 1967 bei einem Gefecht mit den Militärs starb. Für Torres schloß die Parteinahme für das Volk notwendigerweise den bewaffneten Widerstand mit ein.

Überraschend viele Theologen unterstützten den bewaffneten Widerstand oder äußerten zumindest Verständnis dafür. Für den protestantischen Theologen Richard Shaull befand sich

Gott überall dort, wo die Revolution sich am dynamischsten zeige. Mit dem Verweis auf einschlägige Bibelstellen (Lk 1,52; Ps 147,6) betont er den revolutionären Charakter Gottes, der die Niedergeschlagenen aufrichte und die Unterdrücker demütige. Die Anwendung von Gewalt könne man dabei nicht grundsätzlich ausschließen. Auch für Johann Baptist Metz, dem wohl bekanntesten katholischen Vertreter einer «politischen Theologie» in der BRD, kann der Wille zu Gerechtigkeit und Freiheit den «Nichtfrieden» gebieten. In seinen Thesen zur Gewalt betonte auch der einflussreiche Theologe Helmut Gollwitzer, dass Gewalt als ultima ratio notwendig sein könne: «6. Die prinzipielle Verwerfung der Revolution war eine wesentliche Ursache für das Versagen der Kirche in der sozialen Frage des 19. Jahrhunderts und für die Entfremdung von Kirche und Proletariat. (...) 11. Der Liebe ist die Methode der Gewalt fremd. Unter den Bedingungen das alten Äons kann es aber vorkommen, daß die Liebe ihren Dienst am Nächsten nur verrichten kann, wenn sie sich zur Gewaltanwendung (einschließlich der Anwendung von tötender Gewalt, vgl. II, 6-9) entschließt. (...) Gewaltanwendung kann fremde, paradoxe Gestalt der Liebe sein, Liebe in der Selbstentäußerung.» (Gollwitzer nach Feil/Weth 50)

Charakteristisch für die Theologie der Befreiung ist ein positiver Bezug auf die Marxsche Ökonomiekritik. Die in Lateinamerika vorherrschenden feudal-kapitalistischen Verhältnisse wurden als strukturelle Sünde gebrandmarkt, weil sie den Großteil der Bevölkerung in Abhängigkeit und Armut hielten. Deshalb musste man politisch dagegen kämpfen. Die Grundfrage war: Wird die Kirche wirklich zur Kirche der heute Gekreuzigten oder bleibt sie die Kirche jener Schichten, die seit 500 Jahren über die Armen herrschen? Dies verband sich mit einer spezifischen Lesart der Bibel. So wurde etwa die Flucht des jüdischen Volkes aus Ägypten, der Exodus, als Musterbeispiel für den Kampf eines versklavten Volkes für seine Befreiung gedeutet. Die sog. Dritte Welt nahm in der Theologie der Befreiung die Stellung des jüdischen Volkes ein, die erst noch ihren Exodus aus der Welt der Unterdrückung vollziehen muss. Die historische Befreiung des Menschen galt als Vorwegnahme und Teil der Erlösung durch Christus.

Auch in Deutschland stieß die Theologie der Befreiung auf große Resonanz. Immer mehr kirchliche Gruppen beschäftigten sich mit der Situation in der sog. Dritten Welt und den dort herrschenden politischen und ökonomischen Machtstrukturen. Die konservativ geprägte katholische Kirche in Deutschland reagierte auf diese Entwicklungen mit einer Doppelstrategie. Einerseits wurden die an der Theologie der Befreiung orientierten Basisgruppen unter dem Dach der Kirche toleriert, andererseits wurden ihnen kaum Möglichkeiten der Repräsentation gewährt. Dies galt vor allem für die zweijährlich stattfindenden Kirchentage, die für die Meinungsbildung innerhalb der Kirche von großer Bedeutung waren. Aufgrund der geringen Möglichkeit, gesellschaftskritische Themen im offiziellen Rahmen zu artikulieren, beschlossen 1978 kirchenkritische und kritisch-christliche Gruppen einen eigenen katholischen Kirchentag zu organisieren. Der erste dieser Katholikentage «von unten» fand 1980 in Berlin statt. In den folgenden Jahren gewannen diese alternativen Kirchentage eine große Anziehungskraft. Die sog. Dritte Welt bildete dabei immer einen thematischen Schwerpunkt. Die Rezeption war auch bei den Kreisen, die sich positiv auf die Theologie der Befreiung bezogen, keineswegs einheitlich. Ramminger unterscheidet zwischen einer weichen und einer harten Rezeption. Die harte Rezeption erfolgte vor allem durch die Kirchenkreise, die sich an den «politischen Nachtgebeten» (s.o.) beteiligten. VertreterInnen dieser Linie waren auch die «Christen für den Sozialismus», die vor allem die Unidad Popular in Chile unterstützten. Gegen die vorherrschende abstrakte, weil zeit- und ortlose Theologie, die die politischen Machtverhältnisse ausblende, forderten sie die möglichst scharfe, kritisierende und richtende Analyse der gesellschaftlichen Verhältnisse. Entscheidender Bezugspunkt ist immer wieder der Glaube an den Gott der Exodus-Geschichte, der das jüdische Volk befreite. Dieser Gott ist nicht jemand, der supranatural jenseits von Zeit und Raum thront, sondern der sich aktiv in der Geschichte offenbart. Diese Hinwendung zur Geschichte bedeutet aber, die Kirche selbst zum Thema der Auseinandersetzungen zu machen. Denn die gesellschaftlichen Konfliktlinien und der «Klassenkampf» durchziehen diese selbst. Kirche und Theologie wurden in den Kontext von Herrschaft und Unterdrückung gestellt. Diese Gruppen übten massive Kritik an der jahrhundertelangen Allianz zwischen Kirche und Staat. Damit einher ging eine Politisierung der Bibellektüre. Man versuchte, die Bibel mit der marxistischen Gesellschaftstheorie zu vermitteln. Diese Strömung verstand sich als explizit antikapitalistisch und sozialistisch.

Von dieser harten Rezeption unterschied sich die weiche Rezeption. Für Ramminger zeichnet sie sich durch den Wunsch nach authentischen Persönlichkeiten aus. Als solche galten der bereits erwähnte Dom Helder Camara, Bischof Oscar Romero und der Kardinal Paulo Evaristo Arns. Diese weiche Rezeption führte zwar zu einer unmittelbaren moralischen Solidarisierung mit den Anliegen ihrer Vorbilder, förderte aber keine Lerneffekte, die darüber hinaus gingen. Die unmittelbare moralische Solidarisierung reduzierte die gesellschaftlichen Widersprüche auf die Differenz zwischen «*uns* Reichen im Norden» und «*den* Armen im Süden». Diese verkürzte Sichtweise fungierte als «entdifferenzierender und gleichzeitig theorie- und praxisentlastender Selbstbeschuldigungskomplex» (Ramminger 124).

3.3.2 Radikale protestantische Theologen: Moltmann und Tillich

Auch in protestantischen Kreisen fiel die Theologie der Befreiung auf fruchtbaren Boden. Eine Reihe von StudentInnengemeinden wie in München, Bochum, Frankfurt, Münster oder Berlin beschäftigten sich mit ihr. Insbesondere Richard Shaull als Vorsitzender der World Students Christians Federation (WSCF) sorgte für ihre Verbreitung. Bedeutend waren ferner die Analysen von Mario Miegge, eines italienischen Waldenser-Philosophen.[12] In einer Radikalität, die für kirchliche Kreise heute unvorstellbar ist, analysierte er die Stellung der Kirchen im Zusammenhang der weltweiten imperialistischen Widersprüche (ESG 1973).

Zur Radikalisierung protestantischer Gruppen und der Hinwendung zur Dritten Welt trug noch ein weiterer Faktor bei: die in 60er Jahren beginnende Debatte über die Rolle der evangelischen Landeskirchen während des Nationalsozialismus. Die direkte oder indirekte Unterstützung des Nationalsozialismus durch breite Teile der evangelischen Kirchen, ihre Autoritätshörigkeit und ihr Nationalchauvinismus wurden erstmals offen angesprochen.[13] Auch nach den Gründen für den tiefsitzenden Antisemitismus wurde jetzt gefragt und geforscht. Luthers Judenhass konnte nicht mehr unter den Teppich gekehrt werden. Auch dass Luther sich in den Bauernkriegen unmissverständlich auf die Seite der Fürsten schlug und zur Ermordung der sozialrevolutionären Bauern unter Münzer aufrief, wurde thematisiert.[14]

Kritisch hinterfragt wurde auch die Rolle der Bekennenden Kirche im Nationalsozialismus, die sofort nach dem Krieg als «Widerstandskirche» aufgebaut wurde. Das war sie allerdings nicht. Nur wenige haben politischen Widerstand geleistet. In der Bekennenden Kirche durften durchaus auch bekennende Nazis mitmachen. Die meisten waren wahrscheinlich Nationalkonservative, wie der einflussreiche württembergische Landesbischof Theophil Wurm. Der Anteil der Antisemiten in der Bekennenden Kirche war enorm. Selbst ein so herausragender Theologe wie Karl Barth tat sich noch im Jahre 1944 durch antisemitische Äußerungen hervor.[15] Der Bekennenden Kirche ging es nicht um politischen Widerstand gegen den Nationalsozialismus. Sie meldete sich nur dann zu Wort, wenn die Nazis das Reich der Kirchen einengten. Darin sah sie einen Verstoß gegenüber der Zwei-Reiche-Lehre Luthers, der als Augustinermönch die augustineische Trennung zwischen Spiritual und Temporal noch einmal verdoppelte. Dabei geht es um das Verhältnis zwischen weltlicher und staatlicher Ordnung. Die Kirche mischt sich nicht in die weltlichen Angelegenheiten ein. Die politische Ordnung ist ja schließlich von Gott als notwendig erachtet und eingesetzt worden, um die unvollkommene Welt der menschlichen Triebe durch äußeren staatlichen Zwang zu zähmen. Umgekehrt sollte sich der Staat aber auch aus den geistlichen Angelegenheiten raushalten.

Die protestantischen Kirchen hatten in der Nachkriegszeit Schwierigkeiten, sich ihrer Vergangenheit zu stellen. So war etwa die Stuttgarter Schulderklärung der evangelischen Kirche sehr unkonkret gehalten. Zum Völkermord und der Judenvernichtung findet sich kein Wort. Auch der eigenen Opfer des Faschismus gedachte man nicht. Selbst der bekannteste protestantische Widerstandskämpfer, der am 9. April 1945 im KZ Flossenbürg ermordete Dietrich Bonhoeffer, war fast in Vergessenheit geraten. Bis in die 60er Jahre hinein war keine Kirche und kein Gemeindehaus nach ihm benannt. Begründet wurde dies von kirchenoffizieller Seite mit dem Argument, Bonhoeffer sei nicht als Pastor, sondern als politischer Widerstandskämpfer ermordet worden. Und dafür hatte die Kirche noch nie Interesse gezeigt. Wieder machte sich der verheerende Einfluss der Zwei-Reiche-Theologie bemerkbar. Mit all dem wollten sich seit den 60er Jahren viele evangelische ChristInnen nicht mehr abfinden. Vor allem unter dem Einfluss der Pastoren Moltmann, Tillich, Niemöller, Gollwitzer und der Theologin Dorothee Sölle setzte in vielen Gemeinden ein Prozess der kritischen Aufarbeitung ein. Damit einher ging aber auch ein neuer Blick auf die Menschen der sog. Dritten Welt.

Für die Politisierung von Teilen der evangelischen Kirche von großer Bedeutung war das Buch «Theologie der Hoffnung» von Jürgen Moltmann (1964). Diese sollte konkret und diesseitig sein und zu einer aktiven, ja aggressiven Auseinandersetzung mit der politischen Umwelt ermächtigen und aufrufen. Die Erfahrung aus dem Nationalsozialismus interpretierte er in dem Sinne, dass ein guter Christ Weltverantwortung übernehmen und gegen die herrschenden repressiven Verhältnisse demonstrieren müsse. Moltmanns «linke Theologie» erhielt Unterstützung von der Bultmann-Schülerin Dorothee Sölle, die für die Auflösung des traditionellen Zusammenhangs zwischen bürgerlicher und christlicher Kultur und für den Dialog zwischen Christentum und Marxismus plädierte.

Für Moltmann (1979, 755) bedeutete Auschwitz, dass die Theodizeefrage radikal neu gestellt werden mußte. Wie kann ein allmächtiger, allwissender und allguter Gott Auschwitz zulassen? Auschwitz konnte man nicht mehr mit der unergründlichen Weisheit und Güte Gottes erklären. Die Antwort Moltmanns bestand darin, dass man sich auch als Christ der eigenen Verantwortung in der Geschichte stellen muss. Aber dies tat für Moltmann die evangelische Kirche gerade nicht. Diese wollte weitermachen wie vor Auschwitz. Zwar gab es nach dem Krieg eine kurze Phase, in der die eigene Schuld herausgearbeitet wurde. Die eindeutigste Stellungnahme war das Darmstädter Wort des Bruderrates der EKD von 1947. Dort heißt es: «Wir sind in die Irre gegangen, als wir begannen, den Traum einer besonderen deutschen Sendung zu träumen, als ob am deutschen Wesen die Welt genesen könne. (...) Wir sind in die Irre gegangen, als wir übersahen, daß der ökonomische Materialismus der marxistischen Lehre die Kirche an den Auftrag und die Verheißung der Gemeinde für das Leben und das Zusammenleben der Menschen im Diesseits hätte gemahnen müssen. Wir haben es unterlassen, die Sache der Armen und Entrechteten gemäß dem Evangelium von Gottes kommenden Reich zur Sache der Christenheit zu machen.» (775)

Aber bereits Ende der 40er Jahre wurde die eigene Schuld wieder verdrängt (Kupisch 1986, 138). Man kehrte geistig zurück zum Kulturprotestantismus des 19. Jahrhunderts, als ob nicht gerade dieser ein Teil des Problems gewesen wäre (Moltmann 1979, 767). «Die Stuttgarter Schulderklärung war längst vergessen. Von der deutschen Öffentlichkeit ohnehin mit Entrüstung zurückgewiesen, hatte sie auch im innerkirchlichen Raum nur eine abschwächende Deutung gefunden und nicht zu einer in entsprechenden Handlungen sich erweisenden Selbstbesinnung geführt. Wie man den ehemaligen Nationalsozialisten (...) warmes Verständnis entgegenbrachte, so wurde die Frage der Schuld auf dem Waschbrett der Selbstrechtfertigung zu einer Art Selbstbemitleidung. Eine mystische Lehre von der Gewalt der Dämonen, unter die das deutsche Volk zwischen 1933 und 1945 geraten sei, verwandelte die Schuld zu einem paradoxen Mirakel.» (Kupisch 1986, 138f)

Moltmann wollte sich damit nicht zufriedengeben. Für ihn bestand die Konsequenz aus Auschwitz in einer radikalen Diesseitigkeit. Im Anschluss an Ernst Bloch entwickelte er in den 60er Jahren eine «Theologie der Hoffnung». Er forderte, «eine existentielle Hermeneutik wiederaufzunehmen, die in allen Lebensäußerungen den eigenen Standort und seine Bedingungen reflektiert und ihn nicht durch Abstraktionen und inklusive Sprache verschleiert» (Moltmann 1979, 755). Diese existentielle Hermeneutik solle durch eine politische Hermeneutik ergänzt werden, die offen ist für andere Sichtweisen. Und hier war für ihn der Ort der sog. Dritten Welt. «Wer nur innerhalb seiner Situation bleibt, wird betriebsblind. (...) Wer sich selbst in den Augen anderer und insbesondere der Opfer seiner Macht und Lebensweise erkennt, kommt gewiss über seine eigene Situation hinaus. (...) Für viele jüngere Deutsche ist es ein Schock, sich selbst und die westdeutsche Situation in dieser Zeit mit Augen ihrer räumlich entfernteren Opfer in der ‹ Dritten Welt› , der Hungernden in Indien, der Ausgebeuteten in Brasilien, der Unterdrückten in Südafrika zu sehen.» (754) Es sei deshalb nicht mehr länger möglich, die eigene «weiße», «männliche» und «Mittelklassen»-Situation zu überspielen. Der Glaube muss sich im Diesseits bewähren, deshalb müssen die Christen Partei ergreifen für die revolutionären Strömungen in der Dritten Welt. Die «Urängste» der protestantischen Kirche vor der Revolution sollten endlich abgelegt werden. Es ist ein adventistischer Glaube, der auf Ankunft des Neuen setzt und somit offen für Hoffnung und Zukunft im Diesseits ist.

Diese radikale Diesseitigkeit stieß auf die Zustimmung vieler ChristInnen. Die Konsequenz daraus war, sich von der obrigkeitshörigen Tradition des Protestantismus zu verabschieden.

Genauso wie bei den katholischen Basisgruppen ging damit ein Engagement für die Armen in der sog. Dritten Welt einher. Da auf eine obrigkeitshörige, weltlich-passive augustineisch-lutherische Tradition nicht mehr zurückgegriffen werden konnte, bekamen jetzt Theoriestränge an Gewicht, die das aktive Eingreifen der ChristInnen in die Geschichte forderten. Herausragender Theoretiker war dabei neben Moltmann Paul Tillich, der 1933 vor dem Faschismus ins Exil in die USA fliehen musste.

Tillich war vor dem Nationalsozialismus einer die ganz wenigen protestantischen Gelehrten gewesen, der einen «religiösen Sozialismus» (Schüßler 1997) vertraten. Aufgrund seiner Erfahrungen im Ersten Weltkrieg und seiner Tätigkeit im verarmten Berliner Arbeitermilieu während der Weimarer Republik fordert er den systematischen Einbezug der Geschichte in die theologische Reflexion. Geschichte wurde zum Zentralproblem seiner Theologie und Philosophie. Für ihn gibt es keine platonische Wahrheit, die unabänderlich im Ideenhimmel existiert. «Der Logos ist aufzunehmen in den Kairos, die Wahrheit in das Schicksal der Existenz. (...) An keinem Punkt ist nur Logos oder nur Kairos.» (Tillich, zit. nach Zahrnt 1996, 330) Alles Erkennen der Wahrheit trägt daher Geschichts- oder Entscheidungscharakter. Da die Wahrheit in der Geschichte geschieht, ist sie nie ein für allemal da, nie endgültig, nie fertig, nie allgemein, sondern sie bleibt immer offen, treibt immer über sich selbst hinaus zu neuer konkreter Verwirklichung. Tillich betont, dass neben den sokratischen Eros, also der Liebe zur Wahrheit, gleichberechtigt die Liebe zu den konkreten Menschen, die Agape, treten müsse (330). Diese Forderung stieß in den 70er und vor allem den 80er Jahren vor dem Hintergrund der Debatten um die Ökologiekrise, des Baus von Atomkraftwerken, der Stationierung neuer Raketen und der zunehmenden Verarmung der sog. Dritten Welt auf große Zustimmung.

3.4 Die Dependenztheorie

Eng mit der Theologie der Befreiung und der Diskussion um die Verschuldungskrise war die Dependenztheorie verknüpft. Der Aufstieg der Theologie der Befreiung bedeutete auch den Aufstieg der Dependenztheorie. Vor allem die Bücher von Senghaas und Menzel in den 70er Jahren machten die Dependenztheorie auch in Deutschland bekannt. Der Kreis der Rezipienten erstreckte sich dabei weit über das kirchliche Spektrum hinaus bis weit in das linksradikale Spektrum hinein und prägte die Denk- und Wahrnehmungsstrukturen ganzer Generationen von AktivistInnen. Die Dependenztheorie war das Instrument, mit dem die ökonomischen Machtbeziehungen zwischen den kapitalistischen Zentren und den unterentwickelten Staaten der Peripherie analysiert wurden. In den Debatten zur Verschuldungskrise der Dritte-Welt-Staaten erlebte sie einen letzten Höhepunkt, um nach dem Mauerfall von '89 nur noch ein Mauerblümchen-Dasein zu fristen.

Worum ging es der Dependenztheorie? Sie war der Versuch, eine Erklärung dafür zu finden, warum die reichen Länder reich waren und die armen Länder arm. Die Antwort der Dependenztheorie: Entwicklung und Unterentwicklung sind zwei Seiten derselben Medaille. Unterentwicklung und Entwicklung sind nicht – wie es die Modernisierungstheorie behauptet – als ein zeitliches Vorher und Nachher anzusehen, sondern Entwicklung gibt es nur, weil es Unterentwicklung gibt. Damit war aber wieder die Frage nach den Macht- und Herrschaftsverhältnissen in der Weltwirtschaft gestellt. Die Dependenztheorie knüpfte an die Analysen von Marx über die ursprüngliche Akkumulation im ersten Band des Kapitals und an die Imperialismustheorien zu Beginn des Jahrhunderts an. Ihre Grundthese lautete: Seit den Eroberungen und dem Kolonialismus erfolgt ein permanenter Ressourcenabfluss, sei es durch direkte Plünderung und Raub oder durch ungleiche Handelsbeziehungen, die sich auch nach der Unabhängigkeit erhalten haben. Die Unterentwicklung ist also nicht Folge einer falschen Wirtschaftspolitik, sondern eines neokolonialen Herrschaftssystems, das die Länder der Dritten Welt in Abhängigkeit halte. Diese Abhängigkeit wurde begriffen als ein Geflecht von ökonomischen, politischen, kulturellen und ideologischen Faktoren.

Auch innerhalb der Dependenztheorie gab es unterschiedliche Stränge. Eine weichere Linie, die etwa von Cardoso/Faletto vertreten wurde, behauptete zwar die Abhängigkeit der Ökonomien der «unterentwickelten» Länder von den Ökonomien der kapitalistischen Zentren, ohne aber deswegen die endogenen Faktoren zu vernachlässigen. Die peripheren Länder hätten durchaus Spielräume für eine eigenständige Wirtschaftspolitik. Schließlich entwickelten sich die Länder der sog. Dritten Welt sehr unterschiedlich. Dagegen behaupteten Andre Gunder Frank in dem gerade in Deutschland sehr verbreiteten

Buch «Entwicklung zur Unterentwicklung» oder Samir Amin und Dieter Senghaas in ihrer Theorie des «Peripheren Kapitalismus», dass ein eigenständiger Spielraum für die Nationalstaaten nicht existiere. Diese härtere Variante der Dependenztheorie konnte die Ausdifferenzierung der Entwicklungswege in den Ländern der sog. Dritten Welt tatsächlich nicht mehr erklären. Warum gelang einem Land wie Südkorea, obwohl es über fast keine natürlichen Bodenschätze verfügt, der Aufstieg zu einer bedeutenden Industrienation? Warum fiel Argentinien, das über durchaus wohlhabende Schichten verfügte, immer weiter zurück? Warum scheiterte in den realsozialistischen Staaten trotz eines großen Binnenmarktes eine dauerhafte autozentrierte Entwicklung?

Wer eine völlige Abhängigkeit der Staaten der Dritten Welt von den Zentren behauptet, steht diesen Entwicklungen hilflos gegenüber. Diese Hilflosigkeit führte bei den Vertretern einer harten Dependenztheorie wie Senghaas und Menzel zu einem Paradigmenwechsel in den 80er Jahren. Sie behaupteten nun, dass Erfolg oder Misserfolg nachholender Entwicklung maßgeblich von endogenen Faktoren wie der Rolle der Eliten, der Militärs und der Gewerkschaften oder von Korruption und den Zöllen abhingen. Die Zwänge des kapitalistischen Weltmarktes und historisch geprägte Abhängigkeitsstrukturen spielten jetzt nur noch eine untergeordnete Rolle. «Schlagworte wie Kolonialismus, Imperialismus, Weltmarkt, Multis und Weltbank vernebeln hier nur, was einer aufgeklärten Beobachtung Not täte.» (Menzel 52)

Menzel selbst leistet diese «aufgeklärte Beobachtung» nur in Ansätzen. Zwar veröffentlichte er immer wieder informative Länderanalysen, aber die notwendige Kritik am «Sachzwang Weltmarkt» ging tendenziell verloren und endete in einer Apologie des Kapitalismus. «Die größten Probleme in den Ländern des Südens bestehen da, wo es am wenigsten Kapitalismus» im Sinne der sozialen Marktwirtschaft gäbe, lautete sein Analogie-Kurzschluss. Damit hatte Menzel den Schwenk zu den Modernisierungstheorien vollzogen. In Anlehnung an Gunnar Myrdal forderte er für die Länder der Dritten Welt «strukturelle Reformen (...), die, da gegen die Interessen der dortigen Eliten verstoßend, nur an ihnen vorbei umgesetzt werden könnten» (208). Ferner forderte er eine Alimentierung der absolut Armen im Süden durch die Wohlhabenden im Norden. Seine Neuorientierung gipfelte schließlich in dem Plädoyer für einen «humanistischen» Interventionismus im Süden durch den Norden, der allerdings nicht von politischen oder wirtschaftlichen Interessen des Nordens geleitet sein dürfe. «Es muß eine Liste nach noch zu diskutierenden Kriterien besonders bedrohter Krisenregionen erstellt werden. Diese Gebiete, die nicht unbedingt mit den territorialen Grenzen identisch sind, werden bis auf weiteres der Treuhandschaft der Länder des Nordens unterstellt.» (211)

Dadurch wird jeder möglichen Form von Interventionismus Tür und Tor geöffnet. Wie die Entwicklung im Kosovo und Makedonien zeigt, sind «humanitäre» und politische Interventionen gar nicht voneinander zu trennen. Gegenüber Menzel ist an dem Grundansatz der Dependenztheorie festzuhalten, «Unterentwicklung» vor dem Hintergrund des Gesamtsystems der kapitalistischen Entwicklung zu analysieren. Den Blick für die historischen und aktuellen Ausbeutungsbeziehungen geschärft zu haben, bleibt das große Verdienst der Dependenztheorie, auch wenn die etatistische Grundorientierung und ihr ökonomistischer Fortschritts- und Entwicklungsbegriff heute kritischer gesehen werden müssen.

3.5 Die Alternativbewegung und die Verteidigung der Lebenswelt

Die lange Zeit unkritische Unterstützung von verbrecherischen Bewegungen wie den Roten Khmer in Kambodscha und das definitive Scheitern einer antiimperialistischen Metropolenguerilla, das im Heißen Herbst 1977 deutlich geworden war, verfehlten ihre Wirkung nicht. Beim TUNIX-Kongress 1978 in Berlin, auf dem sich der Großteil der Restlinken traf, herrschte weitgehend Konsens: Eine offensive Strategie der Gesellschaftsveränderung, die auf eine direkte Konfrontation mit der Staatsmacht setzte, stelle keine Option mehr dar. In der Folgezeit gewannen Strömungen an Einfluss, die ihr Engagement für die sog. Dritte Welt mit einer Grundsatzkritik an der Moderne verknüpften. Diese stammten vor allem aus dem alternativen, subkulturellen Milieu. Vereinfacht gesagt ging es ihnen um eine Politik «der ersten Person» (Kraushaar 1978). Anstatt einer abstrakten Veränderung der «Totalität» durch Weltrevolution kämpften sie für eine Veränderung des unmittelbaren persönlichen Umfeldes. Sie wollten den Zerstörungen der Moderne konkrete alternative Lebensentwürfe entgegenstellen. Ziel war es, kleine überschaubare Einheiten zu schaffen, in denen man bereits jetzt seine konkreten Bedürfnisse ausleben konnte, ohne erst auf die Weltrevolution zu warten. Es ging um die Politisierung der konkreten Lebensverhältnisse. Am massivsten wurde dies von der neuen Frauenbewegung eingefordert («Das Private ist politisch»). Der Aufbau einer selbstbestimmten Reproduktionsbasis spielte ebenfalls eine zentrale Rolle. Ziel war, innerhalb einer feindlichen Umwelt befreite Inseln in Form einer Gegenökonomie aufzubauen, die sich über verschiedenste Wege vernetzen sollten. Diese Inseln sollten die Konturen einer befreiten Gesellschaft zum «Vorschein» (Ernst Bloch) bringen und eine Anziehungskraft auf weite Teile der Bevölkerung ausüben.

Die Einflüsse der Alternativbewegung auf die DWB sind überdeutlich (Balsen/Rössel 1986, 376 f). Durch deren Kritik hatte man sich von dem «begriffsimperialistischen Anspruch» (Brand 1987, 35) verabschiedet, aus der richtigen Theorie die richtige Praxis ableiten zu wollen. Im Sprachduktus war nichts mehr von der kalten Abstraktion der Analyse der StudentInnenbewegung zu spüren. Anfang der 80er Jahre betrat eine völlig neue Generation die politische Bühne. Diese übertrug die alternativen Konzepte vom nationalen auf den internationalen Raum. Ging es in der BRD darum, die eigene Lebenswelt gegenüber den Systemen Politik und Wirtschaft zu verteidigen, so sollte auf internationaler Ebene das Recht eines Landes wie Nicaragua auf einen eigenen Entwicklungsweg verteidigt werden. Nicaragua erfüllte international die Funktion, die zu Hause die zahlreichen Kollektive einnahmen. Es war der sichtbare, sympathische Widerstand gegen eine alles bedrohende Übermacht. Es war das kleine gallische Dorf, das sich verzweifelt den römischen Heeren entgegenstellte – und dies ohne den Zaubertrank des Miraculix für Asterix. Der Kampf des Schwachen gegen den Starken zog die Bewegung an. Nicaragua verstrahlte eine Aura der Authentizität und der Unmittelbarkeit. Diese Ausstrahlungskraft Nicaraguas zeigte sich unter anderem daran, dass sich bereits 1980 ca. 150.000 ausländische UnterstützerInnen im Land aufhielten (Karges 21). Deren Anwesenheit hatte unter anderem die Funktion, Öffentlichkeit herzustellen und damit eine drohende Invasion von Seiten der USA zu erschweren. Dabei waren die Brigadisten und Brigadistinnen nur der sichtbarste Teil der Bewegung. Genau so bedeutend war die politische Arbeit der Nicaragua-Komitees in der BRD.

Die BrigadistInnen leisteten darüber hinaus konkrete Aufbauhilfe. Die Begeisterung für die Revolution in Nicaragua rührte auch daraus, dass dort das Bedürfnis, «Politik in der ersten Person» zu machen, in die Realität umgesetzt werden konnte. In den zahlreichen Arbeitsbrigaden konnte sich alle mit ihren Fähigkeiten einbringen, sei es im Bildungssektor, im Gesundheitsbereich oder sonstwo. Die konkrete Arbeit stand im Vordergrund und nicht die abstrakte theoretische Auseinandersetzung um Totalität, Imperialismus oder Staatsableitung. Die Gewalt war offensichtlich und musste nicht erst theoretisch postuliert und begründet werden.

Durch die konkreten Projekte entstanden viele persönliche Kontakte mit einer oft erstaunlichen Kontinuität (Karges 1994). Auf der anderen Seite erwuchsen daraus aber auch neue Probleme. Vielen BrigadistInnen ging es weniger um Nicaragua, sondern um die Fertigstellung des von ihnen betreuten Projekts. Darin kam eine starke Entpolitisierung der Solidarität zum Ausdruck. Die eigene Projektarbeit wurde oft nicht kritisch reflektiert und auch nicht in den Gesamtzusammenhang der Situation Nicaraguas eingeordnet. In dieser Reflexionsfeindlichkeit zeigt sich das «gerissene Band zwischen kritischen Sozialwissenschaften und den sozialen Bewegungen» (Görg 1992, 31). Nicht nur die begriffsimperialistische Ableitungstheorie wurde abgelehnt, sondern Theorie schlechthin. «Für ihre Aktivitäten lieferten viele Mitglieder der Bewegung keinerlei theoretische oder ideologische Begründungen mehr. Ihre spontanen Aktionen kamen ‹ mehr aus dem Bauch heraus› als von ‹ Kopfwichsern› » (Balsen/Rössel 1986, 376). Theorie galt selbst als Teil eines ausdifferenzierten Systems und von daher machten sich alle linken Theoretiker als Experten in diesem System von vornherein verdächtig. (31)

Wenn dennoch das Bild vom gerissenen Band nicht völlig zutrifft, dann ist dies – neben der «Subsistenz- und Hausfrauisierungsdebatte» von Teilen der Frauenforschung (Werlhof u.a. 1983) – das Verdienst des bedeutendsten Vertreters der jüngeren kritischen Theorie, Jürgen Habermas. In einer Reihe von Arbeiten, insbesondere aber im Lebenswelt-Kapitel seines Hauptwerkes «Die Theorie des kommunikativen Handelns» (1988) griff er Motive auf, die von der Alternativbewegung praktisch auf die Tagesordnung gesetzt wurden, ohne dass diese Motive von ihr theoretisch durchleuchtet worden wären. Insbesondere begründete er dort die Notwendigkeit, die Sphären der kommunikativen, immer schon auf Verständigung zielenden Vernunft der Lebenswelt gegenüber der instrumentellen Vernunft der politischen und ökonomischen Systeme, die sich an den Imperativen Macht und Profit orientieren, zu verteidigen. Insofern wies er den neuen sozialen Bewegungen eine wichtige gesellschaftliche Funktion zu. «Es scheint so, als ob sie in solchen Gegenbewegungen zu den radikalen Vereinseitigungen der ausdifferenzierten Vernunftmomente auch wieder auf eine Einheit verweisen wollten. Die ist allerdings nur diesseits der Expertenkulturen wiederzugewinnen, in einer nicht deformierten Alltagspraxis.» (1985, 176)

Am romantischen Pathos und den damit verbundenen Projektionen, die vor allem in dieser Phase deutlich hervortraten, wurde schon früh Kritik geübt. Eines der einflussreichsten Bücher war dabei Pascal Bruckners «Das Schluchzen des weißen Mannes» aus dem Jahr 1984. Darin rechnet er mit der Dritte-Welt-Bewegung ab. «Die Dritte Welt Solidarität ging (...) davon aus, daß ein stummer Pakt die Befreiungsbewegungen mit ihr verband, daß diese Bewegungen sich selbst als Garanten für die Zukunft des internationalen Klassenkampfes sahen. Die südliche Hemisphäre war für die multinationalen Konzerne eine wunderbare Rohstoffreserve, für eine gewisse Linke wurde sie zu einer phantastischen Mine von Illusionen. (...) Im Überschwang ihrer Begeisterung hatte die Linke Menschen und Dinge so gründlich nach ihren Vorstellungen umgemodelt, daß sie lange brauchte, um ihren tragischen Irrtum festzustellen. Offensichtlich nahmen wir die Reinheit der Dritten Welt viel wichtiger, als es diese Welt selbst tat» (Bruckner, zit. nach Balsen/Rössel 1986, 565).

Auch Mechthild Schönen kommt zu einer negativen Einschätzung: «Von den Nicaragua-Komitees war ich allerdings sehr enttäuscht, weil das ausschließlich Jubelkomitees waren. Fernab von jeder Realität wollten die auch gar nicht wissen (...) wo die Schwierigkeiten in Nicaragua liegen. (...) Keiner hatte Interesse daran, auch mal was Negatives über die nicaraguanische Revolution zu erfahren. (...) Das ist wieder eine Sache, die ich einfach nicht verstehe: weshalb die deutsche Solidaritätsbewegung so unkritisch und so undialektisch auf der Suche nach der absoluten Identifikation ist und nicht damit klarkommt, nicht damit umgehen kann, sich auf Widersprüche einzulassen» (Schönen zit. nach Balsen/Rössel 1986, 527).

Balsen/Rössel fassen die unterschiedlichen Projektionsmechanismen am Ende ihres Buches zusammen: «Die Beschäftigung mit der Dritten Welt wird oft zur Flucht vor der politischen Realität im eigenen Land. (...) In der Dritten Welt wird nicht so sehr das Unbekannte, Fremde gesucht, sondern eher das schon Bekannte, Nahe, möglichst Europäische, vor allem aber das Einfache. (...) Die Objekte der Solidarität sind jederzeit austauschbar. (...) Kritische Informationen stören die Idealbilder von der Dritten Welt. (...) Militärische Auseinandersetzungen werden überbetont. (...) Die ‹ Reinheit der Lehre› läßt sich eher in der Ferne erhalten als im eigenen Land.» (531ff)

Diese Kritiken beeinflussten zwar die Diskussionen der DWB in Phase II, können aber deren abrupten Zusammenbruch nach 1988 auch nicht annähernd erklären. 1988 war auf dem Berliner Gegenkongress zur Tagung von IWF und Weltbank noch der Beginn eines «Neuen Internationalismus» ausgerufen worden.

4. Neuanfänge nach dem Siegeszug des Neoliberalismus

4.1 Der Liberalismus der Erschöpften: Die Pazifizierung des Protestes

Die Hoffnung auf einen «neuen Internationalismus», den die AkteurInnen auf dem Internationalen Gegenkongress zur Tagung von IWF und Weltbank beschworen hatten, bestand nur kurz. Eine Reihe von gravierenden Ereignissen in den Jahren 1989-1991 hatte zur Folge, dass sich die Dritte-Welt-Bewegung radikal veränderte. Mit den Nichtregierungsorganisationen (NGOs) bestimmten neue politische Akteure die entwicklungspolitische Szenerie. Die Bedeutung von Basiskomitees und -initiativen schwand rasant. Damit einher ging auch eine Neuorientierung in den Politikformen. Nicht mehr die Kritik der herrschenden Institutionen stand im Vordergrund, sondern der Versuch, über den Dialog mit allen gesellschaftlichen Kräften einen Politikwechsel zu erreichen. Was waren die Stationen dieses Prozesses? Und wie wurde dieser Politikwechsel begründet?

Das entscheidende Ereignis war der Epochenbruch von '89. Was sich in den Jahren zuvor mit der Politik von Glasnost und Perestrojka unter Gorbatschow bereits angedeutet hatte, sollte sich 1989 bestätigen: Die Sowjetunion hatte den Wettlauf der Systeme verloren. Der autoritäre und bürokratische Sozialismus, der gesellschaftlichen Fortschritt positivistisch als Steigerung der Industrieproduktion definierte, implodierte. Dies wurde auch von vielen Linken begrüßt. Sie hofften, dass sich neue Freiräume für einen emanzipatorischen Sozialismus öffnen könnten. Stattdessen stürzte die Implosion der Sowjetunion alle historischen Strömungen der Linken in eine fundamentale Krise. Das Scheitern des bürokratischen Sozialismus wurde von vielen als Scheitern eines jeglichen Sozialismus gedeutet. Der Siegeszug des Neoliberalismus schien unumkehrbar zu sein. Sogar der keynesianische Fordismus, der das politisch-ökonomische Projekt der Nachkriegssozialdemokratie und der Gewerkschaften war und Anhänger bis weit in das bürgerliche

Lager hinein hatte, geriet unter das Sozialismusverdikt der Neoliberalen. Mit dem Sieg des marktradikalen Liberalismus schien das «Ende der Geschichte» erreicht zu sein. Die britische Premierministerin Maggie Thatcher predigte das TINA-Denken («There is no alternative»): Zum Neoliberalismus gibt es keine Alternative. Die abstrakte Vergesellschaftungsform des Marktes, der alle qualitativen Differenzen von Raum und Zeit auslöscht und auf den quantitativen Preis reduziert, wurde nun zur alleinigen Richtschnur. «Der Markt» eroberte auch die Köpfe vieler ehemals kritischer Geister, wie nicht nur die Entwicklung der Grünen zeigt.

Neben der Implosion der Sowjetunion trug die Wahlniederlage der sandinistischen Regierungspartei FSLN in Nicaragua 1990 zum Niedergang der Internationalismusbewegung bei. Unmissverständlich kam zum Ausdruck, dass es für nationale Befreiungsbewegungen, die auf die Übernahme der Staatsmacht abzielten, kaum noch Perspektiven gab. Außerdem nahm man nun auch die Schattenseiten der nicaraguanischen Parteiführer wahr: deren traditionelle Machtpolitik, ihren Machismus und teilweise offenen Sexismus (Montenegro).

Auch der zweite Golfkrieg beeinflusste die DWB negativ. Im August 1990 besetzte der Irak unter der Führung Saddam Husseins Kuwait. Materieller Hintergrund waren Differenzen um die Verteilung der Ölreserven, der Zugang zum Persischen Golf und die Neuregelung der Schulden des Irak gegenüber Kuwait. Hinzu kamen «historische» Ansprüche des Irak gegenüber Kuwait. Die USA sahen die Besetzung als Angriff auf die eigenen Interessen und zogen gegen den Irak in den Krieg. Die Friedens- und Internationalismusbewegung konnte zur Kriegspolitik keine Alternative entwickeln und beschränkte sich auf moralische Entrüstung. Ausdruck dafür waren die weißen Betttücher, die als Zeichen der eigenen Unschuld und des Protestes aus den Fenstern gehängt wurden. Sie waren aber auch Zeichen der Hilflosigkeit. Diese hatte mehrere Gründe: Saddam Hussein war tatsächlich ein Massenmörder, wie die Tötung Tausender von Kurden durch Giftgas in Halabja 1988 gezeigt hatte. Deshalb fiel es Spiegel-Herausgeber Augstein leicht, in ihm den neuen «Hitler» zu sehen. Als Saddam Hussein auch noch mit der Bombardierung Israels drohte, befürworteten auch viele Linke den Krieg gegen den Irak. Der Friedensbewegung wurden nun die absurdesten Vorwürfe gemacht. So behauptete Henryk M. Broder, «daß in einem quantitativ wie qualitativ erheblichen Teil der Friedensbewegung der unbewusste, aber überaus heftige Wunsch am Werke war, Saddam Hussein möge die historische Chance nutzen und den Job vollenden, den die Nazis nicht zu Ende bringen konnten» (zit. nach Böhme 205). Die Friedensbewegten seien die neuen Antisemiten, weil sie eine «zweite Endlösung» billigend in Kauf nehmen.

Diese Vorwürfe wirkten. Wenn Saddam Hussein der neue «Hitler» war, wie immer wieder behauptet wurde, dann durfte es keine neue Appeasement-Politik geben wie 1938 beim «Münchner Abkommen», als die Westmächte die Besetzung Böhmens und Mährens durch die Nazis akzeptierten. Jede Form der Nachgiebigkeit würde die Macht Saddam Husseins stabilisieren und letztendlich einen neuen Holocaust, eine «zweite Endlösung» ermöglichen. Für die Kriegsbefürworter gab es nur ein Entweder-Oder. Der Grundkonsens der Friedensbewegung, der in dem Schwur der Häftlinge von Buchenwald «Nie wieder Faschismus, nie wieder Krieg» bestand, zerriss schon damals. Wer einen neuen Faschismus verhindern wollte, musste für diesen Krieg sein. Wer wollte schon für die Zerstörung Israels und damit für einen zweiten Holocaust verantwortlich sein? In dieser so konstruierten apokalyptischen Entscheidungssituation war der Krieg aus der Sicht der BellizistInnen mehr als nur ein kleineres Übel, sondern moralisch notwendig und gerechtfertigt. Diese Position machte all diejenigen, die sich dieser Kriegslogik entziehen wollten, zu Erfüllungsgehilfen von Saddam Husseins «faschistischer» Politik. Dass diese apokalyptische Vision wenig mit der Realität zu tun hatte, interessierte die Kriegsbefürworter nicht (vgl. Schönberger/Köstler; Kellershohn). Sie bestimmten mit ihren – den historischen Faschismus relativierenden – «Saddam = Hitler»-Vergleichen die Debatte. Die Friedensbewegung hatte darauf keine Antwort.

Dieses Entweder-Oder sollte sich in den Kriegen, die beim Auseinanderbrechen Jugoslawiens auftraten, wiederholen. Wie in vielen Ländern der sog. Dritten Welt war auch in Jugoslawien seit Anfang der 80er Jahre offenkundig, dass die Strategie einer nachholenden Industrialisierung und Modernisierung gescheitert war. Die Verschuldung stieg rapide an. Immer größere Anteile des Sozialprodukts mussten für den Schuldendienst ausgegeben werden. Fast die kompletten Exporteinnahmen mussten umgehend an die «Gläubiger» überwiesen werden. Auf Druck des Internationalen Währungsfonds

(IWF) wurde das ganze Instrumentarium neoliberaler Rezeptur angewandt, um den Schuldendienst aufrecht zu erhalten. Dazu gehörten die Kürzung der Ausgaben für Soziales, Gesundheit und Bildung. Große Teile der Bevölkerung verarmten. Dies führte zu Spannungen zwischen den Republiken. Kroatien und Slowenien fühlten sich auf Grund des internen Ressourcentransfers in die restlichen jugoslawischen Republiken von diesen ausgebeutet und strebten die Trennung von der Republik an.

Von nationalistischen Populisten wie dem Serben Milosevic und dem Kroaten Tudjman wurden die Konflikte angeheizt. Die Lösung der sozialen Probleme sahen viele in der ethnischen Homogenität und der nationalen Einheit. Im Rückgriff auf jahrhundertealte Mythen erhoben etwa die Serben den Anspruch auf den Kosovo. Die Kroaten vertrieben Hunderttausende Serben aus der Krajna. Die soziale Krise wurde somit ethnisiert und kulturalisiert. Eine solche ethnische und kulturalistische Wahrnehmungsweise war auch im Westen dominant. Die soziale und ökonomische Dimension des Konfliktes wurde in der Folgezeit in der Diskussion und insbesondere in der bürgerlichen Öffentlichkeit vollkommen ausgeblendet. Angeblich handelte es sich um jahrhundertealte Konflikte vor allem zwischen den westlichen, katholischen Kroaten und Slowenen einerseits und den orthodoxen, slawisch-östlichen Serben andererseits. Die Moslems als dritte Kraft und die Albaner wurden als bedauernswerte Opfer ethnischer Säuberungen wahrgenommen.

Diese ethnisierende Wahrnehmungsweise kam den westlichen Staaten entgegen. Wenn die Ursache des Krieges in den jahrhundertealten nationalen und ethnischen Spannungen lag, brauchte nicht mehr über die Politik der Bundesrepublik, der EU oder des IWFs diskutiert werden. Dabei ist deren Mitschuld für die Verursachung und Verschärfung des Bürgerkrieges offensichtlich. Trotz frühzeitiger Warnungen vor einem möglichen Bürgerkrieg, betrieben die westlichen Staaten in den supranationalen Organisationen wie dem IWF eine unsoziale Austeritätspolitik. (vgl. Conert 1987, 182 ff)

Deutschland stellte sich ohne Wenn und Aber auf die Seite seines historischen Verbündeten Kroatien. Mit Deutschlands Anerkennung Kroatiens, die sich auf das Selbstbestimmungsrecht der Nationen berief und als Recht zur Sezession interpretiert wurde, schüttete die BRD 1991 Öl ins Feuer der gerade begonnenen Kampfhandlungen (vgl. Newhouse). Völlig einseitig kritisierte sie die Vertreibungspolitik gegenüber den Kosovo-Albanern und den Moslems, schwieg aber hartnäckig gegenüber den Massenvertreibungen der Serben durch die Kroaten in der Krajna. Selbst der us-amerikanische Außenminister Christopher hatte ebenso wie der ehemalige französische Außenminister Dumas Deutschland wesentlich für die Katastrophe in Bosnien verantwortlich gemacht. (s. Kalman 53ff) Die einseitige Anerkennungspolitik Deutschlands verstieß gegen eine Reihe von Vereinbarungen der EU-Staaten, die eine integrierte Lösung der Konflikte, insbesondere eine Regelung des Minderheitenschutzes in Kroatien, als Bedingung für die Anerkennung vorsahen. (ebda. 58 ff)

Die daraufhin im ehemaligen Jugoslawien auftretenden Kriege erwiesen sich als außenpolitische Zäsur für die BRD. Am 24. März 1999 beteiligten sich zum ersten Mal nach dem Zweiten Weltkrieg deutsche Kampftruppen an einem Krieg. Dieser Einsatz kam nicht zufällig, sondern war von langer Hand vorbereitet. Seit Anfang der 90er Jahre betrieb die Bundesregierung eine Strategie des militärischen Engagements in verschiedenen Ländern, allerdings ohne sich an Kampfeinsätzen zu beteiligen. Mit dieser Salami-Taktik sollte die Bevölkerung an «out-of-area»-Einsätze der Bundeswehr gewöhnt werden. Entscheidend für die Durchsetzung und die Zustimmung großer Teile der Bevölkerung zur Kriegspolitik in Jugoslawien waren letztlich mehrere Gründe. Wie im Irak-Krieg wurde eine Ultima-Ratio-Situation konstruiert. Wie Saddam Hussein im Irak wurde jetzt der serbische Präsident Milosevic mit Hitler gleichgesetzt. Die Stilisierung des Gegners zum absolut Bösen, dem die westliche zivilisierte Welt geschlossen entgegentreten muss, ist immer ein wirkungsvolles Propagandamittel zur Rechtfertigung von Kriegen. Noch wirkungsvoller war jedoch Fischers Strategie, die Massaker, die von den serbischen Streitkräften z.B. in der muslimischen Enklave Srebrenica verübt wurden, mit der Ausrottungs- und Vernichtungspolitik der Nationalsozialisten in Auschwitz zu vergleichen. Nicht trotz, sondern wegen der deutschen Geschichte müssen wir uns an diesem Krieg beteiligen, hieß Fischers (und Scharpings) Formel. Fischer wusste, dass die Drohung mit einem neuen Auschwitz viele Linke in einen Gewissenskonflikt brachte, der diese handlungsunfähig machte. Hinzu kam ein weiterer geschickter psychologischer Schachzug, als er die Interventionsstreitmächte in die Tradition der internationalen Brigadisten des Spanischen

Bürgerkrieges stellte. Die Beteiligung am Krieg wurde somit in die beste Tradition einer internationalistischen Linken gestellt. Wichtig war die Behauptung, die Beteiligung am Krieg diene der Durchsetzung der Menschenrechte und sei somit ein normativer Vorgriff auf eine erst noch zu errichtende Weltzivilgesellschaft. So lautete in etwa die Argumentation von Jürgen Habermas. Dass es jedoch weniger um Menschenrechte, sondern vielmehr um Machtpolitik ging, zeigt die Tatsache, dass die von den serbischen Kriegsgegnern – z.B. der kroatischen Armee – verübten Kriegsverbrechen keine Konsequenzen nach sich zogen. Auch die kosovo-albanische UCK durfte unbehelligt ihre Terrorpolitik ausüben. Das Ultimatum der NATO gegenüber Serbien 1999 in Rambouillet in den Tagen vor dem Krieg machte schließlich deutlich, dass es Deutschland und der NATO nicht um die Vermeidung des Krieges ging. Die Bedingungen, die dort formuliert wurden, hätte ganz Jugoslawien zu einem Protektorat der NATO gemacht und wären für jede serbische Regierung unannehmbar gewesen.

Durch die Legitimierung von Kriegen mit dem ideologischen Rückgriff auf die «Menschenrechte» droht diesem Begriff sein emanzipatorischer Gehalt verloren zu gehen, befürchtet Joachim Hirsch. (Freitag 19.01.2001) Menschenrechte tauchen immer dort auf, wo es um die Rechtfertigung von Kriegen geht. Dabei werden die Menschenrechte gleichgesetzt mit der kapitalistischen Marktwirtschaft und der sie kennzeichnenden politischen Herrschaftsverhältnisse. Immer wenn es in Zukunft um die militärische Absicherung kapitalistischer Metropolenherrschaft geht, werden die «Menschenrechte» eine wichtige Rolle zur Legitimation von Kriegen spielen. Diese werden somit «zum Ausdruck eines universalen Anspruchs imperialistischer Macht». (Ebda.)

In der neuen NATO-Strategie von 1999 wurde der universale Anspruch auf militärische Intervention festgeschrieben. Es ist deshalb wichtig, den Menschenrechtsbegriff in Zukunft wieder zurückzuführen auf seine sozialen und ökonomischen Voraussetzungen. Es ist zu unterscheiden zwischen einer universalen Menschenrechtslyrik und der Unmöglichkeit, diese im Rahmen einer kapitalistischen Weltordnung durchzusetzen. Dieser Zusammenhang spielte auch in der kritischen Öffentlichkeit fast überhaupt keine Rolle. Gegenüber der herrschenden Menschenrechtslyrik ist grundsätzlich Skepsis angebracht. Auch im ehemaligen Jugoslawien ging es nicht um die Menschenrechte. Dies hätte bedeutet, die Grenzen für die Flüchtlinge zu öffnen. Stattdessen ging es zentral darum, unkontrollierte Flüchtlingsströme zu unterbinden. In Jugoslawien wurde somit deutlich, dass sich der Charakter des Krieges gegenüber früheren Kriegen gewandelt hat: Statt eines imperialistischen Eroberungskrieges handelte es sich im Kosovo um einen «Sicherheits- und Ausgrenzungsimperialismus» (Robert Kurz) im Namen der Menschenrechte, bei dem der Krieg das Muster einer Polizei-Razzia gegenüber einer der Kriegsparteien hatte. Die NATO-Staaten verwickeln sich nicht mehr in langwierige Bodenkriege. Stattdessen wird mit einer gewaltigen technischen Luftüberlegenheit der Feind mürbe geschossen und im Anschluss daran werden die jeweiligen Regierungen unter politische Kuratel gestellt.

Die antiserbische Politik der deutschen Regierung führte dazu, dass «antideutsche» und traditionelle Linke unkritisch Partei für Serbien und Milosevic ergriffen. Die chauvinistische Politik von Milosevic wurde dabei ebenso relativiert wie seine Kriegsverbrechen. Begründet wurde dies damit, dass die Intervention Deutschlands in der Tradition der deutschen Balkanpolitik seit Ende des 19. Jahrhunderts und insbesondere der nationalsozialistischen Balkanpolitik stehe. Damals war Nazi-Deutschland ein Bündnis mit der kroatischen klerikalfaschistischen Ustascha-Regierung unter Ante Pavelic eingegangen, die im Vernichtungslager Jasenovac unter tatkräftiger Mithilfe der katholischen Kirche – je nach Schätzungen – 200.000 bis 600.000 Serben ermordete. (Libal 1993, 58) Darauf zu verweisen war sicherlich richtig. Allerdings ist dies kein Argument dafür, sich nach dem Motto «der Feind meines Feindes ist mein Freund» auf die Seite von Milosevic zu stellen. Die Handlungsunfähigkeit einer antimilitaristischen und internationalistischen Linken war Folge des Umstands, dass es keine Kriegspartei gab, die man hätte unterstützen können. Die Seite der Guten, die Stelle des Identifikationsobjektes war in den 90er Jahren verwaist. Dies wird auch in Zukunft immer öfter der Fall sein. Die uneingeschränkte Solidarität hätte den Opfern auf allen Kriegsseiten, den Vertriebenen und Flüchtlingen, gelten müssen. Mit der Forderung nach Öffnung der Grenzen hätte man sich der dichotomen Entweder-Oder-Kriegslogik entziehen können. (S. Diskus 3/01)

Auch das rassistische Coming-out großer Teile der Bevölkerung im Rahmen der Debatte um die Asylgesetzgebung veränderte die DWB. Staatlicherseits wurde ein Bedrohungsszenario nach dem anderen gemalt, in dem amorphe Massen von «Asylanten» Deutschland überschwemmten. Kosten-Nutzen-Kalküle wurden angestellt und die MigrantInnen eingeteilt in solche, die uns nützen, und solche, die uns ausnützen, so Bayerns Innenminister Beckstein. Die CDU in Hessen organisierte vor der Landtagswahlen 1999 eine rassistische Unterschriftenkampagne gegen das neue Staatsbürgerschaftsrecht. Dagegen machten sich die «drögen Jungs» handgreiflich an die Arbeit. Erinnert sei nur an die pogromartigen Ausschreitungen in Hoyerswerda und in Rostock und an die Morde in Solingen, Mölln und Lübeck. Der Großteil der rechtsradikalen Anschläge wurde von staatlicher Seite als Taten unpolitischer Einzelgänger verharmlost und so die Zahlen der Ermordeten auch noch unter Rot-Grün massiv nach unten gerechnet. Die rassistische Formierung des «Herrenvolks von Untertanen» (Foitzik/Marvakis) stellte die Internationalismusbewegung vor neue Herausforderungen. Sie musste sich nun mit deutscher Innenpolitik beschäftigen. Dies – «das Nahe, das so fern ist» – war für viele der blinde Fleck in der politischen Wahrnehmung,

Die Reaktionsweisen auf die Krise des Internationalismus waren äußerst unterschiedlich. Ein Teil votierte für eine Überwinterungsstrategie. Diese Strömung sah in den Veränderungen von '89 keinen qualitativen Einschnitt. Marginalisierung sei für emanzipatorische Bewegungen nichts Ungewöhnliches. So sei für die Linke zur Zeit der Algerien-Solidarität internationalistische Arbeit viel schwieriger gewesen als nach '89, da sie damals noch isolierter gewesen sei.

Eine zweite Strömung akzeptierte den Epochenbruch und verabschiedete sich von jeglichem Denken in Systemalternativen. Anstatt den alten Utopien nachzuhängen, votierte man für eine Politik, die sich an den realpolitischen Möglichkeiten orientierte und die enge Zusammenarbeit mit den Repräsentanten von Politik und Wirtschaft suchte und mit Hilfe lobbyistischer Politikberatung einen Einfluss auf die Entwicklungspolitik zu erzielen hoffte. Diese Strömung war in den 90er Jahren dominant.

Aufgrund der expliziten Beschränkung auf das «Machbare» wurde dieser Strömung von einer dritten Position das Ausblenden von Macht- und Herrschaftsverhältnissen vorgeworfen. Ihr ging es um eine radikale Aufarbeitung der Gründe des eigenen Scheiterns, ohne die macht- und herrschaftsförmige Verfasstheit der Gesellschaften in den Industrieländern schönzureden. In der Analyse und in den Bewertungen der die 90er

Jahre bestimmenden Diskurse um Nachhaltige Entwicklung, Global Governance und Zivilgesellschaft sowie über die Rolle der Nichtregierungsorganisationen kamen die unterschiedlichen theoretischen Ansätze immer wieder zum Vorschein.

4.2 Zivilgesellschaftsdiskurs, NGOs und Weltkongresse

Ging es in den 80er Jahren – z.B. in der IWF/WB-Kampagne – noch um die Thematisierung von gesellschaftlichen Machtverhältnissen, so spielten diese in den 90er Jahren fast keine Rolle mehr. Nichts macht dies deutlicher als die Bedeutungsverschiebung des Begriffs «Zivilgesellschaft». Vor 1989 herrschte ein hegemonietheoretischer Zivilgesellschaftsbegriff vor, der sich an Antonio Gramsci orientierte. Gramsci war der bedeutendste marxistische Theoretiker im Italien der 20er Jahre gewesen. Berühmt geworden sind seine Gefängnishefte. Dabei handelt es sich um meist unsystematische Notizen, die er nach seiner Verhaftung durch die italienischen Faschisten in den Kerkern verfasste. Dort starb er 1937 im Alter von 46 Jahren. Die Bedeutung Gramscis, vor allem seiner Staats- und Hegemonietheorie, für die Debatten auch der internationalistischen Linken, ist gar nicht zu überschätzen.

Worum geht es ihm? Im Mittelpunkt steht die Frage: Warum kam es mit Ausnahme Russlands nach dem Ersten Weltkrieg nirgendwo zu einer Revolution? Warum verhielt sich das Proletariat so passiv? Wie gelang es den herrschenden Klassen, die Hegemonie zu organisieren und immer wieder zu reproduzieren? Gramsci stellte fest, dass der Zusammenhalt in einer Gesellschaft nicht nur auf Zwang beruhte, sondern stark konsensuale Züge aufwies. Er zeigte, dass Hegemonie in einem widersprüchlichen Prozess von und in den unterschiedlichsten Institutionen der «società civile» immer wieder hergestellt wurde. Zu diesen Institutionen gehören Presse, Bildungseinrichtungen, Kirchen, Sportvereine etc. Diese Institutionen sind Teil seines erweiterten Staatsbegriffes. Die juristische Verfasstheit spielt für die Funktionsbestimmung der Institutionen keine Rolle. Wer die Hegemonie und somit die Macht in einem Staat inne hat, entscheidet sich somit nicht nur in den Institutionen des Staates im engeren Sinne, die Gramsci als «società politica» bezeichnete. Ein solch verkürztes Staatsverständnis führt zu einem politizistischen Kurzschluss, dem viele unterliegen, wenn sie Macht und Hegemonie mit Regierungsbeteiligung identifizieren. Der bekannte Aphorismus von Tucholsky – «Sie dachten, sie wären an der Macht, dabei waren sie nur an der Regierung» – bringt dieses Missverständnis auf den Punkt. Für Gramsci läßt sich die Stabilität der kapitalistisch-bürgerlichen Staaten dagegen darauf zurückführen, dass sich diese nicht zentral von ihrer repressiven Seite her bestimmen lassen. Vielmehr sind sie mit «Zwang gepanzerte Hegemonie». Die Hegemonie wird auf dem Terrain des erweiterten Staates, den Institutionen der Zivilgesellschaft erworben. Dies unterschied Russland von den westeuropäischen Staaten. In Russland konnte die Macht in einem «Bewegungskrieg» erobert werden. Sowohl die repressiven als auch die ideologischen Staatsapparate des Zarenreichs waren zusammengebrochen oder befanden sich in Auflösung. Mit der Parole «Brot und Friede» konnten die Bolschewiki ihrerseits die Unterstützung der Bevölkerung erringen. Hingegen war die Macht der hegemonialen Kräfte im Westen durch ein festes System von ideologischen «Schützengräben» abgesichert. Hier herrschte ein langwieriger «Stellungskrieg» vor.

Die Analysen von Gramsci haben den Vorteil, dass sie den Staat nicht normativ an dem von ihm selbst postulierten Idealen messen. Ebensowenig definieren sie den Staat bzw. die Politik abstrakt als das Gegenüber der Ökonomie. Vielmehr begreift Gramsci den Staat in seiner Widersprüchlichkeit als Terrain und als Akteur im Kampf um die gesellschaftliche Hegemonie. An ihn schließen Althusser und Poulantzas an, der den Staat als spezifische Verdichtung eines Kräfteverhältnisses begreift. Wie sich dieses Kräfteverhältnis bestimmt, läßt sich nur konkret und nicht definitorisch fassen.

So verfährt aber die normative Zivilgesellschaftsdebatte der 90er Jahre. Ungeachtet ihrer jeweiligen Definition von Zivilgesellschaft ist all diesen Debatten gemein, dass sie die Interessen von und die Kräfteverhältnisse zwischen den gesellschaftlichen Akteuren ausklammern. Oft wird die Zivilgesellschaft als der Raum betrachtet, der zwischen dem System «Ökonomie» und dem System «Politik» liegt. Diese Systeme haben sich angeblich verselbstständigt und können nicht mehr miteinander kommunizieren. Die Zivilgesellschaft fungiert deshalb in diesen Vorstellungen als Übersetzer oder als Moderator zwischen ihnen (s. Graphik). Ihre Akteure zeichnen sich dadurch aus, dass sie auf

Anmerkungen:

Q = Quangos
G = Genossenschaften
SHG = Selbsthilfegruppen

Nicht-Regierungsorganisationen
Quelle: Glagow, S. 311

ökonomische, bürokratische und mediale Machtmittel verzichten und sich nur auf die Kraft ihrer Argumente verlassen.

Als die wichtigsten Akteure der Zivilgesellschaft entwickelten sich in den 90er Jahren die Nichtregierungsorganisationen (NROs oder NGOs: Nongovernmental Organisations). Seit ihnen im Agenda-21-Dokument eine wichtige Rolle im Rio-Prozess zuerkannt wurde, feierte man sie als neuen Stern am Firmament der Politik. Die unter diesem Label geführten Gruppen zeichnen sich durch eine enorme Heterogenität aus. Darunter fallen halb- oder quasistaatliche Organisationen und karitative Verbände wie das Rote Kreuz, kirchliche Hilfsorganisationen wie Misereor oder Brot für die Welt, Menschenrechtsgruppen, Lobbyorganisationen wie Germanwatch, Gruppen wie WEED, die eine Scharnierfunktion zwischen sozialen Bewegungen und den politischen Apparaten im engeren Sinne innehaben können, bis hin zu medico international, die sich vor allem als notwendiger institutioneller Ausdruck von sozialen Bewegungen begreift. Es wäre von daher falsch, alle NGOs über einen Leisten zu scheren.

Wie aber konkrete Analysen zeigen (Brand 2000; Brunnengräber/Walk 2000), sind die meisten NGOs als Teil eines neoliberal erweiterten Staates anzusehen. Die Mehrheit der NGOs fasst den Staat als Vertreter des Gemeinwohls auf. Deshalb geht es ihnen in ihrer konkreten Politik weniger darum, Gegenmacht aufzubauen, sondern um Politikberatung durch Expertisen. Häufig verstehen sie sich selbst als Co-Eliten, die im Vorfeld staatlicher Apparate, insbesondere von Ministerien, arbeiten. Deshalb sind sie nicht per se als institutionalisierter und professionalisierter Teil sozialer Bewegungen zu begreifen. Unterschiede gibt es vor allem im grundsätzlichen Politikverständnis. «Wendet sich Protest nicht zuletzt gegen die Art und Weise, wie soziale Konflikte ausgehandelt und bearbeitet werden, (...) so bezieht sich das Kooperations- und Konfliktverständnis der meisten NRO affirmativ auf die etablierten Konfliktsysteme.» (Brand 2000, 129 ff)

Sie setzen nicht auf kollektive Erfahrungen, breite Diskussionen und entsprechende Mobilisierungen, sondern favorisieren einen «professionalisierten, reformerischen, etatistischen und kooperationsorientierten Politikstil». Ihren Pragmatismus kann man als «Liberalismus der Erschöpften» (Wolf Dieter Narr) bezeichnen. Auf die meisten NGOs trifft zu, was Matthias Greffrath treffend als «schrödersches» Politikverständnis charakterisiert hat. Für jedes Problem gibt es diesem Denken zufolge eine Lösung. Wenn es keine Lösung gibt, gibt es auch kein Problem. Wer «schrödert», schreibt er, «muß denken und verkörpern, dass kein Problem ist, wo keine Lösung winkt. Unaufhaltsam der Prozess, in dem eine Wirklichkeit, die zu korrigieren niemand die Macht spürt, nicht mehr gedacht wird.» Damit hat er aber treffend ein Politikverständnis beschrieben, das auch für viele NGOs zutrifft.

Mit den Weltkongressen erhielten die NGOs ihre offizielle Weihe (INEF 1996). Der erste dieser Kongresse, die Umweltkonferenz in Rio (UNCED) 1992, war für die NGOs von großer Bedeutung. Dort fand eine diplomatische Anerkennung der NGOs als neue Akteure auf der internationalen Bühne statt. In den Kongress-Beschlüssen, vor allem im Agenda-21-Dokument, wurde ihnen für den Rio-Prozess eine wichtige Rolle zugewiesen. Den nichtstaatlichen Organisationen soll die Möglichkeit gegeben werden, ihrer «partnerschaftlichen Rolle im Rahmen eines umweltverträglichen und nachhaltigen Entwicklungsprozesses in verantwortlicher und wirksamer Weise gerecht zu werden.» (BMU 228)

Ferner wurde empfohlen, vor Ort lokale Agenda-21-Prozesse zu initiieren, in denen sich die relevanten gesellschaftlichen Organisationen über die lokale Umsetzung der formulierten Maßnahmen verständigen sollten. Dies stieß bei vielen Gruppen auf großes Interesse. In zahlreichen Städten gründeten sich lokale Agenda-21-Initiativen. Sie hofften, an den kommunalen Politikprozessen beteiligt zu werden und darüber eine Gestaltungskraft zu erzielen, die die Interessen der sog. Dritten Welt stärker berücksichtigt. Diese dialogorientierte Politik führte zu einer Entpolitisierung. Deutlich wird dies an der veränderten Erwartungshaltung gegenüber Dachverbänden. Effiziente Beratung beim Lobbying, beim Antragswesen oder der möglichen Akquise neuer Mittel durch «social sponsoring» und durch «public-private-partnership» wurden jetzt stärker nachgefragt. Gestärkt wurden dadurch Dachverbände wie VENRO oder die Ländernetzwerke, die in «rot-grün»-regierten Bundesländern von den Landesregierungen eingerichtet wurden. Ausgestattet mit vergleichsweise großen finanziellen und personellen Ressourcen konnten sie für die lokalen Gruppen wichtige Dienstleistungsfunktionen übernehmen und die Gruppen finanziell fördern. Der BUKO, der sich vor allem als Ort linker, herrschaftskritischer Debatten versteht und von der aktiven Mitarbeit seiner Mitglieder lebt, bekam diese Entwicklung zu spüren. Deutlich wird die veränderte politische Einstellung in einer Austrittserklärung von Weltlädengruppen, in der der mangelnde Lobbyansatz des BUKO und seine fehlende Dienstleistungsfunktion kritisiert wird (Weltläden aktuell 26).

4.3 Die Karriere von Containerbegriffen: Nachhaltige Entwicklung und Global Governance

Auf dem «Erdgipfel» in Rio 1992 ging nicht nur der Stern der NGOs auf; es war auch die Geburtsstunde eines Begriffes, der die Debatten der Folgejahre nachhaltig beeinflussen sollte. Der Begriff hieß «Sustainable Development», neudeutsch: Nachhaltige Entwicklung. Im zentralen Dokument der UNCED-Konferenz, der Agenda 21, nahm er eine Schlüsselfunktion ein. Der Begriff entwickelte sich schnell zu einem Zauberwort. Seinen Reiz bezog er nicht zuletzt aus der Tatsache, dass er sich bestens als Containerbegriff eignete, in den jeder das hineinstecken konnte, was ihm gerade passte. Damit schien das Münchhausen-Problem kapitalistischer Gesellschaften gelöst zu sein: Wie sind Wachstum, Entwicklung und Fortschritt ohne Ausbeutung von Mensch und Natur und ohne Veränderung der Gesellschaft möglich? Der Begriff beschwor die mythische Einheit von Ökonomie (Entwicklung) und Ökologie (Nachhaltigkeit). Ironisch charakterisiert ein Kritiker die Beliebigkeit des Begriffes: «‹Nachhaltig›: Keine Verschwendung, keine Zerstörung, irgendwie Kreisläufe. ‹Entwicklung›: Keine Stagnation, keine Rezension, irgendwie Fortschritt. Fortschreitende Kreisläufe? Im Kreis drehender Fortschritt? Fortschritt als Weg zu Kreisläufen als Ziel. Irgendwie Unsinn. Am besten hinterfragt Mensch dieses Begriffspaar ‹Nachhaltige Entwicklung› nicht zu sehr, sondern orientiert sich an so beliebten Hilfestellungen wie: Du sollst nicht mehr Bäume fällen, als im gleichen Zeitraum nachwachsen.» (Reader 9)

Eblinghaus/Stickler führen die Attraktivität des Begriffs auf verschiedene Faktoren zurück. So vermittle er angeblich zwischen den Gegensätzen Entwicklung und Umwelt, Ökonomie und Ökologie sowie zwischen Technik und Umweltschutz. In ihm komme die angestrebte Harmonisierung vormals konfliktiver Interessensgruppen zum Ausdruck. Außerdem dokumentiere er die Lernfähigkeit der Regierungen und der Wirtschaft. Dies und die Anerkennung der tragenden Rolle der «Zivilgesellschaft» für die Implementierung von Nachhaltigkeit, die Hoffnung, jetzt schnell in Zusammenarbeit aller gesellschaftlichen Gruppen an noch zu bildenden Runden Tischen zur Lösung der Menschheitsfragen in der Einen Welt beizutragen, führte zu einer Gestaltungseuphorie und zu einem technokratischen Machbarkeitswahn auch in kritischen entwicklungs- und umweltpolitischen Kreisen. Die Abnahme von Gesellschaftskritik und die Zunahme von Gutgläubigkeit verlief umgekehrt exponentiell.

Im Nachhaltigkeitsdiskurs konnte das Blaue vom Himmel versprochen werden: Es wurde bereitwillig geglaubt. Der unkritische Bezug auf das Agenda-21-Dokument kann nur damit erklärt werden, dass das Gefühl, endlich etwas bewegen zu können, übermächtig geworden ist und alle Zweifel zerstreuen ließ. Denn aus dem Wortlaut des Dokuments lassen sich diese Hoffnungen nicht herleiten. Es ist ein Plädoyer für mehr Freihandel und mehr kapitalistische Marktwirtschaft; den transnationalen Konzernen wird eine wichtige Rolle bei der Durchsetzung nachhaltiger Entwicklung zugeschrieben; Atomenergie und Gentechnologie werden unkritisch abgehandelt; soziale Mindeststandards werden ebensowenig gefordert wie die Reduzierung des internationalen Rüstungshandels. Ralf Strobach vom BBU kommt deshalb zu dem Schluss, dass «die Inhalte der Agenda 21 wesentlich kritischer zu sehen (sind), als das in den meisten Diskussionen um die Agenda geschieht. Oft wird sie als das Aktionsprogramm für das 21. Jahrhundert bezeichnet. (...) Gleichwohl kann der kleinste gemeinsame Nenner von 179 Staats- und Regierungschefs kein ideales Handlungsziel der bundesdeutschen umwelt- und entwicklungspolitisch engagierten Gruppen und Verbände sein. Die Handlungsperspektiven der Agenda 21 sind vornehmlich technisch orientiert und stellen weitestgehend eine Fortsetzung der gegenwärtigen industrieländerorientierten Weltordnung dar.» (Reader 22)

Dies konnte jedoch die Mehrheit der AktivistInnen nicht davon abhalten, sich fast euphorisch auf dieses Dokument zu beziehen. In einer Reihe von Ländern wurden Nachfolgestudien initiiert, in denen der abstrakte Nachhaltigkeitsdiskurs auf eine operative Ebene transformiert werden sollte. Auch die deutsche Variante, die vom «Wuppertal Institut für Klima, Umwelt und Energie» im Auftrag von Misereor und BUND erstellt wurde, sorgte unter dem Namen «Zukunftsfähiges Deutschland» für Furore. Effizienz und Suffizienz lauteten die Schlagworte, mit denen zum ersten Mal die Quadratur des Kreises gelingen sollte: Doppelter Wohlstand bei halbiertem Verbrauch. Vom BUKO wurde der Nachhaltigkeitsdiskurs als Beispiel für die Modernisierung von Herrschaftsmechanismen interpretiert. Wer sich an diesem Diskurs beteilige, lande deshalb in der «Ökofalle». «In der Welt des Wuppertal-Instituts gibt es nur Gewinner, und alle haben letztendlich das gleiche Ziel. Es ist zwar noch viel Unvernunft in der Welt, aber zukünftig fast überall Konsens und nur wenig Konflikt. Die ‹ Ökofalle› äußert sich auch darin, in der Ökologie an sich etwas Positives zu sehen. Was nützt uns aber eine ökologische und nachhaltige Gesellschaft, die sich trotzdem nach rassistischen und sexistischen Kriterien strukturiert? Wer ein Papier vorlegt, in dem steht, die Welt müsse um 300% gerechter werden, erntet Gelächter. Wer schreibt, die Welt müsse um Faktor 10 ökologischer werden, dem wird raunendes Nicken zuteil» (Spehr/Stickler 216).

Heute, zehn Jahre nach der Rio-Konferenz, ist von der Aufbruchstimmung fast nichts mehr geblieben. Die «Erfolgsbilanz» fällt mehr als ernüchternd aus. Der Nachhaltigkeitsdiskurs erweist sich immer mehr als das, was er immer schon war: als der Wunsch zum Selbstbetrug vieler AktivistInnen, die mit ihrer gesellschaftlichen Randstellung unzufrieden waren. Das Scheitern des Rio-Prozesses können deshalb «nur noch jene übersehen, die (Öko-)Tomaten auf den Augen haben», schreibt die Redaktion der iz3w in der Ausgabe vom März 2002 (20). «Selbst gemessen an den ohnehin bescheidenen Zielvorgaben ist kaum etwas erreicht worden. (...) Der vorherrschende sozialtechnokratische, auf globale Steuerung setzende Nachhaltigkeitsansatz ist – gemessen an den selbstgesetzten Zielen – mindestens um den ‹Faktor vier› naiver, als man es den Ökofreaks der 70er/80er Jahre samt ihrer Verzichtsethik nachsagen kann. Selten durften sich KritikerInnen so bestätigt fühlen, wie jene, die Mitte der 90er Jahre anlässlich der Studie ‹Zukunftsfähiges Deutschland› den dominanten Nachhaltigkeitsdiskurs demontierten.»

Nach der Rio-Konferenz wurde mit «kategorialem Gebrüll» (Lothar Hack) neben der Nachhaltigkeit eine weitere Sau durchs Dorf getrieben. Ihr Name: Global Governance. Eine treffende deutsche Übersetzung für diesen Begriff gibt es nicht. Man kann ihn vielleicht mit Weltordnungs- oder Weltstrukturpolitik übersetzen. Popularisiert wurde der Begriff durch die von Willy Brandt initiierte «Commission on Global Governance». Im Kern geht es dabei um die Frage nach dem Verhältnis von wirtschaftlicher Globalisierung und der Rolle der Staaten in diesem Prozess. Die Verfechter des Global-Governance-Diskurses gehen davon aus, dass sich die Wirtschaft im Rahmen des Globalisierungsdiskurses gegenüber der Staatenwelt verselbstständigt habe und «die Politik» sich deshalb vor neue Aufgaben gestellt sieht.

Was heißt das? Am besten nähert man sich diesem Begriff über die Elemente, die ihn auszeichnen. So definieren Messner/Nuscheler Global Governance (GG) als «Herrschaft des Völkerrechts und einer globalen Verantwortungsethik» (19). GG bedeute zweitens die «Verdichtung der internationalen Zusammenarbeit durch internationale Regime mit verbindlichen Kooperationsregeln, die auf eine Verrechtlichung der internationalen Kooperation abzielen». Und schließlich meine GG das «Bewusstwerden gemeinsamer Überlebensinteressen» und stehe «für eine Interessen- und Außenpolitik, die sich normativ an einem Weltgemeinwohl orientiert.» Wer dieses

«Weltgemeinwohl» definiert und durchsetzt, bleibt offen. Fest stehe nur, dass dies nicht mehr im Rahmen der alten «Staatenwelt» verwirklicht werden könne, denn diese ist durch den Globalisierungsprozess unterminiert worden. Die Staatenwelt müsse deshalb in Zukunft aus aufgeklärtem Eigeninteresse akzeptieren, dass sie ihre Definitions- und Regulationsmacht mit anderen Akteuren teilen müsse. Denn die Globalisierung verändere Handel, Finanzen, Arbeit, Umwelt usw. – und nicht zuletzt auch die Handlungsspielräume von Staaten, so Messner und Nuscheler. «Die Vermehrung und Verdichtung grenzüberschreitender Interaktionen haben alle Staaten und Gesellschaften in ein komplexes System wechselseitiger Abhängigkeiten verwickelt. Die Grenzen und Möglichkeiten von Politik müssen vor diesem Hintergrund an der Schwelle zum 21. Jahrhundert neu bestimmt werden.»

Auffallend an dieser Situationsbeschreibung ist die dichotome Entgegensetzung von Globalisierung und der «Politik». Die Politik scheint dem Globalisierungsprozess hilflos ausgeliefert zu sein. «In der Weltmarktwirtschaft vertiefen sich die globalen Verflechtungen (...) und sie funktioniert nach Regeln, die sich weitgehend politischer Kontrolle entziehen, wie die Finanzminister der G 7 auf dem Gipfel von Halifax (Juni 1995) besorgt feststellten.» Die Frage der Regierbarkeit sei deshalb «zum zentralen Problem der Welt» geworden. Die Erosion nationalstaatlicher Problemlösungs- und Steuerungsfähigkeit führe zu einer «Misere der Politik», die den demokratischen Staaten die Legitimation zu entziehen drohe. Wenn aber «der Nationalstaat drängende Probleme nicht mehr lösen» könne, weil diese sich seinem Kompetenzbereich entziehen, und die weitgehend deregulierte Weltmarktwirtschaft weder demokratische Kontrolle noch soziale oder ökologische Rücksichtnahmen kennt, müßte er aus aufgeklärtem Eigeninteresse nach einem Ordnungsmodell suchen, das ihm durch den Verzicht auf fiktiv gewordene Souveränitätsansprüche Handlungskompetenz zurückzugewinnen verspricht. Hier bieten sich für Messner und Nuscheler vor allem die Nichtregierungsorganisationen als Korrekturinstanz an. Diese würden zwar an «den Katzentischen der Konferenzräume» (24) sitzen, würden aber von den Regierungen «in einen intensiven Konsultationsprozess einbezogen, weil sie nicht nur über Sachkompetenz verfügen, sondern auch artikulationsfähige gesellschaftliche Gruppen repräsentieren». In der Welt der «geteilten Souveränitäten» wachsen dem Staat neue Aufgaben zu. Messner/Nuscheler sehen ihn in der Rolle des «Interdependenzmanagers», der zwischen den sich überlagernden Politikfeldern und den gesellschaftlichen Akteuren moderiert, neue gesellschaftliche «Such- und Lernprozesse initiiert, forciert und überwacht». Der neue Staat sei somit eine gesellschaftliche Integrationsinstanz, die den zentrifugalen Kräften entgegenwirkt. In der ganzen Beschreibung von Interaktionsmustern und komplexen Systemen wechselseitiger Abhängigkeiten scheint es keine handelnden Akteure auf Seiten «der Politik» mehr zu geben. Sie ist in dieser Sicht Opfer eines anonymen Globalisierungsprozesses.

Bei der These, «die Politik» stehe dem Globalisierungsprozess hilflos gegenüber, handelt es sich um ein Ammenmärchen. Globalisierung ist kein automatischer Prozess, der irgendwo da draußen stattfindet. Sie ist vielmehr das Ergebnis von sozialen Auseinandersetzungen und Kräfteverhältnissen. Die Regierungen selbst haben seit der Krise des keynesianisch-fordistischen Sicherheitsstaates in den 80er Jahren den Globalisierungsprozess mit einer Vielzahl von Verordnungen, Gesetzen und sonstigen Regulierungsmaßnahmen gesteuert, koordiniert und beeinflusst. Ein zentrales Element neben der Deregulierung ökonomischer Beschränkungen für die transnationalen Kapitale, wie sie etwa innerhalb der WTO durchgesetzt werden, ist die Regulierung der Migrations- und Flüchtlingsströme. Hier haben die europäischen Länder im Allgemeinen und die BRD im Besonderen ein gestaffeltes System von Zugangsbarrieren errichtet. Dazu gehören ein fast undurchlässiges Grenzregime an den EU-Außengrenzen, die nicht zuletzt militärische Unterbindung von Flüchtlingsströmen im Gefolge von Kriegen wie in Jugoslawien, die Asylgesetzgebung, aber auch Maßnahmen wie die Green-Card. Diese Politik folgt nicht Menschenrechtserfordernissen, sondern der kategorische Imperativ heißt ökonomische Verwertbarkeit. «Die Politik» in Form der Staaten ist also aktiver Teil der Globalisierungsprozesse und steht nicht der Ökonomie hilflos gegenüber. Ebenso falsch ist die Behauptung, «mit der Globalisierung von Wirtschaft sowie Kommunikations- und Transportsystemen» würden sich «auch Fehlentwicklungen wie Arbeitslosigkeit, Armut, Kriminalität, Drogen, Umweltzerstörungen» internationalisieren. All diese Elemente waren ebenso wie Kriege immer schon Teil kapitalistischer Gesellschaften.

4.4 Mit Habermas und Arendt für Lobbypolitik – Die Erotisierung der Langeweile

Mit dem fast vollständigen Zusammenbruch der sozialen Bewegungen und der Institutionalisierung der NGOs zu Beginn der 90er Jahre setzte sich die Lobbypolitik als strategische Handlungsoption durch. Unter Lobbypolitik verstehe ich im Folgenden ein Politikverständnis, das nicht mehr den gesellschaftlichen Druck sozialer Bewegungen als zentral für Veränderungen begreift. Stattdessen wird in Lobbygesprächen mit VertreterInnen von Politik und Wirtschaft der strategische Hebel für eine emanzipatorische Entwicklungspolitik gesehen.16 Der Lobbyansatz ist eine Politikform, die von den NGOs in den USA seit Jahrzehnten praktiziert wurde (Unmüßig 1989). Am Anfang der 90er Jahre wurde er – vor dem Hintergrund der Krise der DWB – zunächst mit großem Erfolg in der BRD eingeführt.

Die Bedeutung des Lobbyismus ist nur vor dem Hintergrund des Epochenbruchs von 1989 zu verstehen. Er macht sich die seit dieser Zeit gängige These zu eigen, dass eine grundsätzliche Alternative zum Kapitalismus nicht mehr möglich ist, und verzichtet vor diesem Hintergrund auf eine umfassende Macht- und Herrschaftskritik. Stattdessen geht es «um kleine Schritte, nicht um endgültige Lösungen» (vgl. im Folgenden «Lobbyhandbuch» von Germanwatch). Denn mit solch einer Kritik findet man «Gehör nur bei den ohnehin Überzeugten, nicht bei der entscheidenden Zielgruppe und wird sich deshalb wegen Erfolglosigkeit selbst frustrieren». Als entscheidende Zielgruppe werden die VertreterInnen von Politik, Wirtschaft und Verbänden ausgemacht. Diese werden jetzt als Gesprächspartner und nicht mehr als Gegner und Repräsentanten ungerechter politischer und ökonomischer Verhältnisse wahrgenommen. Deshalb darf für den Lobbyisten «die eigene Organisation nicht als verlängerter Arm der politischen Gegner der Zielgruppe auftreten oder so eingeschätzt werden». Zwischen den Vertretern der Zielgruppe und den Lobbyisten herrscht ein Verhältnis von «gegenseitigem Geben und Nehmen». Auch für einen Vertreter «dieser Zielgruppen muss sich der Kontakt insoweit lohnen, als seine Informationslücken gefüllt werden, er einen Informationsvorsprung gewinnt oder seine Position in der Öffentlichkeit gestärkt wird».

Dem Lobbyismus geht es um die schrittweise Verbesserung innerhalb der herrschenden Ordnung. Eine darüber hinausgehende emanzipatorische Perspektive weist er nicht auf. Im Vordergrund der politischen Wirkung steht die mediale Präsenz und weniger die Verankerung und Vermittlung von Inhalten in der «Bewegung».

Ziel ist nicht, die Profitlogik in Frage zu stellen. Im Gegenteil: Diese wird als Hebel und Anreiz gesehen, die Welt zu verbessern. «Die Industrie hat natürlich kein Interesse daran, mitzumachen, wenn sie den Eindruck hat, dass sie auf der Anklagebank Platz nehmen soll», so der Soziologe Renn in der FR vom 6.7.99. Unterstellt wird dabei, dass es so etwas wie eine Win-win-Situation geben könne, also eine Situation, in der es nur Profiteure gibt. Wenn etwa sich die deutsche Exportwirtschaft auf den Export von hochproduktiven, ökologisch sinnvollen Industrieprodukten konzentrieren würde, gäbe es nur Sieger: Die Industrie könnte mehr exportieren und höhere Gewinne erzielen; neue Arbeitsplätze könnten geschaffen und somit die Arbeitslosigkeit abgebaut werden. Die sog. Dritte Welt profitiert durch den Transfer von Know-how und die gesamte Menschheit profitiert durch eine geringere Umweltbelastung. Die Formel dieser Münchhauseniade lautet auch hier wieder: «Faktor Vier» (so der Titel eines Erfolgsbuches von Ernst Ulrich von Weizsäcker und Amory B. Lovins): doppelter Wohlstand bei halbiertem Verbrauch.

Auch in der Erlassjahrkampagne, bei der es um die begrenzte Entschuldung von hochverschuldeten Ländern ging, wurde ähnlich argumentiert. Das zentrale Argument lautete hier: Schuldenbumerang. Wenn die Schulden nicht auf ein tragfähiges Niveau zusammengestrichen werden, verlieren alle. Denn die deutschen Banken können keinen Profit mehr erwirtschaften, da sie einem überschuldeten Land wegen der drohenden Zahlungsunfähigkeit keinen Kredit gewähren. Gefahr in Verzug besteht auch «durch den Verlust von Exportmärkten für unsere Industrie». Schließlich lauern überall die Gefahren des Schuldenbumerangs, «die früher oder später auch uns (treffen): durch Drogenhandel, Klimaveränderungen, Flüchtlinge» (Zitate aus dem zentralen Kampagnen-Flugblatt). Mit dieser an Rassismus grenzenden, zumindest aber wohlstandschauvinistischen Argumentation wollte die Kampagne möglichst viele Menschen zur Unterschrift unter den Aufruf bewegen. Die schiere Masse an Unterschriften war das entscheidende Kriterium. Deshalb zeichnete sie sich durch einen Diskurs der strikten Ausgewogenheit aus. Die Verantwortung für den untragbar

Es ist viel zu tun . . .

hohen Schuldenstand liegt demnach «nicht nur bei den Schuldnern, sondern bei Schuldnern und Gläubigern». Die Bedeutung von Kolonialismus und Imperialismus für die ungerechten Weltwirtschaftsstrukturen wird völlig ausgeblendet. Deshalb wurde die Erlassjahrkampagne von Jubilee-South, einem Netzwerk von Organisationen aus dem Süden scharf kritisiert. Insbesondere kritisierte Jubilee-South, dass die Erlassjahrkampagne die Legitimität der Schulden implizit anerkannt habe. Da dies ohne Zustimmung der Süd-Organisationen erfolgt sei, drücke sich darin ein paternalistisches Politikverständnis der Nord-Initiativen aus.

Die Argumentationsfigur, in deren Namen solche Vorschläge unterbreitet werden, heißt «das wohlverstandene Interesse». Wir wollen euch nichts Böses tun, sondern nur euer Bestes, lautet die Botschaft des Lobbyismus. Der Lobbyist argumentiert als ideeller Gesamtbürger, der die Interessen aller im Auge hat. Unterstellt wird, dass ein Unternehmer – wenn er alle Argumente kennen würde – genauso handeln würde, wie es der Lobbyist und NRO-Experte unterstellt. Dieser appelliert an die Einsichtsfähigkeit des aufgeklärten Unternehmers und Politikers, der kraft des besseren Arguments von einer anderen Politik überzeugt werden kann.

Der symbolische Raum, in dem diese Argumente aufeinanderstoßen, ist die Zivilgesellschaft. Hier treffen sich die Vertreter der unterschiedlichen gesellschaftlichen Kräfte als Gleiche unter Gleichen an einem fiktiven oder realen runden Tisch und ermitteln in einem herrschaftsfreien Diskurs die beste Handlungsalternative.

Geistesgeschichtlich knüpft der Lobbyismus an die rationalistischen und eurozentrisch-universalistischen Vorstellungen von Aufklärung und Fortschritt aus dem 18. Jahrhundert an. Diese Vorstellungen beinhalten drei zentrale Elemente: Es gibt auf jede Frage eine und nur eine wahre Antwort; es gibt nur einen Weg, die Wahrheit vernünftig zu erreichen; die Lösungen sind allgemein gültig, überall und für alle Menschen wahr (vgl. Berlin). Lobbyismus ist somit eine Metapher für das «Es werde Licht» der Aufklärung. Das «bessere Argument» ist dabei der Lichtschalter, den man nur anknipsen muss und schon erstrahlt die Welt in neuem Glanze.

Aber die dem Lobby- und Expertendiskurs inhärente Vorstellung, dass das «bessere Argument» zu einer Änderung der Politik führt, ist bestenfalls naiv. Statt Herrschaftskritik zu üben, wird Detailwissen aufgehäuft. Vor lauter Bäumen sehen die LobbyistInnen den Wald nicht mehr, der Blick für die strukturellen Zusammenhänge von Macht und Ausbeutung geht verloren (Ebermann/Trampert).

Das bevorzugte Terrain des Lobbyismus ist der Verhandlungssaal. Straßenmobilisierungen werden oft mit Skepsis betrachtet. In den Verhaltensweisen und im Habitus führt dies in der Regel zu einer Angleichung an die herrschenden Politikformen. Mit ihnen hat definitiv die «Erotisierung der Langeweile» Einzug in die «Eine Welt» erhalten. Die gesuchte Nähe zu den RepräsentantInnen in Politik und Wirtschaft hat oft die Übernahme von bzw. Verständnis für die Positionen der herrschenden Institutionen zur Folge, die im Gegenzug die angebliche Bedeutung der Lobbyorganisationen betonen. Im Rahmen des Schuldenreduzierungsprogramms (HIPC II) für die ärmsten Staaten konnte WEED-Mitarbeiter Peter Wahl folgenden Mechanismus feststellen: Infolge der Schmeicheleien entwickelten viele NGOs Verständnis für die Position der Weltbank. Sie übernahmen deren Konzept der «tragfähigen Schulden» und strichen weitergehende Forderungen, so dass sich die Position der Kampagne «nur noch in den quantitativen Nuancen von der Weltbankposition unterschied» (Wahl 2001, 128 ff). Die Lobby-Organisationen sind deshalb nicht per se die intellektuellen Zulieferer für die Straße und das professionelle Pendant zu sozialen Bewegungen, die sich gegenseitig wunderbar ergänzen. In Einzelfällen ist dies durchaus möglich. In der Regel stehen sie aber in einem Konkurrenzverhältnis.

4.4.1 Habermas oder der zwanglose Zwang des besseren Arguments

Der theoretische Gewährsmann all dieser Ansätze ist Jürgen Habermas mit seiner konsensorientierten Diskurstheorie. Habermas ist ohne Nietzsche nicht zu verstehen. Nietzsche hatte die Leitbegriffe der westlichen Moderne wie Wahrheit, Vernunft, Fortschritt, Ursprung, Universalismus, Einheit und Identität einer Fundamentalkritik unterzogen. Sie seien nichts weiter als sprachliche Verbrämungen für den Willen zur Macht. Nietzsches Diktum, dass «Gott tot sei», bezieht sich nicht nur auf die landläufigen Gottesvorstellungen, sondern auch auf die Mythen der Moderne. Dies will Habermas nicht akzeptieren und versucht, den seit Nietzsche zerrissenen Ariadnefaden zur Vernunft erneut zu knüpfen und das universalistische Projekt der Moderne und der Aufklärung wieder zu beleben. Allerdings ist dies für Habermas nicht mehr durch einen ungebrochenen Rückgriff auf eine Philosophie des autonomen Subjekts möglich. Begriffe wie Vernunft und Wahrheit lassen sich nicht mehr auf Grund reiner Erkenntnis gewinnen. Die Intersubjektivität als Faktum menschlicher Existenz muss anerkannt werden und ihren philosophischen Niederschlag in der Bestimmung von Wahrheit, Vernunft, Moral etc. finden. Die kantianische Fragestellung nach den Bedingungen der Möglichkeit von Erkenntnis transformiert Habermas in die Frage nach den Bedingungen der Möglichkeit herrschaftsfreier und somit vernünftiger Kommunikation. Welche Elemente (Universalien) werden dabei immer schon (transzendental) in Anspruch genommen, wenn wir sprachlich handeln (Pragmatik)? Dies ist zusammengefasst die Fragestellung in Habermas' transzendentaler Universalpragmatik.

Dabei spielt die Sprache eine alles überragende Rolle, denn eine intersubjektive Verständigung ist primär im Medium sprachlicher Kommunikation möglich. Bewusstsein läßt sich nicht von Sprache trennen. Damit vollzieht Habermas den «linguistic turn» nach, der zum entscheidenden Charakteristikum der Philosophie des 20. Jahrhunderts geworden ist. Zur Begründung seiner sprachphilosophischen Moral- und Vernunfttheorie bedient sich Habermas der Sprechakttheorie von Austin und Searle. Die Grundfrage lautet: Welche Bedingungen müssen für eine vernünftige Kommunikation erfüllt sein? Der Ort, wo dies möglich ist, ist für Habermas die Lebenswelt, da dort immer schon die kommunikative Vernunft vorherrscht, im Gegensatz zum «System» mit seiner instrumentellen Vernunft der Zweck-Mittel-Beziehung (Profit oder Macht). Das Medium der kommunikativen Vernunft ist die Sprache. Ihr Ziel ist Habermas zufolge auf die intersubjektive Verständigung ausgerichtet. «Der verständigungsorientierte Sprachgebrauch (ist) der Originalmodus», zu dem sich alle anderen Formen «parasitär» verhalten. Sollte in der Alltagskommunikation der Prozess der Verständigung scheitern, muß eine Ebene höher neu angesetzt werden, auf der dann die Geltungsansprüche der Kommunikationsteilnehmer überprüft werden. Im Anschluß an die literarische Gattung der Aufklärung, dem «discours», bezeichnet Habermas diese Ebene als die Ebene des Diskurses. Der habermassche Diskurs, der sich vom Diskursbegriff Foucaults (s.u.) grundlegend unterscheidet, zeichnet sich durch gleichberechtigten Zugang und Chancen all seiner Teilnehmer aus. Habermas konstruiert somit eine ideale Sprechsituation, die auf die Erreichung eines rational motivierten Einverständnisses abzielt, das auf Grund des «eigentümlich zwanglosen Zwangs des besseren Arguments im Diskurs" zustande kommt. Damit es soweit kommt, müssen die Geltungsbedingungen der propositionalen Wahrheit, der subjektiven Wahrhaftigkeit, der moralischen Richtigkeit und der Verständlichkeit erfüllt sein, die in den einzelnen Teilen eines Sprechakts beansprucht werden.

Habermas ist wie die Lobbyisten von der Möglichkeit eines endgültigen Konsenses, der durch den «zwanglosen Zwang des besseren Argumentes» hergestellt wird, so fasziniert, dass er die strukturellen Bedingungen des Scheiterns von Kommunikation gar nicht in sein Blickfeld bekommen kann. «Der politische Streit würde seinen deliberativen Charakter einbüßen und zum ausschließlich strategischen Machtkampf degenerieren, wenn die Beteiligten nicht auch (...) davon ausgehen würden, dass die strittigen politischen und rechtlichen Probleme eine ‹richtige› Lösung finden könnten. Ohne die Orientierung am Ziel einer durch Gründe auszuweisenden Problemlösung wüssten die Teilnehmer gar nicht, wonach sie suchen sollten.» Richtig daran ist, dass Menschen, wenn sie miteinander kommunizieren, tatsächlich diese Geltungsbedingungen unterstellen. Was aber bei Habermas unberücksichtigt bleibt, ist der Umstand, dass es in einem kommunikativen Raum unterschiedliche Sprechorte gibt, die durch strukturelle Barrieren ausgezeichnet sind. Die Geltungsbedingungen sind nur im Kontext der jeweiligen Sprechorte gültig. Hier setzte auch die Kritik an Habermas an. Die Annahme, es gäbe einen «Originalmodus» der Sprache, bleibt noch ganz der traditionellen Ursprungs- und Identitätsphilosophie verhaftet. In diesem Sinne bleibt Habermas Hegelianer. Dagegen ist für Lyotard der gelungene Sprechakt nur ein Sonderfall von vielen möglichen, gleichberechtigten Sprachspielen, die alle ihren eigenen Regeln folgen. Es gibt keine Hierarchie von Sprachspielen und Sprechakten. Diese liegen vielmehr miteinander und unvereinbar im Widerstreit. Auch für Bourdieu gibt es keine letztendliche Versöhnung der Sprachspiele im habermasschen Diskurs. Doch Habermas kann sich mit einer solchen Position nicht anfreunden. Ganz im Sinne eines rationalistischen Fortschrittsdenkens stellen sich die unterschiedlichen Sprechorte als ein «Noch-Nicht» im Hinblick auf den idealen und universalen Sprechort dar. Wir müssen eben nur mehr miteinander reden, dann finden sich schon «gute Gründe», die einer Kritik des Hörers am Geltungsanspruch der eigenen Rede standhalten. Die kontrafaktische Unterstellung einer idealen Sprachsituation ist also ein Vorgriff auf eine utopische Zukunft, die aber heute schon wirksam werden kann.

Aber Habermas kann den Ariadnefaden der Einheit der Vernunft nicht mehr wirklich knüpfen. Damit seine Diskurstheorie funktioniert, muss er eine Reihe von Voramahmen treffen, die all das ausschließen, was seiner Theorie widerspricht. Sie ist zirkulär und erinnert an die «Ceteris-Paribus-Klausel» der ökonomischen Markttheorie, in der immer alle konkreten Bestimmungen von Raum und Zeit ausgeblendet werden, damit es zu einem Marktgleichgewicht kommt. Der Kritik von Hauck an Habermas ist deshalb zuzustimmen: «Produktionsverhältnisse oder Interessen spielen in dem ganzen Kalkül keine Rolle.» Auch Wolfgang Welsch (1996, 136 f) kritisiert das Ausblenden von Interessen bei Habermas: «Die Durchdringungen [der Streitpunkte, Anm. J.H.], auf die Habermas setzt, führen vielmehr zu Widerspruch, Bestreitung und Auseinandersetzung. Dass ein harmonisches Gleichgewicht einträte, ist gerade nicht zu erwarten – und nicht zu unterstellen. [...] Habermas folgt insgesamt Vorstellungen des Ausgleichs und der Harmonie, deshalb setzt er allenthalben auf Gleichgewicht und Kohärenz. [...] Die Möglichkeit letzter Dissense (soll) ferngehalten und statt dessen ein Ideal des Konsenses (durch Verständigung), der Kommunikation (der Vernunftmomente), des Gleichgewichts (der Geltungsaspekte), der Kohärenz von Theoriefragmenten verfolgt werden.» All das, was Habermas theoretisch entwickelt, wird im Diskurs des Lobbyismus unterstellt, dessen zentrales Argument eben auch der «zwanglose Zwang des besseren Arguments» ist.[17]

4.4.2 Hannah Arendt – die radikale Geistesaristokratin

Ist Gramsci der Repräsentant eines hegemonietheoretischen Zivilgesellschaftsbegriffs, so greifen VertreterInnen eines normativen Zivilgesellschaftsbegriffs neben Habermas vor allem auf die Texte von Hannah Arendt zurück. In der deutschen Debatte waren es insbesondere die Arbeiten von Deppe, Dubiel, Rödel und Frankenberg, die Elemente ihrer politischen Philosophie bekannt machten. Vor allem in den Bürgerbewegungen Osteuropas der 80er Jahren sahen diese eine praktische Bestätigung von Hannah Arendts Begriff der «civil society». Vermittelt über die osteuropäischen Bürgerbewegungen und die Totalitarismusdebatten der 90er Jahren kam es auch in Deutschland zu einer erstaunlichen Rezeptionswelle von Hannah Arendts Werken. Becker vermeint sogar eine «regelrechte Arendt-Industrie» zu erkennen. Erstaunlich ist die Spannweite der politischen Spektren, die sich auf die eine oder andere Weise positiv auf Hannah Arendt beziehen. Sie reicht von klerikalkonservativen Kräften in der Tradition Eric Voegelins über Sozialliberale wie Habermas bis hin zu Linksradikalen wie Klaus Thörner. Und alle finden in Arendts Werk Anknüpfungspunkte für ihre spezifische Arendt-Rezeption. Dies gilt auch für die VertreterInnen einer normativen Zivilgesellschaftsdiskussion, die in den Diskursen der NGOs und im Lobbyismus hegemonial ist. Wie sind diese unterschiedlichen Anknüpfungspunkte möglich?

Auf den ersten Blick erscheint Arendts Werk sehr ambivalent. Sie verteidigt zum einen Formen zivilen Ungehorsams, vertritt zum anderen ein spezifisches Modell eines Rätesystems, das sie ansatzweise in den israelischen Kibuzzim verwirklicht sieht. Sie schwärmt von einem radikalen Republikanismus. Das sind die Elemente, auf die sich gerne die Linken beziehen. Sie hat aber auch eine andere, bei den Arendt-Linken gerne verschwiegene Seite. Ihr Politikverständnis zeichnet sich durch einen massiven Eurozentrismus aus, der rassistischen Anschauungen nahekommt. So äußert sie ihr Mitgefühl mit den rassistischen Buren in Afrika: «In ihnen lebt vermutlich noch heute der erste grauenhafte Schrecken (...) vor den Menschen Afrikas – die tiefe Angst vor einem fast ins Tierhafte, nämlich wirklich ins Rassische degenerierten Volk, das trotz seiner absoluten Fremdheit zweifellos eine Spezies des *homo sapiens* war. Denn was auch immer die Menschheit an Schrecken vor wilden barbarischen Stämmen gekannt hat, das grundsätzliche Entsetzen, das den europäischen Menschen befiel, als er Neger (...) kennenlernte, hat nirgends seinesgleichen. Es ist das Grauen vor der Tatsache, dass auch dies noch Menschen sind, und die diesem Grauen unmittelbar folgende Entscheidung, dass solche ‹ Menschen› keinesfalls unseresgleichen sein durften. (...) Wirkliche Rassen (...) scheinen auf der Erde nur in Afrika und Australien vorgekommen zu sein; sie sind bis heute die einzigen ganz geschichts- und tatenlosen Menschen, von denen wir wissen. (...) Was sie von den anderen Völkern unterschied, war nicht die Hautfarbe; was sie auch physisch erschreckend und abstoßend machte, war die katastrophale (...) Zugehörigkeit zur Natur, der sie keine menschliche Welt entgegensetzen konnten. (...) Das Unwirkliche liegt darin, dass sie Menschen sind und doch der dem Menschen eigenen Realität ganz und gar ermangeln. Es ist diese mit ihrer Weltlosigkeit gegebene Unwirklichkeit der Eingeborenenstämme, die zu den furchtbar mörderischen Vernichtungen und zur völligen Gesetzlosigkeit in Afrika verführt hat» (EU 322 f).

Die Metzeleien, die die Europäer in Afrika vollbracht haben, führt sie auf die Anpassung der Europäer an die afrikanische Tradition zurück. Denn die «Ausrottung feindlicher Stämme war von eh und je das Gesetz afrikanischer Eingeborenenkriege» (324). Hier kommt eine Verherrlichung der europäischen politischen Tradition zum Vorschein, die mit der realen Geschichte nichts zu tun hat. Dieser Zug begegnet uns wieder bei der Einschätzung von Nationalsozialismus und Faschismus, die ihrer Meinung nach der europäischen Tradition fremd sind.

Wie passen diese scheinbar divergenten Elemente zusammen? Und welche Rolle spielt dabei der normative Zivilgesellschaftsbegriff? Arendts Positionen sind nur vor dem Hintergrund ihres von Aristoteles beeinflussten, sehr pathetischen Begriffs des Politischen zu verstehen. Auf Grund dieses Politikbegriffes tritt sie für eine rigide Beschränkung des Wahlrechts auf die politisch Aktiven ein, klammert das Soziale aus dem Bereich des Politischen aus, erkennt in dem braven Familienvater den großen Verbrecher des 20. Jahrhunderts, stimmt ein Loblied auf die meritokratische Politikelite an und verachtet in einer geistesaristokratischen Tradition den Konsumismus der Massen. In vielen Punkten gibt es hier Überschneidungen mit ihrem Lehrer Heidegger und ihrem Freund Jaspers.

Zentral für Hannah Arendt ist die Suche nach dem Ursprung der europäischen totalitären Systeme (Faschismus und Stalinismus), um diese bekämpfen zu können. Denn am Horizont droht bereits ein neuer Totalitarismus: die westlichen bürokratischen und konsumistischen Massengesellschaften.[18] Die Gefahr des Totalitarismus besteht darin, dass die Grenze zwischen der Sphäre des Sozialen und des Ökonomischen auf der einen Seite und der Sphäre des Politischen auf der anderen Seite eingerissen wird und das Politische vom Sozialen vereinnahmt wird. Eine ähnliche Position begegnet uns bei Habermas, wenn er die Gefahr der Kolonisierung der Lebenswelt durch das System beschreibt.

Wie kann man Arendts Position verstehen? Wie Aristoteles, dessen Lehre sie rehabilitieren will, unterscheidet Arendt scharf zwischen den Sphären von Politik (Polis) und Ökonomie/Haushalt (Oikos). Nur in der Polis findet Politik statt. Sie ist die Sphäre der Freiheit, in der die politischen Menschen intersubjektiv als Gleiche unter Gleichen handeln. Handeln ist die spezifische Weise des politischen Menschen, es ist der Streit um Positionen, wo durch den Austausch von Argumenten Macht entsteht. Die Sphäre des Politischen steht im Lichte der Öffentlichkeit, in der die Argumente ihre Mächtigkeit erweisen müssen. Nur der politische Mensch existiert in der Weise der vita activa.

Davon grenzt sie scharf die Sphäre des Oikos ab. Dies ist die Sphäre der Notwendigkeit, des Haushalts, der Reproduktion, in dem die Menschen nicht handeln, sondern nur arbeiten oder Gegenstände herstellen müssen. Während in der Polis aus dem Austausch von Argumenten zwischen Gleichen Macht entsteht, herrscht im Oikos die Gewalt, die Personen über andere ausüben. Es ist die Sphäre von Befehl und Gehorsam. Es ist auch die Sphäre der unvollständigen Menschen, der Barbaren und Frauen bei Aristoteles oder der «Neger» und sonstiger politik-

und geschichtsloser Völker bei Arendt. Bürokratie und Soziales gehören der Dunkelheit des Oikos an und haben in der Politik nichts zu suchen. Aber genau dies ist – laut Arendt – seit der Französischen Revolution immer wieder geschehen, so auch im Faschismus und Stalinismus. In diesen historischen Ereignissen oder Phasen haben unpolitische Schichten wie die Sansculotten, denen es nur um das ökonomische Überleben ging, die Sphäre des Politischen erobert. Oder es gab ein Bündnis zwischen Teilen der Eliten mit dem unpolitischen Mob. Der «Familienvater», dem es um das Überleben der Familie geht, bestimmt nun die Politik. Dieser Familienvater zeichnet sich aber durch das völlige Fehlen von Zivilcourage aus, die ein Merkmal der politisch Aktiven ist.

Mit dem Familienvater hält die «Banalität des Bösen» Einzug in die Politik. Sie sind die «Eichmänner», die brav und pflichtbewusst «nur» ihren Job ausüben: die Juden sammeln und abtransportieren; die Züge nach Auschwitz lenken; den Büro- und Verwaltungskram erledigen; den Gashahn aufdrehen und schließlich die Gaskammern wieder säubern. Nur so konnte der Faschismus funktionieren. Wenn ich es nicht getan hätte, hätte es ein anderer getan und außerdem mußte ich meine Familie ernähren, lauten die Standardargumente der Familienväter dieser Welt. Genau in dieser Argumentation liegt das Problem, lautet die Antwort von Arendt. Wer zuerst an seine Familie denkt, ist zu einem aktiven, freien und radikalen politischen Handeln nicht mehr in der Lage. Diese Leute sind erpressbar, Opportunisten und zum Kotau gegenüber jedem bereit, der ihnen Brot und Spiele verspricht. An diesen Leuten prallt die zwang- und gewaltlose Macht der Wörter und Argumente ab. Diese Leute sind nicht in der Lage, sich mutig in das Licht der Öffentlichkeit zu stellen und um ihre Positionen zu kämpfen. Die Familienväter verrichten lieber in der Dunkelheit des bürokratischen Verwaltungstraktes still, kalt, effizient und funktional ihren Auftrag, um am Abend wieder mit ihren Kindern spielen oder Beethovens Neunte anhören zu können («Alle Menschen werden Brüder...»).

Der Französischen Revolution als negatives Beispiel setzt sie die us-amerikanische Revolution als positives Beispiel entgegen. In den «town hall meetings» der Gründerväter, in denen öffentlich um Positionen gestritten wurde, sieht sie ihre Vorstellungen von Öffentlichkeit und Politik annähernd verwirklicht. Auch in den Kibuzzim und den Bügerrechtsbewegungen gegen den Rassismus in den Südstaaten entdeckte sie Ansätze ihrer Vorstellungen von einer Rätedemokratie.[19]

Die Metapher des Familienvaters meint natürlich nicht, dass jeder reale Familienvater notwendigerweise ein Opportunist ist. Genausowenig heißt dies, dass ein armer Mensch kein *homo politicus* sein kann. Arendts Position ist eine geistesaristokratische und keine abstammungs- oder vermögensaristokratische Position. Jeder Mensch kann Geistesaristokrat werden. Diese Möglichkeit besteht aufgrund der Natalität des Menschen. Allerdings ist die Leiblichkeit des Menschen, die Faktizität der Geburt, nur die Voraussetzung für die einzig wahrhaft authentische Existenzweise als *homo politicus*. Die leibliche Geburt muss ergänzt werden durch eine zweite, politische Geburt. Diesen Anfang muss aber jeder Mensch durch einen existentialen Akt selbst vollbringen. Es ist seine Entscheidung. Wer diese zweite Geburt nicht will, kann keine politische Verantwortung tragen. Also soll er auch nicht wählen dürfen. Dafür kann er sich dem Konsumismus im Oikos hingeben.

Deutlich erkennbar sind die Gemeinsamkeiten, aber auch die Unterschiede zu einem normativen Zivilgesellschaftsdiskurs, wie er von den meisten NGOs in den 90er Jahren mit dem Lobbyismus vertreten wurde. Eine Gemeinsamkeit besteht in der überragenden Bedeutung, die dem Wort, dem Argument, der Öffentlichkeit und der Kommunikation zugeschrieben werden. Die Polis wird als ein symbolisch leerer Raum vorgestellt, in dem aus dem Austausch von Argumenten Macht entsteht. Macht ist somit für Arendt das einzige menschliche Attribut, das nicht dem Menschen selbst anhaftet, sondern aus dem Zwischenraum der in der Polis intersubjektiv und argumentativ Handelnden erwächst. Hier ist aber auch ein entscheidender Unterschied zwischen Arendt auf der einen Seite und der harmonisierenden Lobbypolitik auf der anderen Seite festzuhalten. Arendt ging es um den Streit in der Polis, der mit aller Radikalität in der Argumentation ausgetragen werden mußte.[20] Dabei durfte man sich nicht vor einer absoluten Minderheitenposition scheuen. Diese radikaldemokratische und existentialistische Seite von Arendt hat viele Linke beeinflusst. In den entwicklungspolitischen Debatten ist ein weiterer Aspekt von Arendts Theorie deutlich zu erkennen: ihre dichotome Gegenüberstellung von Politik und Ökonomie. In Analysen von ATTAC oder im Global Governance Diskurs ist eine derartige Argumentationsweise zentral. Sie sehen nicht die

Vermittlung von Politik, Staat und Ökonomie. Ökonomie und Politik sind wie bei Arendt im Prinzip getrennte Sphären. Und wie bei Arendt wird der an sich symbolisch leere Ort der Macht – die Sphäre der Politik – von außen bedroht: von den «Finanzmärkten» bei ATTAC oder der «Globalisierung» im Global Governance Diskurs.[21]

4.4.3 Kritik des Lobbyismus – Die Macht des Boot-SYSYKOLLs

Will man den Lobbyismus nicht nur auf seinen Opportunismus reduzieren, der nichts anderes will als dabei sein, so ist zu fragen, wieso er eine derartige Anziehungskraft auf bisher eher herrschaftskritische Personen und Gruppen ausüben konnte. Was ist der materielle und symbolische Mehrwert (Bourdieu) dieser Strategie? Warum drängt der Lobbyismus zur «Mitte der Gesellschaft» hin und läßt dafür die Herrschaftskritik sausen?

Eine Hilfe bei der Beantwortung dieser Fragen liefert die Diskurstheorie von Jürgen Link, die er in der Zeitschrift «kultuR-Revolution» in Anlehnung an Foucault entwickelt hat. Link geht davon aus, dass wir die «Wirklichkeit» als eine symbolische Ordnung erfahren und wahrnehmen. Diese symbolische Ordnung bezeichnet er als «System kollektiver Symbole» (SYSYKOLL). In jeder Gesellschaft gibt es kollektive Symbole, Metaphern, Bilder, die uns beeinflussen und unsere Wahrnehmung strukturieren und erleichtern. Ein Beispiel aus dem Diskurs der (Ex-)Linken: Hinter einer «Roten Fahne» können sich für Linke nur gute Menschen sammeln. Wir wissen zwar nichts über diese Menschen im Einzelnen. Aber aufgrund der roten Fahne begegnen wir ihnen erstmal mit Sympathie. Das Symbol «rot» hat also unsere Wahrnehmung vorstrukturiert und einen Machteffekt auf uns ausgeübt. Nehmen wir ein anderes Beispiel: Im Asyldiskurs wurden die Flüchtlinge in den bürgerlichen Medien – vor allem in den Karikaturen – mit Vorliebe als amorphe Masse dargestellt, die uns bedroht. Die Masse überschwemmt uns als Flutwelle, wenn die Schleusen der Asylgesetzgebung nicht schleunigst geschlossen werden. Die Heerscharen an Flüchtlingen wollen in unser Boot, auch wenn dieses schon längst voll ist. Es besteht die Gefahr, dass unser Boot kentert. Kollektive Symbole lösen Bedrohungsängste aus oder begründen Hoffnungen. Die Verortung von Flüchtlingen in die symbolische Ordnung von «Fluten, Massen, Strömen», die uns

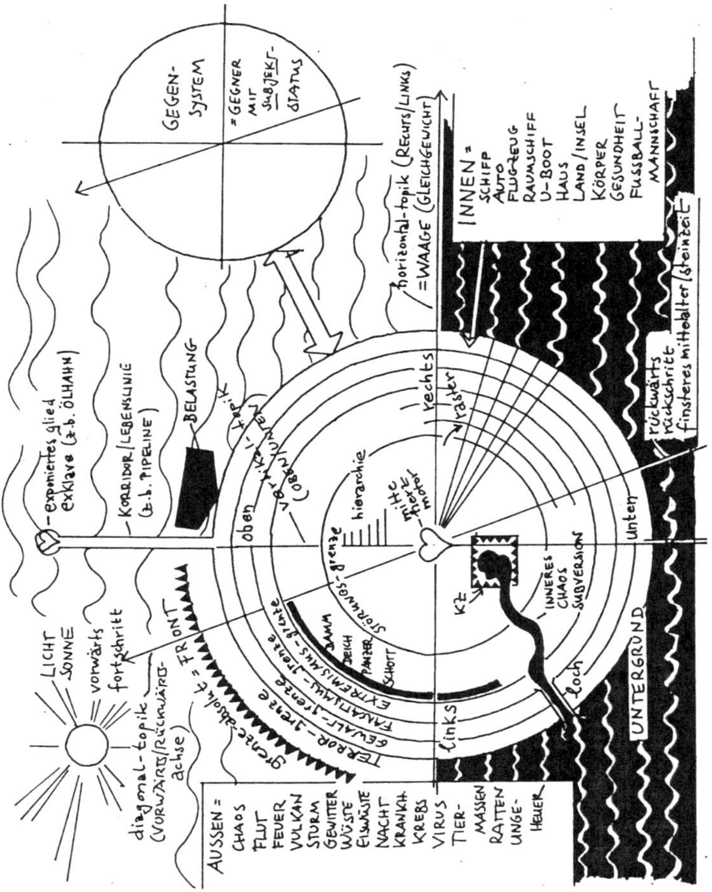
LICHT
SONNE
vorwärts
fortschritt
diagonal-topik (VORWÄRTS/RÜCKWÄRTS-achse)
grenze-absolut = FRONT
TERROR-grenze
GEWALT-grenze
FANATISMUS-grenze
EXTREMISMUS-grenze
STÖRUNGS-grenze
DAMM
DEICH
PANZER
SCHOTT
AUSSEN =
CHAOS
FLUT
FEUER
VULKAN
STURM
GEWITTER
WÜSTE
EISWÜSTE
NACHT
KRANKH.
KREBS
VIRUS
TIER-MASSEN
RATTEN
UNGE-HEUER
exponiertes glied exklave (z.B. ÖLHAHN)
KORRIDOR/LEBENSLINIE (z.B. PIPELINE)
BELASTUNG
oben
hierarchie
rechts
raster
links
unten
loch
KZ
INNERES CHAOS
SUBVERSION
UNTERGRUND
GEGEN-SYSTEM
= GEGNER MIT SUBJEKT-STATUS
horizontal-topik (RECHTS/LINKS)
= WAAGE (GLEICHGEWICHT)
INNEN =
SCHIFF
AUTO
FLUGZEUG
RAUMSCHIFF
U-BOOT
HAUS
LAND/INSEL
KÖRPER
GESUNDHEIT
FUSSBALL-MANNSCHAFT
rückwärts
rückschritt
finsteres mittelalter/steinzeit

bedrohen, erleichterte die Abschaffung des Asylartikels 16 im Grundgesetz. Nicht mehr der je einzelne Flüchtling mit einer individuellen Biographie stand im Mittelpunkt, sondern der «Fremde» als Mitglied einer «uns» bedrohenden Masse.[22] Wie sieht nun die Kollektivsymbolik für die «Nation Deutschland» aus (s. Abb.)? Kann sie uns helfen, den scheinbar unaufhaltsamen Zug der «NGO-Lemminge» in die «Mitte der Gesellschaft» zu erklären?

Dieses SYSYKOLL stellt die «Nation Deutschland» dar. Es hat die Struktur eines (U-)Bootes, Hauses oder Autos. Gerade Boots-Metaphern spielten in den letzten Jahren eine große Rolle. Das U-Boot-SYSYKOLL hat verschiedene Ebenen und Dimensionen. Deutlich erkennbar sind eine vertikale und eine horizontale Achse. Es hat auch einen Untergrund, oft wird er auch als der «braune Sumpf» bezeichnet. Wenn das deutsche U-Boot aufsteigt, dann nähert es sich der Sonne, dem Licht als Symbol des Fortschritts. Ein «Platz an der Sonne», das ist ja schon seit langer Zeit der Wunsch deutscher Politik. Das tirpitzsche Flottenprogramm unter Reichskanzler Bülow und Kaiser Wilhelm II. und damit einhergehend der deutsche Imperialismus wurden so begründet. Und in der Arbeiterbewegung wird die Sonne mit Freiheit und Fortschritt in Verbindung gebracht («Brüder zur Sonne zur Freiheit»).

Man sieht also: Alle Elemente des SYSYKOLLs rufen Konnotationen hervor, Bilder, Vorstellungen, die die «Identität der deutschen Nation» ausmachen. Schauen wir uns einige Elemente dieses SYSYKOLLs genauer an. In der Mitte des U-Bootes ist ein Herz. Dort befindet sich der Motor, der das Boot, also die Gesellschaft, am Laufen hält. Der Motor der Gesellschaft ist die deutsche Leistungselite. Es sind die Männer, die Verantwortung für Deutschland übernommen haben und deutsche Arbeitsplätze sichern. Vielleicht hat sich dort die deutsche Leitkultur am besten erhalten. Die Mitte ist aber auch der Ort der Normalität. Wer in der Mitte ist, schiebt aus Verantwortungsethik und nicht aus Rassismus Menschen aus Deutschland ab. Der Mitte-Diskurs ist ein klassisches Beispiel für die Materialität diskursiver Praxen. Eigentlich sagt der Begriff der Mitte nichts aus. Und trotzdem ist dieses Nichts nicht Nichts. Denn die Mitte hat einen hohen Symbolgehalt. Die Mitte konnotiert mit einer Reihe von Begriffen, die positiv besetzt sind. In der Mitte liegt die Macht; die Mitte ist vernünftig, da die Mehrheit sich nicht irren kann; in der Mitte ist es kuschelig, man fühlt sich wohl, man ist Teil der Masse, durch die man Macht ausüben kann. Die Mitte ist das gemeinsame Boot, in dem wir alle sitzen und das wir gemeinsam steuern. Die Mitte ist die «Eine Welt», in der alle gemeinsam die Probleme der Welt lösen müssen und in der es keinen Sinn mehr macht, die Menschen in «Oben» und «Unten» einzuteilen. Deshalb haben sich viele Dritte-Welt-Läden in den 90er Jahren in «Eine-Welt-Läden» umbenannt. Die Mitte ist aber auch der Ort der deliberativen Demokratie im Sinne von Habermas, wo sich die Vernünftigen qua besserem Argument einigen. Somit ist die Mitte auch der Ort der Harmonie und des Konsenses. Der innere Kreis des Bildes von Jürgen Link konnotiert auch mit dem Bild des Runden Tisches, an dem die VertreterInnen der Zivilgesellschaft sitzen und alle gesellschaftlichen Probleme lösen.

Umgeben ist das Herz von einem Kreis. Es ist der Normalitätskreis. Hier leben die normalen Deutschen. Hier ist die Welt noch in Ordnung. Hier lebt der deutsche Michel, der in Ruhe gelassen werden will. Deshalb wird er sauer, wenn ein Fremder an die Tür klopft. Schließlich sieht jeder, dass das Boot voll ist. Solange der Fremde fremd bleibt, außerhalb des Bootes, ist er zu tolerieren. Er bekommt ab und zu Brosamen in Form von Flüchtlings- und Entwicklungshilfe und in Ausnahmefällen wird er sogar für kurze Zeit ins Boot zum Schutz vor diktatorischen Polithaien gelassen, bevor man ihn wieder ins kalte Wasser wirft. Solche Menschen nennt man «Asylanten». Sie sind ein Beweis für die Humanität und Opferbereitschaft der Deutschen. Die Asylanten sind ja nicht einmal gute Menschen. Dies zeigt sich schon daran, dass der «Asylant» mit Begriffen wie Querulant und Simulant konnotiert. Vorsicht ist angebracht. Vor allem, wenn der Asylant dauerhaft ins deutsche Boot will. Prompt wird aus einem bedauernswerten, hilfsbedürftigen albanischen Flüchtling ein kriminelles Mitglied der albanischen Hütchenspieler-Mafia, die die Speerspitze der organisierten Kriminalität darstellt und das Drogen- und Zuhältermilieu beherrscht.

Das Herz Deutschlands ist von «außen» bedroht. Wir müssen uns vor den Asylfluten schützen, denn die Grenze der Belastbarkeit ist jetzt schon erreicht. Das glauben zumindest zwei Drittel der Bevölkerung. Ein gestaffeltes System von Sicherheitsgrenzen in Form einer Hierarchisierung von Zuwanderungsgruppen ist notwendig:

- Den Deutschen am nächsten sind die EU-Europäer und US-Amerikaner; sie sind fast wie «wir».

- Die nächste Grenze wird durch die kulturell Assimilierten symbolisiert. Dazu gehört etwa Roberto Blanco. Roberto Blanco ist ein kultureller Weißer. Dies zeigt sich ja schon in seinem Namen «Blanco». Das begriffliche «blanqueamento» symbolisiert den letztlich unerfüllbaren Wunsch der «Anderen», ganz in der Mitte anzukommen und sich der vermeintlich hegemonialen Leitkultur bis zur Unkenntlichkeit anzupassen.
- Die dritte Gruppe ist die Gruppe derjenigen, die uns nützen: die Green-Card-ImmigrantInnen. Sie werden aus dem Boot geworfen, wenn sie uns ausnützen, also wenn sie sich nicht mehr verwerten lassen.

Man kann diese Hierarchisierung von «Fremden» noch weiter fortsetzen: Als Nächste kämen sonstige ArbeitsmigrantInnen, russische AussiedlerInnen, Flüchtlinge und zuletzt AsylantInnen.

Das Herz als Motor in der Mitte einer Gesellschaft muss ständig mit Blut versorgt werden. Dieses Blut heißt heutzutage Energie. Da aber ein atomarer Wiederaufbereitungskreislauf noch nicht besteht und der Versuch, eine autarke Wirtschaft zu errichten, im Nationalsozialismus an gewisse Grenzen gestoßen ist, sind wir mit unserer «Blutzufuhr» von außen abhängig. Dies wird durch die Ölpipeline symbolisiert, die senkrecht von oben in unser Herz führt. Dieses «senkrecht von oben» ist nicht zufällig, denn dort ist der Sitz Gottes. Das Öl ist Gott, es ist das Goldene Kalb, um das sich alles dreht und von dem das Leben unserer Wirtschaft abhängt. Da das Öl außerhalb unseres U-Boot-Körpers liegt, ist es natürlich besonders bedroht. All die Grenzen, die wir gegen die Bedrohungen von außen aufgebaut haben, die Störungs-, die Extremismus-, die Fanatismus- oder die Terrorgrenze und die uns ein gestaffeltes Set an Abwehrmöglichkeiten liefern, nutzen uns in diesem Fall nichts. Wir müssen unser Herz also außerhalb unseres U-Bootes verteidigen. Deswegen brauchen wir eine schnelle Eingreiftruppe und Krisenreaktionskräfte, die notfalls auch Out-of Area agieren können. Sonst kann es schnell passieren, dass uns ein islamischer Extremist den Ölhahn abdreht. Der freie Zugang des Westens zum Öl ist schließlich ein fundamentales Menschenrecht. Nicht zuletzt deshalb werden in Zukunft im Nahen und Mittleren Osten «Menschenrechtskriege» zunehmen.

Das Herz und damit die deutsche Mitte wird im SYSYKOLL nicht nur von außen unter Druck gesetzt, sondern auch von innen. So ist das Herz von einem Konzentrationslager bedroht. Das KZ hat eine Verbindung, einen Tunnel nach außen zum Untergrund. Diese Verbindung verweist auf einen Fehler in unserer symbolischen Ordnung. Es ist ein Leck, durch das früher der «braune Sumpf» in unseren unschuldigen organischen Volkskörper eindringen und sich wie ein Virus ausbreiten konnte. «In deutschem Namen» – so der offiziöse Sprachgebrauch seit Adenauer und Heuss – wurde «viel Unheil und Verbrechen» angerichtet. Unter anderem wurden KZs erbaut, die «uns» fast zerstört hätten. Man denke nur an die Morgenthau-Pläne nach dem Zweiten Weltkrieg, die eine Zerstückelung Deutschlands vorsahen.

Man sieht also: Die KZs sind nicht etwas wirklich deutsches; sie repräsentieren das Chaos, das die klare deutsche Ordnung von außen angegriffen hat. Im rechten Milieu wird bis heute in religiöser Aufladung der Faschismus als das Tremendum beschrieben, der Einbruch von etwas Unfassbarem. Eigentlich war Deutschland das erste Opfer des Nationalsozialismus. Diese Behauptung ist keine Überspitzung. Es war das Selbstbild eines großen Teils der Deutschen nach dem Weltkrieg, wie alle Umfragen bestätigen. Selbst ein so unverdächtiger Zeitgenosse wie Erich Kästner notierte am 8. Mai 1945 in sein Tagebuch: Deutschland sei das «von Hitler am längsten besetzte und gequälte Land» gewesen (zit. nach Klönne 35) und der Emigrant und Antifaschist Alfred Kantorowicz bezeichnete den Nationalsozialismus als «braune Besatzungszone auf deutschem Boden». Der Gedanke, dass der Nationalsozialismus erst durch den «Extremismus der Mitte» möglich war, durch die Unterstützung der bürgerlichen Parteien bis hin zur Zentrums-Partei, kann aufgrund dieser symbolischen Ordnung gar nicht gedacht werden.

Der Tunnel zum braunen Sumpf, zum Untergrund, zum Chaos und Fundamentalismus hat nicht zufällig die Gestalt einer Schlange. Die Schlange ist in vielen Mythen und Religionen die Gestalt des Chaos, des Bösen und der Verführung. Nicht umsonst war es eine Schlange, die Eva verführt hat. Und auch die Deutschen wurden von einer Schlange verführt: Hitler. Er hat die Gutgläubigkeit der Deutschen ausgenutzt und sie nach Strich und Faden belogen. Ohne unser Wissen hat er KZs gebaut und die Juden verschleppen und ermorden lassen. Das «Dritte Reich», so Franz Josef Strauß, war die Herrschaft «einer sehr kleinen Minderheit, die mit einer ungeheuren politkriminellen Energie unter Anwendung aller Methoden des Schrekkens und der Propaganda das eigene Land eroberte und vergewaltigte» (zit. nach Klönne 35).

Auch heute gibt es wieder braune Gruppen, die die freiheitliche Grundordnung zerstören wollen. Es sind bisher nur ganz wenige, die Ausländer verfolgen, schlagen und umbringen und somit alle anständigen Deutschen im Ausland in Misskredit bringen. Die meisten von denen sind eigentlich anständige und unpolitische Kerle, die sich nur mal an einem Ausländer auskotzen wollen. Aber es gibt auch die Uneinsichtigen. Zusammen mit den Chaoten am linken Rand schaukeln sich die extremistischen Gruppen gegenseitig auf und drohen, unser Schiff zum Kentern zu bringen. Das müssen wir zu verhindern wissen: mit schärferen Strafen, Abbau des Demonstrationsrechts, Zunahme der Abhörmöglichkeiten. Vorverlagerung der Störungs- und sonstiger Grenzen heißt die Parole. Dies gilt gerade nach dem 11. September. Denn heute bedroht uns vor allem der islamische Fundamentalismus, den wir uns mit der Ausländerproblematik ins Land und somit in unser Boot geholt haben. Der Hauptfeind schlummert unerkannt als «Schläfer» – wie Mohammed Atta in Hamburg-Harburg – in der Mitte unserer Gesellschaft.

Aber auch die NPD hat ein Leck in unser Boot geschlagen. Deshalb muss sie verboten werden. In Bezug auf den Nationalsozialismus hatten wir das U-Boot eigentlich schon abgedichtet. Obwohl wir dessen erstes Opfer waren, haben wir Wiedergutmachung gegenüber den Juden geleistet. Im Schweiße unseres Angesichts hatten wir geschuftet und das Wirtschaftswunder vollbracht. Wer so etwas geleistet hat, hat das Recht, von Auschwitz nichts mehr hören zu müssen, so Strauß. Auschwitz ist gesühnt, wir haben die Lehren aus der Geschichte doch schon längst gezogen. Die Wunde war verheilt, das Loch abgedichtet. Wir haben unseren Beitrag zur Aussöhnung schon geleistet. Wir haben den Juden Auschwitz doch schon verziehen! Aber die Juden? Wollen sie überhaupt Aussöhnung? Offensichtlich nicht, denn mit ihrer «Auschwitzkeule» (Martin Walser) schlagen sie immer wieder auf die gerade verheilte Wunde ein, halten diese Wunde offen. Kein Wunder, wenn die Braunen jetzt wieder eindringen. Die Juden sind selbst Schuld, dass viele Deutsche sie anfeinden, lautet die Botschaft des Boot-SYSYKOLL.

Diskurse haben also eine symbolische Ordnung. Sie sind kein «falsches Bewusstsein», sondern durch ihre Existenz und dadurch, dass sie akzeptiert werden, üben sie materielle Gewalt

Exkurs: Der Parsifal-Mythos als Traum von der deutschen Homogenität

Die Wunden-Metapher spielt in der deutschen symbolischen Ordnung eine große Rolle: paradigmatisch bei Wagner im Parsifal. Wagner verknüpft die Wunde Christi mit der Wunde Deutschlands, seiner inneren Zerrissenheit aufgrund seiner Vielstaatlichkeit. Gleichzeitig löst der arische Parsifal den jüdischen Jesus als Erlöser und Heiland ab. Parsifal erscheint bei Wagner als der reine Tor noch unbefleckt vom Verfall und von der Zerrissenheit der Welt. Nur aufgrund dieser Reinheit und Natürlichkeit gelingt es ihm, den Gralskönig Amfortas von seinen Leiden zu erlösen und selbst dessen Nachfolger zu werden. Die symbolische Bedeutung der Grals- und Parsifalsage ist hochpolitisch. Der Gral verkörpert bei Wagner die Kristallschale, in der das Blut Christi aufgefangen wurde. Um diese Reliquie der Reliquien baut Titurel die Gralsburg. Zugang hat nur, wer absolut rein und ohne Sünde ist. Der Besitzer dieses Gefäßes mit dem göttlichen Blut hat die weltbeherrschende Macht und kann die Welt erlösen. Die Gralsburg ist das geheime Energiezentrum der Welt, aber nur wenn die energiegebende Einheit der Kristallschale mit dem Blut Christi und dem Speer, mit dem der Gott der Liebe getötet wurde, erhalten bleibt. Titurels Nachfolger Amfortas entsteht in Klingsor ein Feind. Klingsor ist als Herrscher des maurisch-arabischen Heidenreiches der Feind des Christentums. Um in den Besitz des Grals zu kommen, geht Klingsor ein Bündnis mit Kundry ein, der ruhelos-ahasverischen Jüdin. Ihr gelingt es, Amfortas zu verführen und zusammen mit Klingsor den Speer in Besitz zu nehmen. Dadurch wird die Heilsenergie des Grals zerstört. In der Folge leiden Amfortas und die Welt an zwei Wunden: a) die Wunde Christi bricht erneut auf; dadurch geht die Liebe, die Christus durch den Opfertod in die Welt gebracht hat, wieder verloren; b) die Wunde erneuert sich in Amfortas, der durch die Blutsvermischung mit der Jüdin Kundry vernichtet und verdorben ist und deshalb sterben will, weil er gegenüber dem Reinheitsgebot des erlösenden Blutes versagt hat. Nur Parsifal, dem reinen und unschuldigen arisch-germanischen Tor, gelingt es auf Umwegen, die Wunden wieder zu heilen. Parsifal war der Traum von Wagner und eines Großteils der Deutschen nach Identität, Reinheit und Homogenität, der schließlich von den Nazis in die Tat umgesetzt werden sollte.

aus. Diskurse funktionieren auch ohne Inhalt, wie der «Mitte»-Diskurs zeigt. Ihre symbolische Ordnung strukturiert Wahrnehmung. Dem kann man sich nur schwer entziehen. Manchmal gelingt es aber doch: Die Verknüpfung zwischen der «Mitte» und dem «Extremismus» im Bild des «Extremismus der Mitte» war ein Erfolg der Antirassismusbewegung auf der Ebene der Symbolpolitik. Rassismus ist kein Privileg des äußersten rechten Randes, sondern entsteht in der «Mitte», genauso wie der Nationalsozialismus nicht ohne die Unterstützung der «Mitte», der Schwerindustrie und großer Teile des Bürgertums denkbar war. Die diskursive Ordnung in Frage zu stellen bringt die Gefahr mit sich, in die Extremismus-, Totalitarismus- oder Fundamentalismusecke abgeschoben zu werden. Wie dies geschieht, hat Jürgen Link bei der Analyse der Normalismus-Diskurse aufgezeigt. Der zentrale Kritikpunkt am Lobbyismus ist, dass er diese diskursiven Grenzen der symbolischen Ordnung und der kulturellen Grammatik nicht in Frage stellt.

4.5 Tarzan oder die Bedeutung von Foucaults Machtbegriff

Die macht- und herrschaftskritische Linke fiel nach '89 in ein tiefes Loch. Auch die Linke, die dem autoritären Sozialismus kritisch gegenüberstand, wurde vom Sog der historischen Niederlage erfasst. «Uns droht die Freude an der politischen Arbeit verloren zu gehen. (...) Unsere Ausstrahlung und Attraktivität nähern sich der der *Wachturm*-Verkäufer in der Fußgängerzone», schreiben Foitzik/Marvakis (86). Es folgten lange Jahre einer Selbstverständnisdebatte. Die Theorieruinen von '68 bis '89 wurden besichtigt. Ein bruchloses Anknüpfen an deren Internationalismus war nicht mehr möglich. Viel Schutt musste beiseite geräumt werden. Aber es gab Bruchstücke, die auch in Zukunft eine wichtige Rolle spielen werden: etwa die Erweiterung des Politikbegriffs oder das Prinzip der Autonomie. Es ging um eine Neuverortung einer herrschaftskritischen und internationalistischen Linken in einer doppelten Abgrenzung: gegen einen linken Traditionalismus auf der einen Seite und einen naiven, hilflosen Modernismus und Liberalismus, der von Macht nichts mehr hören will, auf der anderen Seite.

Dabei musste von einigen Mythen Abschied genommen werden. Sinnbild der internationalistischen Mythen ist Tarzan, dem es nun an den Kragen ging: «Tarzan kennt keine Zweifel. Er ist der weiße Mann, der weiß, wo es lang geht – auch im unübersichtlichen Gewirr des Dschungels. Seine Welt ist wohlgeordnet, er ist der Gute, der das Böse bekämpft. So leicht er sich durch die Welt hangelt, so hart ist seine Faust, wenn es darum geht, Jane oder seine Freunde zu retten. Tarzan hat sich bereits entschieden: Er ist kein Teil des Problems, sondern ein Teil der Lösung. Genauer: Er ist die Lösung. Tarzan ist die zu laute Parole, ist die zu glatte Aktion, ist Härte um ihrer selbst willen. Tarzan ist die Bewegung, die zwischen innen und außen unterscheidet, die anderen voranschreitet, die Avantgarde. Seine Sonne scheint ohn' Unterlaß. Tarzan ist die Selbstüberschätzung, der Hochmut und das Heldentum. Für Schwache hat er kein Mitleid, er rettet sie. Widersprüche werden plattgemacht. Tarzan ist männliches Denken – nicht nur von Männern» (Foitzik/Marvakis 7).

Von diesem Tarzan galt es sich zu verabschieden. Hinterfragt wurde das eigene Menschenbild, das Bild von Maskulinität, wie es sich im Neuen Menschen, dem bewaffneten Kämpfer oder dem Soldaten der Arbeit ausdrückt. Verabschieden musste man sich vom Bild der Einheit, der Geschlossenheit und der klaren Kampflinien. Damit war immer die Ausgrenzung des Anderen, der Zweifler, der Dissidenten und des Differenten einhergegangen. Die Ausgrenzung dissidenter Strömungen konnte sich auf die historisch fatale Verurteilung des «Lumpenproletariats» bei Marx berufen. Gemeint waren damit die scheinbar «rückwärtsgewandten» Strömungen, wie etwa die luddistischen Maschinenstürmer, die gegen die Zerstörung ihrer Lebenswelt durch Fortschritt, Entwicklung, Wachstum revoltierten. Diese Revolten wurden von den hegemonialen Strömungen der Arbeiterbewegung, der Sozialdemokratie und dem Parteikommunismus, argwöhnisch beäugt. So ging ein existentialistisch-lebensphilosophisches Korrektiv gegenüber den Wachstums- und Fortschrittsmodellen dieser Parteien verloren. Es waren die Strömungen, die die Utopie im Alltag der Gegenwart suchten, und die Gegenwart nicht zugunsten einer abstrakten Utopie der Zukunft opfern wollten. Erst die Hippie-Bewegung der 60er Jahre und die Alternativbewegung der 70er und 80er Jahre rehabilitierte diese Strömungen praktisch. Theoretisch rehabilitiert wurden sie durch die «Postmodernen» bzw. «DekonstruktivistInnen», die in den 90er Jahren zentraler Bezugspunkt für die Neubestimmung einer internationalistischen Linken werden sollten. Dabei handelt es sich um eine in sich durchaus heterogene Strömung, die eint, dass sie das Viele gegenüber dem Imperialismus des Einen rehabilitieren will. Sie wendet sich gegen die hegelianische Tyrannei, für den nur das Ganze das Wahre ist, und fordert die unhintergehbare Anerkennung der Pluralität.[23] Hier treffen sie sich mit Adorno, der in der «Negativen Dialektik» forderte, dass die Philosophie dort anzusetzen habe, «wo Hegel (...) sein Desinteresse bekundete: Beim Begriffslosen, Einzelnen und Besonderen; bei dem, was seit Platon als vergänglich und unerheblich abgefertigt wurde» (19). Die Postmodernen suchen nach Wegen, die bisher noch kaum jemand gegangen ist. Zu ihren bekanntesten VertreterInnen gehören Foucault, Derrida, Lyotard, Deleuze, Guattari, Kristeva und Kofman. In Deutschland zählen dazu Wolfgang Welsch, in Italien Vattimo und der Semiotiker Umberto Eco, der mit seinem Roman «Der Name der Rose» berühmt wurde.

Sie alle beziehen sich auf die Arbeiten von Nietzsche und Heidegger und deren Kritik des abendländischen Denkens der Moderne seit Parmenides und Plato. Akribisch fördern sie zu Tage, was die Moderne verdrängt hat.[24] Hinterfragt und kritisiert wurden die bisher als selbstverständlich hingenommenen Annahmen von Fortschritt, Wahrheit, Vernunft, Aufklärung, Volk, Nation etc. All dies sind Begriffe, die in der Arbeiterbewegung und im Internationalismus bis in die 80er Jahre unkritisch angewandt wurden.

Warum ist deren Infragestellung für einen Internationalismus wichtig, der durch die Krisen der Linken hindurchgegangen ist und immer wieder hindurchgehen wird müssen? Dies soll am Beispiel des Begriffs der Macht, der Projektepolitik und der Zapatistas verdeutlicht werden. Entscheidend ist die Erkenntnis, dass die Solidaritätsbewegung nicht außerhalb «der Macht» steht. Wir sind selbst Teil einer eurozentristischen Dominanzkultur und reproduzieren diese in vielfältiger Weise. In der Projektarbeit der großen NGOs werden die Menschen der sog. Dritten Welt vielfach verobjektiviert und instrumentalisiert. Nicht nur von den kirchlichen Hilfsorganisationen wie Misereor und Brot-für-die-Welt wird nach wie vor paternalistisch mit dem bemitleidenswerten schwarzen Mädchen mit Kulleraugen für Spenden geworben. Die Solidaritätsbewegung wollte dagegen ihre Projekte etwa in Nicaragua als Befreiungshilfe verstanden wissen. Aber viele Projekte waren oft ungewollt von einem ähnlich paternalistischen Hilfs- und Entwicklungsdenken geprägt. In einem Rückblick des Infobüros Nicaragua heißt es: «In der Projektepolitik haben wir sehr viele Erfahrungen gesammelt. Hinter uns liegen Projektruinen der sandinistischen Zeit sowie Erfahrungen mit BrigadistInnen und ‹ ihren› Projekten. Projektarbeit als paternalistisches Hilfsangebot, als Ausgeburt westlicher Entwicklungsmanie, als Identifikationsobjekt von schlechtem Gewissen und individuellem HelferInnensyndrom verlangt eigentlich nach einem sofortigen ‹ Stopp jeder (Entwicklungs-) Hilfe› (Gustavo Esteva)» (Rundschreiben 1/98, 41).

Es gehe deshalb auch um die Frage nach der Mittäterschaft der Solidaritätsbewegung an der Zurichtung der Solidarisierten. Die Beziehung zu den Solidarisierten bleibt asymmetrisch, «solange wir die ‹ Geldgeber› sind. Es ist daher wichtig, sich bewusst zu machen: Projekte sind immer Intervention.»

Wir können uns nicht einfach per Willensakt als gleichberechtigte Partner an die Seite der Solidarisierten imaginieren. Die Erkenntnis der eigenen Mittäterschaft führte zu einer produktiven Verunsicherung, die sensibler machte für die unterschiedlichen Formen von Machtbeziehungen. Ein wichtiges Beispiel sind die Debatten um die Mittäterschaft von Frauen bei der Reproduktion von Herrschaftsverhältnissen. Insbesondere schwarze Frauen wie z.B. *bell hooks* übten massive Kritik am eurozentristischen Feminismus. Dadurch gerieten «einige Mythen ins Wanken (...): So entzündete sich die Kritik an den Vorstellungen von einem gemeinsamen Opferstatus aller Frauen und an einer daraus abgeleiteten unmittelbaren Gleichheit, Schwesterlichkeit, Konflikt- und Machtfreiheit zwischen Frauen» (Frauenkollektiv 295). Kritisiert wurde insbesondere die «Ausblendung ‹ anderer› Frauen in feministischen Theorieansätzen». Darin komme ein falscher Universalismus zum Vorschein, der «die spezifischen Erfahrungen weißer privilegierter Frauen zu den Erfahrungen aller Frauen schlechthin verallgemeinert» (296). Notwendig sei, die Relativität und Kontextualität des eigenen Standpunktes zu erkennen. «Dies erfordert aber einen permanenten Dialog, ein permanentes Messen der Analyse an der Kritik derer, die unten und innen stehen, und damit eine permanente Überprüfung unserer allgemeinen Kriterien von Herrschaftsfreiheit und Emanzipation.» (300)

Zu einer differenzierten Theorie der Macht haben viele Diskursstränge beigetragen, z.B. die Sex-gender-Debatte, die Queer-Theorien oder der Cultural-Studies-Ansatz, in dem Frantz Fanon wieder eine Renaissance erlebt. In irgendeiner beziehen sie sich alle auf die faszinierenden Analysen Michel Foucaults zur Entstehung, Reproduktion, Veränderung und Modernisierung von Machtstrukturen. In den klassischen linken Theorien war die Macht immer der Ort des Gegenüber, des Feindes. Solange man nicht selbst die Macht übernommen hatte. Damit einher ging ein dichotomes Weltbild, wie es in der Rede von «den Mächtigen» auf der einen Seite und «dem Volk, den Unterdrückten und den Beherrschten» auf der anderen Seite zum Ausdruck kam. Hieran übten Foucault und die Postmodernen Kritik. Macht ist nicht der eine Ort, von dem aus die Herrschenden von oben nach unten ihre Positionen und Interessen durchsetzen. Diese Vorstellung eines archimedischen Ursprungs der Macht ist ein Mythos, genauso wie die Vorstellung der einen Wahrheit und der einen Vernunft ein platonisches Konstrukt ist, das aber vermittelt über das platonische Christentum und die Aufklärung über Jahrhunderte unsere Vorstellungen prägte. Für Foucault gibt es eine Mikrophysik der Macht, die unsere alltäglichen Verhaltensweisen prägt. Ähnlich sieht es Pierre Bourdieu, der die Macht in den «feinen Unterschieden» suchte. Man muss bestimmte Codes kennen, eine bestimmte Sprache sprechen und bestimmte Habitusformen an den Tag legen, um wahrgenommen und akzeptiert zu werden. Das linke Milieu bildet dabei keine Ausnahme.

Für Foucault ist Macht «der Name, den man einer komplexen Situation in einer Gesellschaft gibt» (Foucault 1977, 114). Mit dem Marx der Feuerbach-Thesen kann man auch sagen, dass Macht «das Ensemble der gesellschaftlichen Verhältnisse» ist. Macht hat nicht nur den einen Ort ganz oben, von dem aus die Massen beherrscht werden. Sondern Macht existiert ebenso wie Wahrheit und Vernunft nur in der Weise der Streuung. Die Macht ist flexibel und geschmeidig und entsteht vor allem in den Diskursen der zivilgesellschaftlichen Apparate im Sinne Gramscis und Althussers. In den Diskursen herrscht keineswegs der zwanglose Zwang des besseren Arguments, wie Habermas zu glauben machen versucht. Die Diskurse werden von den hegemonialen Kräften einer Gesellschaft kontrolliert, organisiert, selektiert und kanalisiert. Sie bestimmen als Diskurspolizei, über was geredet werden darf und über was geschwiegen werden muss. Ein Satz, eine Behauptung, eine Aussage muss «im Wahren» sein, damit sie diskutierbar sind. Man muss den Regeln des Diskurses gehorchen, um nicht als verbohrter Fundamentalist aus dem Kreis der Vernünftigen ausgegrenzt zu werden (s.a. SYSYKOLL-Boot). Wer in den 90er Jahren noch von Kapitalismus und Imperialismus redete, stellte sich außerhalb der Wahrheit des hegemonialen Diskurses und brauchte nicht ernst genommen werden. Die von der Diskurspolizei bestimmte «Wahrheit» verlief in dieser Zeit innerhalb eines ganz spezifischen Feldes, dessen Grenzen von Begriffen wie «Eine Welt», Marktwirtschaft, militärische Interventionen zur Verteidigung der Menschenrechte, Weltordnungs- und Weltstrukturpolitik definiert und in den Ritualen der Diskurse um Nachhaltigkeit immer wieder reaktualisiert wurden.

Nach Foucault kann man sich der Macht nicht per Willensakt entziehen. Macht ist ein Existenzial, das immer schon gegeben ist. Jede teleologische Vorstellung einer herrschaftsfreien Gesellschaft am Ende der Geschichte ist eine Fiktion, ein Wunschtraum, der sich nicht realisieren läßt. Die Verabschiedung der Utopie einer machtfreien Gesellschaft der Guten am Ende der Geschichte muss keineswegs zu resignativen Zynismus und zur Anerkennung aller existierenden Machtformen führen. «Denn die Aussage, es könne Gesellschaft nicht ohne Machtverhältnisse geben, heißt weder, dass die jeweils gegebenen auch notwendig sind, noch dass auf alle Fälle die MACHT im Herzen der Gesellschaft unvermeidliches Geschick darstellt, sondern dass die Analyse, die Herausarbeitung, die Infragestellung der Machtverhältnisse (...) eine beständige politische Aufgabe ist und dass gerade dies die politische Aufgabe ist, die jeglicher gesellschaftlichen Existenz innewohnt.» (Foucault 1987, 257)

Diskurse haben zwar eine gewisse Stabilität und Trägheit, deren Materialität durch ständige Wiederholung immer wieder neu hergestellt und somit aufrechterhalten wird. Aber weil die Macht und der Diskurs Effekte einer komplexen Situation sind, sind sie auch gegenüber Widerstand nie völlig abschließbar. Denn, so Foucault, «wo es Macht gibt, gibt es auch Widerstand. Und doch oder vielmehr gerade deswegen liegt der Widerstand niemals außerhalb der Macht.»

In den Medientheorien der 90er Jahre wird eine differenzierte Machtanalyse deutlich (Oy). Lange Zeit versuchten Linke, die Passivität der Massen durch die Manipulation durch die bürgerlichen Medien zu erklären. So argumentierte die APO in der Anti-Springer-Kampagne. Die Alternativbewegung der 70er Jahre baute eine eigene Medieninfrastruktur auf, um die Menschen mit «authentischen» Informationen versorgen zu können, die ihnen von den herrschenden Medien vorenthalten wurden. Wie nicht zuletzt die Lügen in den letzten Kriegen bewiesen haben, sind diese Theorien bis zu einem gewissen Grade berechtigt. Aber sie greifen zu kurz. So macht die Manipulationstheorie die Empfänger von Informationen zu Opfern im Kommunikationsprozess. Damit wird aber ihr Objektstatus festgeschrieben. Dies ist eine Perspektive, die keine Handlungs- und Befreiungsoptionen mehr offen läßt. Die Empfänger von Nachrichten sind immer auch Handelnde. Warum glauben die Menschen das, was ihnen die Springer-Presse auftischt? Oder um noch einmal Spinoza zu zitieren: Warum kämpfen die Menschen für ihre Knechtschaft, als ginge es um ihr Heil? Die Manipulationstheorie ist eine Entschuldigungstheorie. Der Kommunikationsprozess ist komplizierter, als es die einfachen Sender-Empfänger-Theorien nahelegen. Bereits in den 40er Jahren hatte der US-amerikanische Wissenschaftler Lasswell die Komplexität von Kommunikationsprozessen herausgearbeitet: Wer ist der Sender? Welche Nachrichten werden versandt? Mit welchem Ziel? Welches Medium wird genutzt? Wie wird die Nachricht encodiert? Wer sind die Empfänger? Wie decodieren sie Nachrichten und vor allem welche? Welcher Kanal wird benutzt etc.? All diese Elemente und Prozesse zwischen Sender und Empfänger sind in hohem Maße vermachtet. Ob und wie eine Nachricht wahrgenommen und rezipiert wird, hängt vom Zusammenspiel dieser Faktoren ab und ist deshalb sehr stark kontextgebunden.

Dies soll am Beispiel der Zapatistas und der EZLN in Mexiko verdeutlicht werden. Auf der Senderseite ist eine «romantische» Guerilla, deren Repräsentanten ein bisschen an die guten Rebellen wie Zorro, Robin Hood oder den Schinderhannes erinnern. Sie ist die erste Guerilla, die nicht an der Eroberung der Staatsmacht interessiert ist, sondern nur an der Verteidigung sozialer Räume. Damit unterscheidet sie sich fundamental von den früheren nationalen Befreiungsbewegungen, deren Ziel immer die Eroberung der Staatsmacht war. Diese Guerilla trifft auf eine Linke als Empfänger, die aus ihren Erfahrungen mit macht- und staatsfixierten Befreiungsbewegungen Konsequenzen gezogen hat. Mit der Niederlage der FSLN in Nicaragua hatte ein Befreiungsnationalismus, dem es zuallererst um die Eroberung der Staatsmacht ging, seine Attraktivität verloren. Wahrscheinlich wäre Marcos noch zehn Jahre zuvor als Weichei denunziert worden, gerade weil er nicht die Eroberung der Staatsmacht zum Ziel hatte.

Die Zapatistas verwendeten ein Bündel semiotischen Zeichenmaterials, das den Bedürfnissen einer internationalistischen Linken in einer schweren Krise entgegenkam. Zum einen hatten sie sich vom Heroismus des bewaffneten Kampfes verabschiedet. Dieser wird nicht metaphysisch überhöht, sondern war vielmehr eine schiere Überlebensnotwendigkeit. Die Kritik der Waffe wurde von den Zapatistas der Waffe der Kritik untergeordnet – nicht nur aufgrund der immensen militärischen Überlegenheit des politischen Gegners, sondern auch aufgrund bewusster politischer Entscheidungen. Die wirkungsvollste Waffe war die Poesie der Sprache in den Kommuniqués von Subcomandante Marcos. Auch dies entsprach der antiheroischen Befindlichkeit eines Großteils der Linken, für die die Macht der Poesie ein neuer mobilisierender Faktor in der politischen Auseinandersetzung darstellte. Nachrichten mit demselben Inhalt, veröffentlicht von der Bauernguerilla in Guerrero oder den Naxaliten in Indien oder der PKK in Kurdistan wären wegen ihrer traditionalistischen Encodierungsform niemals auf die Bereitschaft von so vielen Empfängern getroffen, diese Nachrichten zu decodieren.

Die Bedeutung des semiotischen Zeichenmaterials war für die Zapatistas zentral. Die Besetzung des Begriffes «Zapatismus» ist bereits bemerkenswert. Damit stellten sie sich in die Tradition der mexikanischen Befreiungshelden und raubten der Regierungspartei PRI und der Oligarchie das Monopol zur Interpretation der mexikanischen Geschichte. Ebenso beeindruckend war, dass Marcos das Honorar für ein Interview mit ihm an die streikenden Fiat-Arbeiter in Turin überwies. Damit kehrte er die üblichen Codes um, in denen der Süden immer Objekt von Solidarität und Hilfe war. Und schließlich war das Spiel mit (scheinbaren) Paradoxien eines der Kernelemente des zapatistischen Diskurses (Huffschmid in Brand/Ceceña 146). Erwähnt sei nur die Waffenparade beim Dschungelkonvent, bei der die Gewehre der Marschierenden mit weißen Fähnchen geschmückt waren. Die Zapatistas sind somit ein hervorragendes Beispiel für eine Kommunikations- oder Diskursguerilla (Umberto Eco; autonome a.f.r.i.k.a.-gruppe), der es immer wieder gelingt, die herrschende Symbolordnung zu stören. Nicht ohne Grund begann ihr Aufstand am 1. Januar 1994, dem Tag, an dem das Nordamerikanische Freihandelsabkommen (NAFTA) in Kraft trat, das als Symbol für den Neoliberalismus gilt. Den Zapatistas gelang somit in einer Zeit, in der der

Diskurs des Neoliberalismus tatsächlich ohne Alternative schien, diesen in Frage zu stellen und – noch bedeutender – konkrete Handlungsmöglichkeiten gegen ihn aufzuzeigen.

Außerdem verabschiedeten sich die Zapatistas vom traditionellen Avantgardekonzept früherer Befreiungsbewegungen. Sie begriffen sich als Teil der internationalen sozialen Bewegungen. Die EZLN behauptete nie, ihr Weg sei der einzig Richtige. Die Kampf- und Widerstandsformen hängen vielmehr von der spezifischen Situation in den jeweiligen Ländern ab. So spielt etwa der Volks- und Nationendiskurs bei den Zapatistas eine viel positivere Rolle als er für die deutsche Linke spielen kann. All diese Elemente bündelten sich in der zentralen Parole der Zapatistas, dem «preguntando caminamos» («fragend gehen wir voran»). Frei übersetzt: Wir kämpfen gegen den Neoliberalismus und seine Protagonisten, auch wenn wir über unsere Mittel und Ziele keine endgültige Klarheit haben. Man muss nicht bereits alle offenen Fragen beantwortet haben, um gegen die Mächtigen kämpfen zu können, lautete die Botschaft. Die Revolution kommt fragend, nicht erklärend voran. Wir sind uns unserer offenen Fragen, unserer Unsicherheiten und Widersprüche bewusst. Auch wissen wir nicht, wie ein Bild einer befreiten Gesellschaft aussehen kann, und wollen dies auch gar nicht wissen, weil dies Ergebnis eines gesellschaftlichen Prozesses ist. Was wir aber wissen ist, dass der Neoliberalismus unsere Lebensgrundlagen zerstört und deshalb bekämpft werden muss. Der Aufstand gegen den Neoliberalismus ist ein Aufstand der Würde (John Holloway). Wenn wir gegen den Neoliberalismus kämpfen können, dann könnt ihr es auch. Und mit Brecht betonten sie: Erwartet von uns keine andere Antwort auf eure Fragen, als die, die ihr euch selber gebt.

5. So viele Morgenröten, die noch nicht geleuchtet. Von Seattle über Genua nach Heiligendamm

«*E*s gibt Tage, die sind so bedeutungsvoll und folgenschwer, dass sie in kristallisierter Form die Synthese eines langen historischen Prozesses und die Antizipation der Entwicklungen auf dem heutigen Feld der Möglichkeiten darstellen», schreiben die italienischen Aktivisten Sandro Mezzadra und Fabio Raimondi unmittelbar nach den Demonstrationen von Genua im Juli 2001. Genua war ein solcher Tag. Zusammen mit Seattle und den Weltsozialforen (WSF) markiert Genua einen Einschnitt. Eine neue Bewegung hatte sich unübersehbar zu Wort gemeldet. Es kam zu einer «Rehabilitierung des Protestes» (Brand). Untergründig waren diese Proteste durch zahlreiche Netzwerke, Konferenzen und Debatten gespeist worden. Seattle und Genua setzten einen Bewegungszyklus von hoher Intensität in Gang. Im Gegensatz zur NGO-Politik ging es dieser Bewegung nicht um Anerkennung durch die Gegenseite. Im Gegenteil: Ihre Anziehungskraft zog sie aus ihrer Autonomie gegenüber der herrschenden Politik. Keines der Großereignisse, sei es ein G-8-Gipfel, Jahrestagungen von IWF und Weltbank, WTO-Konferenz oder die Treffen des Europäischen Rates, konnte mehr ohne massenhafte Proteste abgehalten werden: Prag, Göteborg, Nizza, Brüssel, Cancun sind nur einige der Namen des Widerstandes gegen die neoliberale Globalisierung. Ihren quantitativen Höhepunkt hatten die Proteste am 15. Februar 2002, unmittelbar vor dem Angriff der USA auf den Irak, als in ca. 60 Ländern etwa 15 Millionen Menschen gegen den Krieg demonstrierten. Nach Genua zogen sich die Herrschenden für ihre Treffen in einsame Orte zurück: Sie heißen Kananaskis in den Rocky Mountains, Evian, Sea Islands oder Gleneagles. Aber selbst dort sind sie nicht ungestört. Symbolisch ist der Neoliberalismus angeschlagen und auf dem Rückzug.

Nach wie vor fehlt es an einem treffenden Begriff für diese Bewegung. Ob man sie als Bewegung «gegen die neoliberale Globalisierung» oder als Bewegung «für eine andere Globalisierung» bezeichnet, die Begriffe bleiben Hilfskonstrukte, die auf mehr verweisen. Welchen Namen man dieser Bewegung auch geben will, fest steht, dass sie neue Horizonte eröffnet hat. Ob diese Bewegung vor dem Hintergrund des historischen Scheiterns aller linker Strömungen wirklich einen neuen, anderen Anfang wagt und es ihr gelingt, den Möglichkeitsraum auszufüllen, ist auch nach mehreren Jahren nicht klar. Darauf werden erst die Kämpfe der Zukunft eine Antwort geben. Gelingen kann dies, wenn sie sich auf ihre Stärken besinnt, die in Seattle, Genua und Porto Alegre zu Tage getreten sind. Sie liegen vor allem in der Form der Bewegung selbst. Das Verständnis von Internationalismus gründet sich nicht mehr auf eine ferne Zukunft, in der einmal die Grenzen geschleift sein werden, wenn die Völker die Signale vernommen haben. Ihr Ausgangspunkt und Grundverständnis ist vielmehr, dass angesichts eines global agierenden neoliberalen Kapitalismus sich auch der Widerstand global organisieren muss. Begünstigt wurde dieser globale Ansatz durch die ungeheure Verdichtung von Zeit und Raum mittels neuer Kommunikationsmedien wie dem Internet.

Eine weitere Stärke ist die ausdrückliche Betonung und Bejahung von Differenz in der Bewegung. Die Differenz der Bewegung ist nicht etwas, was dereinst in eine neue Einheit überführt werden muss. Vielmehr muss die Differenz als Differenz bejaht werden. Dies kann nur gelingen, wenn sich die Bewegungen nicht voneinander abschließen, sondern der Raum offen gehalten wird, in dem die «Bewegung der Bewegungen» (Mezzadra/Raimondi) miteinander kommunizieren kann. In der Bejahung der Differenz drückt sich auch das Scheitern der historischen Formen der Linken aus. Insbesondere die parteikommunistische, aber auch die sozialdemokratische Formation incl. ihrer gewerkschaftlichen Bastionen, hatten in ihrem Rausch von Ordnung, Disziplin, Einheit, Reinheit und Klarheit die Differenz immer als etwas zu Überwindendes betrachtet. Hier zeigte sich erneut die schwere Last von Hegels Philosophie, dessen Erben diese Strömungen waren. Für Hegel muss die Differenz letztlich in einer neuen Identität, einer neuen Einheit aufgehoben werden. Aber auch das Scheitern der dritten historischen Strömung – der undogmatischen und antiautoritären – war in den 90er-Jahren offensichtlich geworden. Dies galt insbesondere für Deutschland, wo das Personal der Grünen, das sich vorwiegend aus dieser Strömung rekrutierte, nach der Bildung einer Regierungskoalition mit der SPD einem völkerrechtswidrigen Krieg zustimmte und – nachdem sie sich als Partei der neoliberalen Modernisierungsgewinner etabliert hatte – aggressiv den Abbau des Sozialstaats vorantrieb. All dies machte deutlich, dass das, was sinnbildlich mit dem »Ende des Kalten Krieges» oder mit dem «Ende des Ost-West-Gegensatzes» beschrieben wird, einen Epochenbruch markierte, dem sich die emanzipatorischen Bewegungen stellen mussten. Dies geschah in den Sozialforen.

5.1 Die Geschichte der Sozialforumsbewegung

Denn trotz des neoliberalen Siegesgeschreis vom »Ende der Geschichte» und dem Ausrufen des TINA-Prinzips (There is no alternative) ging die Geschichte weiter – auch die des Widerstandes. In den 90er-Jahren formierten sich verschiedene Netzwerke, wie das BäuerInnen-Netzwerk La Via Campesina mit weltweit 50 Millionen Mitgliedern. Daneben gab es Zusammenhänge wie People Global Action (PGA) oder die Ya-basta-Gruppen. Ferner gab es wichtige nationale Kämpfe gegen die Liberalisierung der Wirtschaft. All diese Entwicklungen drängten zu einem Austausch der unterschiedlichen Erfahrungen und zu einer größeren Kooperation. Der Ort dafür waren die Welt- und regionalen Sozialforen. Der Forumscharakter des WSF ist hierzu besonders geeignet. In einem Forum geht es weder um die Vereinheitlichung von Positionen noch um die Politik des Minimalkonsenses, an dessen Ende kaum noch substantielle Aussagen stehen. Sondern es geht darum, die Vielfalt der verschiedenen Positionen in einen Austausch, in einen produktiven Prozess zu bringen. Widersprüche sollen nicht verdeckt, sondern benannt werden, weil sie nur so diskutierbar werden. Um Positionen soll und muss gestritten werden, aber es geht nicht mehr um einen Alleinvertretungsanspruch auf Wahrheit. Die Reinheit der Position ist dem Offenhalten des Prozesses nachgelagert. Nur in dieser Offenheit kann sich eine Dynamik entfalten, die andere ansteckt und mitreißt. Die Bewegung der Sozialforen hat diese immer prekäre Vielfalt gewollt und gefördert. In der heutigen globalen

Bewegung gegen den Neoliberalismus sind zahlreiche Strömungen auszumachen (Neelsen 53, Andretta u.a. 46ff): 1. die Bauernorganisationen, am bekanntesten dürfte die Bewegung der Landlosen in Brasilien (MST) sein; 2. die diversen Frauenbewegungen und -organisationen; 3. Umweltschützer, die gegen Gentechnologie und Biopiraterie kämpfen; 4. indigene Organisationen wie die Zapatistas; 5. oppositionelle Gewerkschaftsgruppen, wie die COBAS in Italien oder SUD in Frankreich; 6. die Friedensbewegung; 7. Mitglieder von traditionellen oder erneuerten linken Parteien wie der PRC in Italien oder der KKE in Griechenland oder die verschiedenen linken Parteien in Lateinamerika. In diese Kategorie fallen auch die mit Parteien verbundenen Stiftungen wie die Rosa-Luxemburg-Stiftung; 8. Organisationen wie die Tuti Bianchi oder Disobidienti, die in der Tradition der neuen Linken stehen; 9. Mitglieder von Menschenrechtsorganisationen; 10. fortschrittliche ChristInnen, die sich etwa in «Jubilee 2000» zusammengeschlossen haben und die für einen begrenzten Schuldenerlass für die Staaten des Südens eintreten; 11. die Bewegung der MigrantInnen wie etwa die «sans papiers» in Frankreich; 12. Netzwerkstrukturen wie Attac oder die BUKO und 13. die vielfältigen Initiativen vor Ort, die nicht eindeutig zuzuordnen sind.

Begonnen hatte die Bewegung der Sozialforen im Jahre 2000. Auf Initiative brasilianischer AktivistInnen und unterstützt von der Zeitschrift «Le Monde diplomatique» traf sich ein Kreis, der das erste Weltsozialforum (WSF) vorbereitete, das erstmals in der letzten Januarwoche 2001 in der brasilianischen Hafenstadt Porto Alegre stattfand. Die Idee der Sozialforen hatte eine große Anziehungskraft. Neben dem WSF gibt es noch kontinentale Sozialforen. Auch auf nationaler und lokaler Ebene ist der Sozialforumsprozess – wenn auch mit großem Stottern – in Gang gekommen. Die Sozialforen beförderten die Zusammenarbeit zwischen internationalistisch orientierten Linken sowie Gruppen, die gegen den Sozialabbau im eigenen Land kämpfen. Dadurch ist das Bewusstsein über den globalen Charakter des neoliberalen Herrschaftsprozesses gewachsen.

Sowohl die Terminierung – die letzte Januar-Woche – als auch der Ort – Porto Alegre – hatten Symbolcharakter. Das WSF wurde in direkter zeitlicher Konkurrenz zum WEF, dem World Economic Forum, organisiert. Das WEF findet seit dreißig Jahren immer in der letzten Januarwoche in Davos statt. Es gilt als das wichtigste informelle Treffen der neoliberalen Eliten, zu dem sich mehrere tausend Vertreter aus den transnationalen Konzernen, der Finanzwelt, den global bedeutenden Institutionen wie IWF, Weltbank, der WTO, zahlreiche Politiker und neoliberale Wissenschaftler zusammenfinden, um den Rahmen für die neoliberale Globalisierung der Märkte abzustecken. Das WEF ist ein Symbol für die neoliberale Globalisierung geworden, die in ihrer Dynamik schon längst den Nationalstaat transformiert hat.

Das WSF wollte mit dem gewählten Termin der öffentlichen Hegemonie des neoliberalen Treffens von Davos ein eigenständiges Forum entgegensetzen, das die Vielfalt und die Stärke des Widerstandes sichtbar macht. Es sollte damit auch das neoliberale Einheitsdenken, das nur mehr Privatisierung, Deregulierung und Sozialabbau kennt, um die Unternehmensgewinne zu steigern, in Frage gestellt werden. Aber auch der Gründungsort des WSF – Porto Alegre – hatte symbolische Bedeutung. Porto Alegre mit seiner linken Gemeindeverwaltung stand damals für eine partizipatorische Demokratie, in der die BürgerInnen weitgehende Mitbestimmungsmöglichkeiten über die Verteilung des Haushalts haben.

5.2 *Empire und Multitudo bei Hardt/Negri*

Ihre publizistische Entsprechung fand die Bewegung mit dem Buch «Empire» von Hardt/Negri. Das Buch der beiden linken Professoren wurde in der globalisierungskritischen Bewegung ein Verkaufsschlager und löste sofort eine heftige Debatte aus, in der zwischen empörter oder verständnisloser Ablehnung und begeisterter Zustimmung alle Positionen ihren Platz hatten.

Negri und Hardt konstatieren mit dem Ende des Kalten Krieges den Beginn einer neuen Form von Weltordnung, die sie als Empire bezeichnen. Im Empire lösen sich die Grenzen auf. Es gibt kein Außen der Macht mehr wie im Imperialismus. Stattdessen kooperieren und konkurrieren in ihm die verschiedenen Formen der Macht. Dabei unterschieden sie die «monarchische» Macht der USA von der «aristokratischen» Macht der europäischen Staaten, der transnationalen Konzerne und der supranationalen Institutionen wie der WTO, der Weltbank oder dem IWF. Hinzu kommt noch die «demokratische» Macht der NGOs, die für die Stabilisierung des Empires oft eine zentrale Rolle spielen. Das Empire kann man sich somit als imperiales Netzwerk zum Erhalt der globalen Ordnung vorstellen. Mit dem Ende des Systemgegensatzes beginnt auch militärisch ein neues Zeitalter – das der kleinen und zeitlich unbegrenzten inneren Kriege, die eher die Form von Polizeieinsätzen annehmen.

Die globale Ordnung kann keine imperiale Macht mehr alleine sichern. Selbst die USA kann sich nicht mehr wie ein «römisches Imperium» gebärden, sondern ist auf die Zusammenarbeit mit anderen Mächten angewiesen.

Die Konstitution des Empire ist alles andere als stabil. Im Empire breiten sich vielmehr kleine und unbestimmte Krisen aus. Negri/Hardt sprechen von einer Omni-Krise. Die imperiale Souveränität organisiert sich nicht mehr um einen zentralen Konflikt herum, sondern über ein Netzwerk von Mikrokonflikten, die das Charakteristikum der Omni-Krise sind. Hardt/Negri bezeichnen diese Krise als Korruption. Sie ist die Weise, wie das Empire existiert. Dies ist nicht moralisch zu verstehen, sondern wörtlich als ein «Zusammenbrechen», eine ständige Veränderung und Verschiebung der Bestandteile des Empire. Die imperiale Souveränität ist also durchzogen von Widersprüchen und Instabilitäten, woraus sich aber auch ständig neue Freiräume für Veränderungen ergeben. Das Empire ist somit an jedem Punkt angreifbar und zu erschüttern.

5.3 Exkurs: Krise bei Roth, Wallerstein und Kurz

Lohnenswert ist ein Vergleich mit anderen Theoretikern, die die kapitalistische Entwicklung über einen längeren Zeitraum verfolgen. Beispielhaft soll hier die Krisentheorie von Hardt/Negri mit der von Wallerstein, Kurz und Roth verglichen werden. Gemeinsam ist allen Autoren, dass sie von einer epochalen Krise des Kapitalismus ausgehen. Diese Krise ist nicht mehr mit dem klassischen linken Begriffsreservoir zu begreifen. Dies gilt vor allem für Ansätze, die noch dem klassischen Nationalstaatsdenken und damit Vorstellungen eines territorialen Imperialismus verbunden sind. Alles verändert sich. Doch wie denken die Autoren diese Veränderungen?

5.3.1 Roths neuer Ultraimperialismus

Für Roth steht der Kapitalismus vor der dringenden Aufgabe, eine neue Expansionsdynamik in Gang zu setzen. Da mit China und Osteuropa in spätestens 15 Jahren die letzten äußeren Wachstumsquellen in den kapitalistischen Weltmarkt integriert sein werden, muss es sich um eine innere Expansion handeln. Nur wenn dies gelingt, kann sich ein neues Akkumulationsregime herausbilden. Roth bezeichnet es als System der «strategischen Unterbeschäftigung». Den Versprechungen von Keynesianismus und Fordismus von dauerhafter Entwicklung, Vollbeschäftigung und wachsender Teilhabe am gesellschaftlichen Reichtum mittels Massenkonsum wird darin eine Absage erteilt. Die veränderten äußeren Weichenstellungen – man denke etwa an die neue NATO-Strategie, die das Recht auf Krieg zu jeder Zeit, an jedem Ort und aus jedem Grund vorsieht – und der innere Sozialkahlschlag sind in diesem Zusammenhang zu sehen. Die Folge davon wird sein, dass die Massenarmut in einem Prozess der Polarisierung und Re-Proletarisierung in die Metropolen zurückkehrt. Diese dramatischen Umwälzungen führen zur Demontage der repräsentativ-demokratischen Systeme von innen heraus. Deutlich wird dies anhand der Selbstzerstörung der historischen Sozialdemokratie in all ihren Formen.

Die äußeren Rahmenbedingungen entwickeln sich in Richtung «ultra-imperialistischer Abstimmungsverfahren». Bei (in-)formellen Treffen wie dem WEF oder der Sicherheitskonferenz in München werden die Positionen abgestimmt. Damit widerspricht er denjenigen, die mit den Alleingängen der Bush-Regierung vor allem im Irak-Krieg ein Auseinanderbrechen des NATO-Militärsystems und somit eine verschärfte innerimperialistische Konkurrenz zwischen den USA und den Kernstaaten der EU (Deutschland und Frankreich) voraussehen. Stattdessen erwartet er die Formierung eines neuen kollektiven Imperialismus, «der die Weltinstitutionen an die militärische Weltherrschaft der USA anpasst und sich in den strategischen Krisenzonen des Weltsystems mit Methoden festsetzt, die an den klassischen Kolonialismus erinnern. Trotz aller Rivalitäten unter den Großmächten scheint ein neues Netzwerk imperialistischer Herrschaft zu entstehen, das innere Gegensätze ständig ausgleicht und die gemeinsame Kontrolle über die strategischen Ressourcen sowie die Stagnations- und Depressionsgebiete des Weltsystems durchsetzt.» Diese Entwicklung geht einher mit einer neuen Kultur der Ausschließung, die vor allem im Kampf gegen MigrantInnen sichtbar wird. Umrisse einer Gegenperspektive gegen diesen Ultraimperialismus sind für ihn nur noch auf internationaler Ebene möglich. Die Eroberung der Macht im Rahmen des Nationalstaates kann keine emanzipatorische Perspektive mehr sein.

5.3.2 *Wallersteins Schwanengesang des historischen Systems*

Für Roth ist der Ausgang des Projekts einer inneren Expansion zur Herausbildung eines neuen Akkumulationsregimes völlig offen. Aufgrund der Radikalität der stattfindenden und noch bevorstehenden Einschnitte wird der Widerstand gegen dieses Projekt schon deshalb massenhaft sein, weil die Folgen für die meisten unerträglich sein werden. In der bevorstehenden chaotischen und instabilen Phase können schon kleinere Initiativen größere Wirkungen erzielen. Hier treffen sich Roth und Wallerstein, auf dessen dünnes, aber äußerst gehaltvolles Buch «Utopistik» Roth ausdrücklich verweist. Auch Wallerstein sieht den Kapitalismus in einer fundamentalen Krise. Die ideologische Zelebrierung der Globalisierung ist für ihn in Wahrheit «der Schwanengesang unseres historischen Systems. Wir sind in die Krisenphase dieses Systems eingetreten.» (2002, 41) Allein diese Aussage kann als kleine Sensation gewertet werden, hat Wallerstein als Begründer der Weltsystemtheorie doch bis vor kurzem die Stabilität und Erneuerungsfähigkeit des im 16. Jahrhundert entstandenen kapitalistischen Weltsystems betont. Doch jetzt sieht er uns an einem Knotenpunkt der historischen Entwicklung und in einer Phase des Übergangs, die er als «Verwandlungs-ZeitRaum» bezeichnet.

Wie kommt Wallerstein zu dieser Krisenanalyse? Ein zentrales Element ist für ihn die Auflösung des Staatensystems als langfristige Folge der Kämpfe von 1968. Dieses war aber der zentrale Baustein des Weltsystems. Die Staaten waren für ihn nie autonome Gebilde, sondern immer auf das Gesamtsystem ausgerichtet, das – als System – einer kapitalistischen Logik folgte. Das galt natürlich auch für die Staaten des autoritären Sozialismus. Wer aus dieser Logik ausscheren wollte, musste einen hohen Preis zahlen. Insofern waren alle Revolutionen bis 1968 zwar wichtige Ereignisse, die die Geokultur des Systems nachhaltig beeinflussten, aber das System als Ganzes nicht in Frage stellten. Erst mit der «Weltrevolution von 1968» griff eine Antistaatsideologie um sich. Deutlich wird dies in der Neoliberalisierung der Sozialdemokratie und der Entwicklung der Alternativbewegung, deren historisches Erbe die Grüne Partei angetreten hat. Dies sind Folgen des Scheiterns aller etatistischen Ansätze, sei es der Sozialdemokratie, des Parteikommunismus oder der nationalen Befreiungsbewegungen, die alle ihre historische Chance hatten, aber ihre Versprechen nicht einhalten konnten oder wollten. Die Folge ist eine Desillusionierung in Bezug auf die staatlichen Strukturen, die Lebensverhältnisse zu verbessern. Mit dem Staatensystem wurde aber einer der entscheidenden Pfeiler des modernen Weltsystems unterminiert, weil eine endlose Kapitalakkumulation ohne Staaten nicht möglich ist.

Wallerstein prognostiziert, dass den Neoliberalen ihr Lachen über das Verschwinden der Staaten noch im Halse stecken bleiben wird. Denn anders als von der (neo)liberalen Ideologie behauptet, brauchen vor allem die transnationalen Unternehmen starke Staaten zur Realisierung der Profite. Ohne Staaten ist der Kapitalismus viel krisenanfälliger. Da der Antietatismus heute weite Teile der Bevölkerung erfasst und diese Entwicklung unumkehrbar ist, kann das gegenwärtige System «als solches nicht überleben». Hinzu kommt, dass mit den Anschlägen von 2001 die Phase der US-Nachkriegshegemonie zu Ende gegangen ist. Die Hoffnungen der Falken in der US-Regierung, durch ihre militärische Macht diese Hegemonie schnell wieder herstellen zu können, hat sich nicht erfüllt. Die unmittelbare Zukunft ist äußerst instabil und weist Momente einer globalen, systemischen Anarchie auf. Im Gegensatz zu Roth erwartet Wallerstein eine zunehmende Distanz zwischen Europa und den USA. In Ostasien wird sich unter Widersprüchen ein geopolitisch bedeutender Block aus China, Japan und Korea herausbilden. Die Verbreitung von Atomwaffen und Mitteln zu deren Herstellung im Süden wird fortschreiten. Die Kämpfe der nächsten 50 Jahre werden ausschlaggebend dafür sein, welche Richtung das neue System einschlägt. Dabei geht er davon aus, dass das Lager von Porto Alegre «solider und wahrscheinlich auch militanter» werden wird.

Dagegen könnte das Lager von Davos in unterschiedliche Fraktionen zerfallen. Zu erwarten ist eine Periode «schrecklicher politischer Kämpfe». Ethnisch und rassisch übercodierte Konflikte werden zunehmen, mafiotische Strukturen und Chaos werden den Verwandlungs-ZeitRaum bestimmen. Allerdings eröffnen sich in Übergangszeiten wie heute auch die Möglichkeiten politischer Interventionen. Hier geht Wallerstein über seine bisherigen Arbeiten hinaus, in denen er den strukturellen Determinismus des Weltsystems in den Vordergrund gestellt hat. Negri und Hardt warfen ihm in «Empire» deshalb eine «einebnende Wahrnehmung von Kämpfen» vor, weil er diese lediglich «in umgekehrter Homologie zum System» (426) sehen würde. Dadurch würde er – wie auch die Vertreter einer zyklischen Krisentheorie – das grundlegend Neue der Globalisierung verkennen.

Dieser Vorwurf an Wallerstein lässt sich nach dessen «Utopistik» nicht länger aufrechterhalten. Denn darin proklamiert er, dass die Subjekte jetzt ihre Geschicke selbst in die Hand nehmen und somit die Grundlagen für das historische System der nächsten 500 Jahre legen können. Er setzt dabei auf eine Regenbogen-Koalition unterschiedlicher sozialer Bewegungen und betont, dass die kommenden Auseinandersetzungen extrem schwierig sein werden. Und mit Blick auf die Grünen warnt er nicht ohne Grund vor einer jederzeit möglichen Vereinnahmung der Bewegung.

5.3.3 Verfall des Kapitalismus bei Kurz und ...

Sind die Arbeiten von Roth und Wallerstein thesenhaft, so ist für Kurz das Szenario schon lange klar: Der Kapitalismus steht vor seiner finalen Krise. Diese hat zwei zentrale Momente: Die Krise der Lohnarbeit und Krise der Geldverwertung, die jedoch beide untrennbar miteinander verbunden sind. Infolge der Zuspitzung dieser beiden Krisenelemente stößt der Kapitalismus an eine absolute historische Grenze. Kurz verweist auf vier Prozesse: Rationalisierung, Tertiarisierung, Fiktionalisierung und Globalisierung. Durch die Rationalisierung verliert die mehrwertschaffende Arbeit an Bedeutung und der Kapitalismus damit seine Grundlage. Als Folge der mikroelektronischen Revolution ist die Rationalisierung für Kurz unumkehrbar. Die Arbeitslosigkeit kann nie mehr durch einen Boom wie im Fordismus aufgefangen werden. Die grundlegende Trias von Arbeit-Geldeinkommen-Warenkonsum wird obsolet. Aus dieser Krise bietet auch die Tertiarisierung der Produktion, also die Entwicklung zu einer Dienstleistungsgesellschaft, keinen Ausweg, weil diese im kapitalistischen Sinne zumeist keinen Mehrwert produziert, sondern vielmehr aus dem industriellen Mehrwert gespeist werden muss. Die Krise der Geldverwertung zeigt sich am deutlichsten in der Fiktionalisierung des Geldkapitals. Die mangelnden Anlagemöglichkeiten führen zu einer fiktiven Selbstverwertung des Geldkapitals, die zu einer spekulativen Blase mit gigantischen Dimensionen führt. «Wenn diese Blase platzt, entspricht der Unterschied zur Weltwirtschaftskrise etwa dem, ob man aus dem Erdgeschoss oder aus dem 50. Stock runterfällt.» (1995, 57)

Die Globalisierung schließlich bewirkt mittels Herstellung eines unmittelbaren Weltkapitals, dass die Nationalstaaten und -ökonomien an Bedeutung verlieren und damit auch Begriffe wie Erste und Dritte Welt. Die globalen Krisen und die damit verbundenen Kämpfe lassen sich nicht mehr in den klassischen Begriffen der Wirtschafts-, Innen- und Außenpolitik begreifen. Das Verschwinden der Wert bildenden Arbeitssubstanz hat dramatische Folgen. Diese zeigen sich in einem Zersetzungsprozess der herrschenden Produktions- und Lebensweise. Zuerst in einem irreversiblen sozial-ökonomischen Zusammenbruch großer Teile der Peripherie des Weltmarkts. Aber auch in den kapitalistischen Metropolenländern polarisieren sich die sozialen Verhältnisse: «Es gibt in jeder Stadt, jedem Stadtteil, jedem Land, bald in jeder Weltregion sog. Produktivitätsinseln, die immer noch für den Weltmarkt produzieren können, und daneben die Verslumung.» (1995, 54)

Die herrschende Produktions- und Lebensweise wird zersetzt. Sie zerfällt in einen schrumpfenden globalen Minderheitskapitalismus einerseits und dessen Barbarisierungsprodukte andererseits. Ganze Weltregionen beginnen aus der kapitalistischen Reproduktionsfähigkeit herauszufallen. Überall zeigt sich die Brüchigkeit des Systems. Was als Ethno- und Stammeskrieg erscheint, ist in Wirklichkeit das Zerfallsprodukt des Kapitalismus. Da diese Konflikte und ihre Folgen eine Bedrohung für den kapitalistischen Verwertungsprozess darstellen, sind die imperialistischen Mächte bemüht, die Konfliktherde unter Kontrolle zu halten. Die militärischen Interventionen, die zu diesem Zweck weltweit stattfinden, haben aber nichts mehr mit dem klassischen Imperialismus zu tun, der sich ganze Territorien aneignen wollte. Vielmehr hat sich ein ideeller Gesamtimperialismus herausgebildet, dem es nicht um Eroberung, sondern um die Aufrechterhaltung der kapitalistischen Ordnung geht. Auch wenn sich große Regionen mittlerweile weitgehend der Verwertungslogik entziehen, so ist ein punktuelles Verwertungsinteresse etwa im Hinblick auf Rohstofflieferungen nicht zu leugnen. Auch für die Aufrechterhaltung globaler Wertschöpfungsketten braucht der Imperialismus Sicherheit. Deshalb bezeichnet Kurz den neuen Imperialismus als «Sicherheitsimperialismus». Daran haben trotz aller Differenzen alle kapitalistischen Staaten ein Interesse. Der Kern dieses «ideellen Gesamtimperialismus» ist die NATO. Diese legitimiert sich zunehmend selbst, im Namen des Völkerrechts- oder der

Menschenrechte militärisch in anderen Regionen zu intervenieren. Die ständige Selbstlegitimierung führt zu einem Ende der Souveränität und des Völkerrechts.

Doch diese militärischen Interventionen stehen auf tönernen Füßen. Überall in den Zerfallsprodukten des warenproduzierenden Weltkapitals entstehen Plünderungsökonomien. Die gesellschaftliche Verfasstheit dieser Ökonomien ist nicht mehr mit klassischen Staaten, die über reguläre Armeen verfügen, zu vergleichen. Stattdessen bilden die «Überflüssigen» und deren Warlords überall bewaffnete Banden, Clans, mafiose Strukturen, Prostitutionsnetzwerke und Drogenkartelle, die um den schrumpfenden gesellschaftlichen Reichtum kämpfen. In diesem molekularen Bürgerkrieg kämpfen tendenziell alle gegen alle. Es herrscht ein Kult von Mord, Vergewaltigung und Kälte gegen sich selbst. Gegen solche Kräfte hat ein klassischer Krieg nur noch wenig Sinn. Wenn es – wie im Irak – doch zu einem Krieg zwischen zwei regulären Armeen kommt, zeigt sich, dass es wegen der ungeheuren technischen Überlegenheit zwar sehr einfach ist, den Krieg, aber sehr schwierig, den Frieden zu gewinnen. Eine immer größere Aufgabe bei den Weltordnungskriegen fällt daher den zivilen Kräften des Gesamtimperialismus zu. Die Funktion von Nichtregierungsorganisationen geht in Kriegsgebieten mit den Vorstellungen der Militärs oft Hand in Hand, wenn diese etwa mit ihrer Lagerpolitik dazu beitragen, dass eine unerwünschte Flüchtlingsbewegung entsteht.

Hier haben wir eine der entscheidenden Aufgaben des «ideellen Gesamtimperialismus». Es geht darum, eine Elendswanderung der Überflüssigen in die Zonen der kapitalistischen Elendsverursachung zu verhindern. Kurz bezeichnet dies als «Ausgrenzungsimperialismus». Es entsteht eine imperiale Apartheid, eine Zitadellenkultur, die neue «Berliner Mauern» errichtet, etwa um die Außengrenzen der EU.

Positive Perspektiven hat Kurz wenige, weshalb er Sturmwarnung gibt: «Vor dem Hintergrund einer allgemeinen Verwilderung der sozialen Beziehungen zersetzen sich ‹Marktwirtschaft und Demokratie› in partikularisierte Kampfstrukturen «ums Dasein. (...). Die Landkarte der Entzivilisierung nimmt Gestalt an. (...) Es gibt keinen emanzipatorischen Aufstand, aber jedermann fängt an, sich zu bewaffnen. Die ultima ratio von Vernichtung und Selbstvernichtung ist das erste und das letzte Wort des Kapitalismus.» (1999, 780) Dagegen setzt er auf die Renaissance radikaler Gesellschaftskritik und auf neue Formen genossenschaftlicher Selbstverwaltung auf der Ebene gesamtgesellschaftlicher Ressourcenflüsse, die er in dem Begriff des «Welt-Kibbuzes» zusammenfasst.

5.3.4 ... der Aufstieg der Multitudo im Empire bei Hardt/Negri

Kurz nimmt in seinen Analysen die Vogelperspektive ein. Was er sehen kann und will, ist die Verfallsgeschichte des Kapitalismus. Die von ihm beschriebenen Tendenzen und Entwicklungen sind schwer zu leugnen und doch zu linear gemalt. Autonom handelnde Subjekte tauchen aus dieser Perspektive kaum auf. Die Subjekte sind nur Teil des sich hinter ihrem Rücken abspielenden Dramas mit Namen «Finale Krise der Wertvergesellschaftung», deren Zwänge sie unverstanden exekutieren. Deshalb tauchen bei ihm meist nur Amokläufer, Terroristen, marodierende Banden und Warlords als die eine Seite des verfallenden warenproduzierenden Systems auf, dem auf der anderen Seite die Bewohner der Wohlstandsinseln (incl. der antideutschen Kriegsfanatiker) mit ihrer militärischen und ökonomischen Macht gegenüberstehen. Was sich sonst noch bewegt, sind entweder die altlinken Unmittelbarkeitsfetischisten, die einem platten, steinalten Arbeiterbewegungsmarxismus frönen. Diesen Vorwurf erhebt er auch gegenüber Negri und Hardt, deren «neo-operaistischen Kitsch» er gelegentlich als «nazistisch-antisemitischen O-Ton» (2003, 263) charakterisiert.

Völlig konträr zur Vogelperspektive von Kurz spüren Hardt/Negri in den Kämpfen nach den Potenzialen, die das Empire transformieren. «Wir erforschen hier die ontologischen Grundlagen konkreter Alternativen (...), die Subjekte und Kräfte, die im historischen Kontext handeln. Was dadurch zum Vorschein kommt, ist nicht eine neue Rationalität, sondern ein neues Szenario unterschiedlicher rationaler Akte – ein Prospekt von Praxisarten, Widerständen, Wollen und Wünschen, die sich der hegemonialen Ordnung verweigern, Fluchtlinien entwerfen und alternative konstituierende Wege erfinden.» (2002, 62) Hardt/Negri rekurrieren dabei auf den Begriff der Multitudo, der erstmals bei Spinoza auftaucht (s.u.). Dieser Begriff ist vielschichtig. Er grenzt sich ab von allen vereinheitlichenden Begriffen wie Volk, Nation, Klasse etc. Der alte Klassenbegriff war exklusiv, insofern er sich auf das traditionelle Bild von

Arbeiterklasse und Industrieproletariat bezog. Diese homogenisierende Sichtweise von Klasse entsprach der sozialdemokratischen und parteikommunistischen Perspektive von Klasse und deren Organisierung. Die historisch existierenden ArbeiterInnenklassen waren aber viel differenzierter und auch in ihren Lebensweisen und Aktionsformen viel heterogener. Viele dieser Menschen und Gruppen wurden aber in dieser traditionellen Sichtweise ausgeblendet (vgl. van der Linden). Der Begriff Multitudo öffnet wieder den Blick für die verschiedenen Subjektivitäten und Formen von Widerständigkeiten.

Umgekehrt bedeutet Multitudo aber auch nicht die Summe der je einzelnen Individuen. Ausgeblendet wird in dieser liberalen Sichtweise eine existenziale Seinsweise der Menschen, deren Auszeichnung im Mit-Sein-mit-Anderen besteht. Die produktive Kooperation zeichnet die Menschen immer schon aus. In diesem Sinne ist Multitudo kein Begriff, der sich durch eine Definition eindeutig bestimmen lässt. Vielmehr lässt sich Multitudo als ein Projekt begreifen, das sich beständig verändert und damit neue Räume schafft.

5.3.5 Gründe für die Attraktivität von Empire

In dieser Offenheit für das Neue liegt m.E. einer der Gründe des Erfolges von «Empire». Es stellt die Erfahrungen unzähliger AktivistInnen in einen theoretischen Kontext. Es besteht eine offensichtliche Korrespondenz zwischen der Bewegung von Seattle und Genua und «Empire». Das Buch versucht Übergänge und Zusammenhänge neu zu beschreiben. Es ist ein Buch, das neue Horizonte eröffnet, indem es verschiedene Entwicklungen zusammen denkt: die Veränderung von Arbeit und Produktion, der neue biopolitische Zugriff auf die Subjekte und deren Kontrolle, die geopolitischen Veränderungen. Und es reflektiert die Ursachen des Scheiterns der historischen Linken. Es ist kein Buch, das abschließen will, sondern es regt zum Weiterdenken an. Und es ist ein Buch, das in die Offensive geht, die Stärke des Empire nicht verabsolutiert, sondern auch seine Schwachstellen aufzeigt. Zumindest ist dieses Buch ein produktives Ärgernis, das einen nicht unbeteiligt zurücklässt. Nicht zu leugnen ist, dass dieses Buch Schwächen aufweist (vgl. Diefenbach). Bemerkbar macht sich wieder die Tendenz von Negri, etwas als gegeben anzunehmen, was erst im Kommen ist. Aber es ist nicht «einfach ein schlechtes Buch», wie die PROKLA schreibt. Die hasserfüllten Invektiven von Kurz («nazistisch-an-

Exkurs:
Die Erbschaft Nietzsches und Heideggers

Wahrscheinlich ist die offene oder versteckte Kommunikation mit Nietzsche und Heidegger, die in «Empire» mit den beiden geführt wird, ein entscheidender Grund für die Ablehnung dieses Buches vor allem in Deutschland. Eine Auseinandersetzung mit den beiden Philosophen gilt bis heute für viele Linke aufgrund ihrer politischen Positionierung als verpönt. Beide waren Parteigänger der Reaktion. Heidegger war bis 1945 Mitglied der NSdAP und hat sich bis zu seinem Tode nie vom Nationalsozialismus distanziert. Schwieriger ist die politische Einstellung von Nietzsche zu bestimmen. Seine Gegenüberstellung einer aktiven Herrenmoral und einer reaktiven Sklavenmoral war nicht an existierende Parteien gebunden. Seine Feindschaft galt allen, die die produktiven Kräfte behinderten. Die Zähmung der Menschen begann für ihn mit Sokrates und Plato. Eine verheerende Rolle spielte das paulinische Christentum mit seiner Herdenmoral. Seine ganze Verachtung galt aber Deutschland und dem deutschen Protestantismus. Hier sah er den Sklavenaufstand in der Moral verwirklicht. Dem setzte er das Ideal der Künstler- und Intellektuellenaristokratie entgegen, das sich in möglichst großer Distanz zur Gesellschaft und frei von allen moralischen Verpflichtungen verwirklichen sollte.

Trotz der unüberbrückbaren politischen Differenzen stehen auch viele Linke philosophisch in der Linie Nietzsche-Heidegger. Dazu gehören in Deutschland etwa Benjamin, Bloch, Brecht, Marcuse – aber auch Adorno und Horkheimer. Praktisch die gesamte französische Linke ist ohne Nietzsche und Heidegger gar nicht zu denken (s. Hamacher). Der Bezug von Foucault auf Nietzsches Genealogie, Perspektivität und dessen Theorie des Machtwillens ist offensichtlich. Foucault selbst hat dies immer wieder herausgearbeitet. Der Bezug auf Heidegger ist nicht so eindeutig. Allerdings betonte Foucault kurz vor seinem Tode, dass Heidegger für ihn stets der «wesentliche Philosoph» geblieben ist. Nietzsches nomadisierendes Denken nimmt bei Deleuze/Guattari eine herausragende Stellung ein. Und Heideggers Destruktion der abendländischen Metaphysik und der Betonung der ontisch-ontologischen Differenz zwischen Sein und Seiendem war schlichtweg die Grundlage der Differenzdebatten, die auch die Linke in den letzten Jahren so sehr beeinflusst haben. Davon zeugen die feministischen und antirassistischen Diskurse. Derridas Kritik des abendländischen Logozentrismus verdankt sich Heidegger. Im Rückbezug auf dessen ontisch-ontologische Differenz versucht Derrida, der traditionellen binären Oppositionen zu entgehen. Unter Dekonstruktion des abendländischen Präsenzdenkens versteht er «jene Bewegung, durch die sich die Sprache oder jeder Code, jedes Verweisungssystem im allgemeinen ‹historisch› als Gewebe von Differenzen konstituiert». (Derrida 1990, 90) Auch Althussers bahnbrechende Kritiken des Hegelmarxismus und seine Entdeckung des «Kontinents Geschichte» weisen einen direkten Bezug zu Nietzsche und Heidegger auf. Insofern ist Welsch voll und ganz zuzustimmen: «Heideggers Vorstoß hat für diese neueren Entwicklungen bahnbrechend gewirkt. Heidegger hat vom Kernbereich der Philosophie aus das Tor von Einheit zu Vielheit aufgestoßen. Er bildet den Ausgangspunkt der neueren Thematisierungen von Differenz.» (Welsch, 1996, 163)

Selbst die größten Kritiker bleiben Heidegger verpflichtet. So ist die «Ethik des Anderen» von Levinas ein Versuch, mit Heidegger gegen ihn anzudenken. Sein ganzes Werk schließt an ihn an, um sich von ihm abstoßen zu können. «Es gibt keinen Ausweg in Richtung auf eine Philosophie, die man als vor-heideggerisch qualifizieren könnte.» (zit. nach Thomä 2005, 418). Heideggers Hauptwerk «Sein und Zeit» war für ihn eines der schönsten Bücher der Philosophiegeschichte.

Die Auseinandersetzung mit Nietzsche und Heidegger wird nach wie vor weitgehend von Bekenntnissen bestimmt. «Einzig die Alternative: wenn heideggerianisch, dann nazistisch, wenn nicht nazistisch, dann nicht heideggerianisch, wird zugelassen. Sie indes gibt nicht zu denken Anlass, sondern legt auf eine Haltung fest», schreibt Lyotard. Die Auseinandersetzung muss sich von diesem Entweder-Oder lösen. Man kann Heideggers Philosophie aber auch nicht von dessen Politik trennen. Das hat er selbst immer wieder betont. Umgekehrt geht seine Philosophie weit über sein politisches Engagement hinaus.[25]

tisemitischer O-Ton», 2003, 263) und von Hartmann, für den die «Empire»-Autoren die «Reise nach rechts» angetreten haben, sind einer Auseinandersetzung nicht wert.

In «Empire» wird im Vergleich zu den Analysen der 90er Jahre ein neuer Ton angeschlagen. Es findet sich in ihm kein moralisierendes Jammern über die Ungerechtigkeit der Geschichte, sondern es versucht die heutigen Kampfbedingungen der Multituden auszuloten. Wie die Bewegung für eine andere Globalisierung, deren Konstitutionsmerkmal die globale Ebene war, bejahen Hardt/Negri das Empire als Terrain des Kampfes. Eine Flucht in Lokalismus und Nationalismus lehnen sie ab.

Attraktiv ist ferner das Denken des Aufbruchs, der Flucht, des Exodus. Es geht ihnen – im realen wie im metaphorischen Sinne – um die Menschen, die sich der Macht entziehen, die sich nicht still stellen lassen. Sie verweisen darauf, dass die Menschen mit ihren Begierden und Subjektivitäten nie zu begrenzen sind, sondern immer wieder aus- und aufbrechen. Auch darin zeigt sich die Produktivität der Multiudo. In den MigrantInnen und literarischen Figuren wie Barthelmy finden sie ihre Vorbilder. Sie wenden sich somit gegen das verdinglichende Denken der Kritischen Theorie, das bei Adorno und Horkheimer nur noch den elitären Rückzug in das Nichtverdinglichte, in die Esoterik (im wörtlichen Sinne des Begriffes) zulässt. Stattdessen betonen sie die ontologische Offenheit der jeweiligen historischen Situation. Deshalb spüren sie den Befreiungspotenzialen der Bewegungen im Aufbruch nach. Ob diese Potenziale auch tatsächlich genutzt werden können, ist jedoch unsicher. Denn auch das Machtparadigma des Empire erneuert sich ständig. So hat in den letzten Jahrzehnten ein Wandel von der Disziplinargesellschaft zur Kontrollgesellschaft stattgefunden. In der Disziplinargesellschaft gibt es eine scharfe Grenze zwischen normalem und abweichendem Verhalten. Letzteres wird von der Ordnungsmacht scharf sanktioniert. Dagegen werden in der Kontrollgesellschaft die Herrschaftsmechanismen «demokratisiert». Herrschaftskonforme Differenzen werden mit dem Anruf «Verwirkliche dich selbst!» zugelassen und gefördert. Nicht mehr Unterdrückung steht für die Herrschaft im Vordergrund, sondern das ganze Leben soll für die Verwertung produktiv gemacht werden. Die Macht zielt auf die Internalisierung von Herrschaft, indem sie direkt auf die Köpfe und Körper einwirkt und so einen «Zustand autonomer Entfremdung» (38) herbeiführt. Diese neue Form der Macht bezeichnen sie in Anlehnung an Foucault als Biomacht. «Biomacht ist eine Form, die das soziale Leben von innen heraus Regeln unterwirft, es verfolgt, interpretiert, absorbiert und schließlich neu artikuliert. Die Macht über das Leben der Bevölkerung kann sich in dem Maß etablieren, wie sie ein integraler und vitaler Bestandteil eines jeden individuellen Lebens wird, den die Individuen bereitwillig aufgreifen und mit ihrem Einverständnis versehen weitergeben.» Doch auch hier gilt: Die schöpferische Kraft der Menge kann von der Kontrollgesellschaft nie ganz eingefangen werden, sondern ist dieser immer schon voraus. Das Empire ist deshalb immer schon durchzogen von Widerständen, wobei keiner ein Primat für sich reklamieren kann.

5.4 Theoretische Erbschaften: Spinoza, Deleuze/Guattari, Operaismus

Neben Marx finden Hardt/Negri ihre theoretische Munition vor allem bei Philosophen, die sich in ihren Arbeiten gegen den Mainstream der abendländischen Metaphysik gestellt haben. Als die zentralen Repräsentanten dieser Metaphysik sehen sie Platon und Hegel. Es handelt sich um eine Philosophie, in der das EINE in seinen unterschiedlichen Ausformungen – Ursprung, Gott, Idee, Wahrheit, Identität, Bewusstsein, Subjekt, DIE PARTEI – einen ontologischen Vorrang genießt: Auch wenn Hegel mit seiner Geschichtsphilosophie dieses EINE dynamisiert und in seiner Teleologie finalisiert, behält das EINE bzw. die Identität den Vorrang vor der Differenz. Dagegen bringen Negri und Hardt die philosophischen Dissidenten in Stellung: Epikur, aber vor allem Spinoza, Nietzsche, Heidegger und Deleuze/Guattari. «Im Innersten der Moderne finden wir eine Tradition radikaler Kritik (...), die eine Alternative zur Dialektik bietet und so ein Terrain für eine andere politische Methodologie liefert» (Negri/Hardt 149). Mit ihnen suchen sie nach einer Ontologie, in dem das Werden, die Bewegung einen Vorrang vor dem Einen, der Identität, der Abschließung besitzt. «Die Ablehnung einer idealen, notwendigen Ordnung des Seins erfordert nicht die Anerkennung radikaler Kontingenz, die Zurückweisung der ontologischen Vision einer konservativen, geschlossenen Gesellschaft keine deontologische Vision. (...) Unser Begriff von Ontologie muss nun die Vorstellung eines ontologischen Prozesses aufgreifen und, während dabei jedes mögliche Muster einer vorgegebenen Ordnung vermieden wird, die wahrhaft schöpferischen Aspekte der progressiven Konstitution des Seins herausarbeiten. Unser Begriff des Seins muss offen sein für die Produktion des Diskontinuierlichen, des Unvorhersehbaren, für das Ereignis.» (150f)

5.4.1 Spinozas freie Gesellschaft

Einer der zentralen Stichwortgeber ist Spinoza. Er fasziniert Negri, weil er Vergesellschaftung nicht als Verstaatlichung von oben, aber auch nicht als Homogenisierung der Massen, sondern als Akt der freien Individuen auf der Basis von Aneignung und Selbstkonstitution denkt. Die Multitudo bezeichnet bei Spinoza die sich selbst konstituierende Kollektivität. Der Staat ist in diesem Denken nur ein Störfaktor, der keine ontologische Grundlage hat. Insofern unterscheidet sich das Denken von Spinoza grundsätzlich von allen Staatstheorien im Gefolge von Rousseaus Gesellschaftsvertrag, von Hobbes' «Krieg aller gegen alle» und vor allem von Hegel, in denen der Staat die Vermittlung zwischen den Individuen übernimmt und deshalb vor diesen einen Vorrang hat (Hegel 1970, 191).

Auch Johannes Agnoli sieht im Konzept der Multitudo die entscheidende Neuerung Spinozas. «Mit Spinoza haben wir zwar die Idee einer freien Gesellschaft vor uns, doch diese freie Gesellschaft ist ein Kollektiv. Er (Spinoza) verwirft Hobbes Vertragstheorie schon deshalb, weil sie immer von Individuen ausgeht, von einzelnen, die sich dem einen exemplarischen Individuum unterwerfen, um in Frieden leben und arbeiten zu können. Für Spinoza dagegen ist die eigentliche Wirklichkeit die Totalität, und zwar nicht etwa unter Einschluss des Staates, sondern das Ganze als eine Kraft, die dem Staat gegenübersteht.» (173) Gegen die Macht des Staates – der «potestas» in den Worten von Spinoza – und den mit ihm verbündeten Kräften muss die Multitudo ihre «potentia», ihre Fähigkeit und Vermögen zur freien politischen Entfaltung, in die Waagschale werfen. «Spinoza war Dynamit», fasst Agnoli die Philosophie Spinozas zusammen. Und dieses Dynamit wollen Hardt/Negri für die heutigen Auseinandersetzungen nutzen. Es besteht darin, die Menschen in ihren Vermögen und Begierden als Subjekte der Veränderung zu begreifen.

5.4.2 *Nomaden und Deserteure: Deleuze/Guattari*

Ständige und explizite Bezugspunkte für Hardt/Negri sind die Schriften von Deleuze und Guattari. So schreiben sie in einer Anmerkung: «Zwei interdisziplinäre Texte standen uns, während wir dieses Buch schrieben, als Modell vor Augen: Das Kapital von Karl Marx (1867) und Tausend Plateaus von Gilles Deleuze und Felix Guattari (1992).» (421, Anm. 4). Deleuze und Guattari hatten mit dem «Anti-Ödipus» einen Klassiker der 68er-Revolte geschrieben. Für Foucault war dieses Buch nichts weniger als eine Einführung in das nicht-faschistische Leben. Sie gehörten ferner zu den Wenigen, die die Bedeutung des Mai 68 immer verteidigten. Auch Marx war für sie eine dauernde Bezugsgröße. Am meisten inspiriert waren sie allerdings von Spinoza und Nietzsche. In einem Gespräch mit Parnet führt Deleuze diesen Aspekt aus: «Spinoza und Nietzsche bilden in der Philosophie vielleicht die größte Befreiung des Denkens, auf fast explosive Weise. Und sie erfinden die ungewöhnlichsten Begriffe, da ihre Probleme lang verdrängte Probleme sind, die sich zu der Zeit niemand zu stellen wagte.» Wie Nietzsche betonen sie die Perspektivität von Denken und Leben. Sie suchen nach Fluchtlinien, die den Terror des Einen durchkreuzen. Das Netzwerk des Rhizoms wurde zur Metapher für ihr Denken. Dabei handelt es sich um eine Pflanze, die kein Wurzelwerk aufweist und somit auch kein Anfang und Ende. Das Denken von Deleuze und Guattari ist im höchsten Maße antilinear und antiessentialistisch.

Auch Nietzsches «Nomaden-Denken» fasziniert sie. Die abendländische Philosophie ist für Nietzsche auch deshalb repressiv, weil es das Neue immer wieder einschließt in das alte, hergebrachte Denken und es somit der Geschichte unterwirft. Dagegen fordert Nietzsche ein unzeitgemäßes Denken, eine Philosophie der Zukunft, eine Philosophie des Werdens, die ebenso wenig historisch wie ewig ist. «Es gibt so viele Morgenröten, die noch nicht geleuchtet», zitiert Nietzsche einen Vers aus der Rigveda in der «Morgenröte». (KSA 3, 9) Für Deleuze drückt sich darin eine Philosophie des Aufbruchs aus. Ein solches Denken setzt aber die Bereitschaft zum «Minoritär-Werden» voraus. Gerade darin sah Deleuze eine besondere Auszeichnung der Linken. Eine Linke, die diesen Namen verdient, darf nicht aufhören, die herrschenden Codes zu decodieren, sich den Territorialisierungsversuchen der politischen Repräsentationsmaschinerien zu entziehen und deshalb nie aufhören, «minoritär zu werden, minder zu werden, sich zu entziehen. Die Linke gehört nie zur Mehrheit, aus einfachem Grund: Die Mehrheit nimmt an, dass die Massen sich nicht für etwas entscheiden können, sondern fester Normen bedürfen – im Westen zählt zu den Standards jeder Mehrheit: 1. Männlich, 2. Erwachsen, 3. Kräftig, 4. Städtisch...».

5.4.3 Operaismus

Schließlich ist die Theorie von Negri nicht ohne den Operaismus zu denken. Der Operaismus entwickelte sich vor dem Hintergrund der Veränderungen der Produktionsverhältnisse in Italien seit Beginn der 50er-Jahre. Die Einführung des Fließbandes vor allem in der Automobilindustrie in Turin – Fiat, Lancia, Michelin – veränderte die Klassenzusammensetzung. Der Arbeiteraristokrat, der seine politische Heimat in der PCI hatte und für den die Fabrik ein widersprüchlicher, aber letztlich gesellschaftlich anerkannter Ort war, wurde abgelöst durch den Massenarbeiter. Dieser kam als Binnenwanderer vor allem aus dem Süden und war vor allem keiner parteipolitischen und gewerkschaftlichen Tradition verpflichtet. Die Massenarbeiter lehnten die Fließbandarbeit, Fabrik und vor allem ihre Repräsentation durch Parteien und Gewerkschaften grundsätzlich ab. Sie respektierten keine Autoritäten und keine Regeln. Regelmäßig gab es wilde Streiks: Auf ein vorher vereinbartes Zeichen wurde plötzlich die Arbeit niedergelegt. Die Kämpfe breiteten sich schnell in die Gesellschaft aus und waren von einer Radikalität, die in Deutschland völlig unbekannt ist. Begleitet waren die Streiks von massiven Straßenschlachten mit der Polizei. «Die Radikalität ließ im Verlauf dieses Lohnkampfes nie nach, sie durchdrang die Arbeiterkultur, sie entfernte sie vom industriellen Fortschrittsglauben, von der sozialistischen Ethik der Arbeit, von der kulturellen Unterordnung unter das Schicksal der westlichen Zivilisation.» (Balestrini/Moroni 230).

Neben Alquati, Panzieri und Tronti war Antonio Negri als aktives Mitglied von «Potere Operaio» einer der Vordenker des italienischen Operaismus. Entscheidend für den Operaismus ist die treibende Rolle, die der Arbeitersubjektivität zugeschrieben wird. Die Klassen werden nicht abstrakt aus dem Kapitalverhältnis abgeleitet, sondern die Bewegungen des Kapitals sind von der Initiative der Arbeiterklasse abhängig. Das Kapital hat seinen Feind im Inneren. Die Krisen des Kapitals sind somit verursacht durch die Kämpfe der Arbeiterklasse. Diese können vielfältig sein: Verweigerung gegenüber dem Arbeitsdruck und der Arbeitsdisziplin, Sabotage, wilde Streiks. Die Klassen stehen sich in diesen Kämpfen unvermittelt gegenüber. Die Arbeitersubjektivität treibt das Kapital vor sich her. Es gilt das Primat der Kämpfe. Um es verständlicher zu machen: Die These, dass die «Flucht aus den Betrieben», die nach 68 einsetzte, zur Herausbildung eines postfordistischen Akkumulationsregimes führte, hatte viel für sich. Die Verweigerung galt nicht nur der Zentralität der Fabrik und der Arbeit, sondern allen damit verbundenen Ordnungs- und Lebensvorstellungen. Die Disziplinargesellschaft wurde umfassend in Frage gestellt. Alle Bereiche des Alltags wurden hinterfragt: Wohnen, Schule, Medizin, Sexualität, Moral oder Konsum. Die APO und die Alternativbewegung waren nur die Spitze des Eisbergs. Es ging um eine größere individuelle Selbstbestimmung, um einen Ausbruch aus dem Gehäuse der Hörigkeit. Das sozial- und christdemokratische Fortschrittsdenken hatte diesem Verlangen nichts mehr entgegenzusetzen. Erst dem Neoliberalismus gelang es wieder, diese Impulse aufzugreifen, sie aber gegen ihre ursprünglichen Intentionen zu wenden.

Die Frontstellung der Operaisten und Negris gegenüber einem Marxismus, der den Kapitalismus und damit die Arbeiterklasse aus der Entwicklung der Produktivkräfte oder der Verwertung des Werts ableiten will und in der Arbeiterklasse nur ein «automatisches Subjekt» sieht, war gut gegründet. Allerdings neigt Negri dazu, das Primat der Kämpfe zu dogmatisieren. So blendet er in seinen Analysen die Eigendynamik des Kapitals aus, das qua Konkurrenz der Einzelkapitale immer wieder gezwungen ist, die Produktionsbedingungen umzuwälzen.

5.5 Für eine linke Politik der Aneignung: Brechts fröhliche Kritik

Wenn es stimmt, dass sich mit Seattle, Genua und den Sozialforen neue Horizonte eröffnet haben; wenn es stimmt, dass sich die politischen Koordinaten verschoben haben; und wenn es stimmt, dass der Neoliberalismus sich in einer Legitimationskrise befindet und es eine Krise der Repräsentation gibt, die sich in den Protesten gegen den Neoliberalismus, aber auch im Auftauchen einer außerparlamentarischen Sozialdemokratie – zuerst bei Attac – und seit 2005 in der Gründung einer gesamtdeutschen Linkspartei erkennen lässt, was heißt dann linke Politik?

Es gilt, zuerst den Epochenbruch von 89 und damit das Scheitern der historischen Linken anzuerkennen, ohne deren Vergangenheit zu denunzieren. Der Riss ist da. Dies kann man nostalgisch bedauern. Spannender ist es aber, den Stand der Globalisierung zu akzeptieren und ausgehend von ihr den Aufbruch zu einer neuen globalen Linken zu wagen. Dazu muss man die Differenzen und die angesprochene Vielfalt tatsächlich ernst nehmen. Es wird keine emanzipatorischen Veränderungen im Sinne der klassischen Revolutionsmodelle mehr geben, in denen DIE PARTEI mit Hilfe staatlicher Institutionen von oben nach unten den Ablauf der Geschichte bestimmen kann. Das war zwar auch historisch nicht richtig: weder in der Französischen Revolution noch in der Pariser Kommune noch in der russischen Revolution. Die Bolschewiki waren 1917 Nutznießer eines Prozesses, der schon längst begonnen hatte. Angesichts des faktischen Stands der Globalisierung ist eine solche Position überhaupt nicht mehr denkbar. Im Gegensatz zu einer solchen homogenisierenden Vorstellung von Organisation ermöglicht die Netzwerkstruktur eine offene Auseinandersetzung um Positionen und begegnet eher der Gefahr einer Majorisierung durch eine große Organisation. Trotzdem hat auch eine solche Netzwerkstruktur ihre Grenzen. Gerade in Deutschland haben die 90er Jahre politische Wüsteneien hinterlassen, die eine grundsätzliche Debatte um die Linke und den Begriff des Politischen erforderlich machen.

Dabei gilt es zunächst einmal zwei Figuren zurückzuweisen, die in den 90er Jahren an Bedeutung gewonnen haben. Die eine Figur ist der verlorene Sohn: die Antideutschen. Nach einer frühpubertären Phase der Dissidenz kehrt er jetzt, wo er sich erwachsen fühlt, an den heimeligen Herd der imperialen Ordnung zurück. Aus Entsetzen vor der Existenz islamistischer Terrornetzwerke schwingt er sich zum Verteidiger einer «Zitadellenkultur» (O. K. Werckmeister) auf, deren Existenz auf militärischer, politischer, wirtschaftlicher und kultureller Macht beruht. Munitioniert mit dem Begriffsarsenal von Aufklärung, Fortschritts- und Entwicklungstheorien fordert er mit Bezug auf die Menschenrechte und dem Glücksversprechen des Kapitalismus (Fanta statt Fatwa) die Ausweitung und Effektivierung imperialer Weltordnungskriege. (Vgl. Hierlmeier 2003a, Hanloser 2004)

Im Gegensatz dazu ist die Auseinandersetzung mit der zweiten Figur notwendig und sinnvoll. Es handelt sich um die Figur des kritischen Kritikers. Er beobachtet das Spiel vom sicheren Hochsitz außerhalb des Platzes und fällt von dort aus seine Urteile. Er ist der Scharfrichter der Theorie über die sozialen Bewegungen. Die Existenz zahlreicher Widersprüche und Konflikte haben ihn Zuflucht auf einen sicheren Terrain suchen lassen. Nie steht er in Gefahr, einen Ball zu verschlagen oder auf dem glatten Spielfeld auszurutschen. Süffisant macht er sich über die Fehler sozialer und politischer Bewegungen lustig. Der einzige Träger von Emanzipation ist das eigene Selbst. Erst wenn alle anderen so klug werden wie er, kann über Emanzipation diskutiert werden. Es ist die höchste Form von Identitätspolitik. Was oft als Antipolitik beginnt, endet bestenfalls in einem politischen Quietismus, meist allerdings in Elitismus oder Zynismus.

Der kritische Kritiker hat es einfach mit seiner Kritik an sozialen Bewegungen. Die Kritik trifft meist einen richtigen Sachverhalt. Und dennoch verfehlt sie oft das Politische dieser Bewegungen. Deren Charakteristikum ist es, dass sie immer im Bestehenden aufbrechen, widersprüchlich und von Brüchen durchzogen sind und somit den Ansprüchen der reinen Kritik niemals gerecht werden können. Bewegungen sind keine homogenen Blöcke. Entscheidend für deren Beurteilung sind die Möglichkeitshorizonte, die sich mit ihnen eröffnen. Die Aufgabe der Linken in und an der Seite von Bewegungen besteht genau darin, diese Horizonte zu erweitern. Dass dies nicht ohne Fehler, Um- und Holzwege sowie Sackgassen zu haben sein wird, versteht sich aus der Offenheit der je gegebenen politischen Situationen.

5.5.1 Die Aneignung des Lebens und der Politik

Ein Charakteristikum des Bestehenden und somit eines neuen Anfangs ist, dass es ihm an einer eigenen emanzipatorischen Sprache fehlt. Der Siegeszug des Neoliberalismus und der neuen imperialen Ordnung haben eine Linke in der Defensive hinterlassen. Wenn man drei Jahrzehnte lang nur Verteidigungskämpfe führt, färbt es auch auf die Sprache ab. Es fehlt weitgehend eine attraktive Sprache, die offensiv und gleichzeitig poetisch die Fragen von gesellschaftlichem Reichtum thematisiert und Forderungen erhebt, die sich nicht nur die Verhinderung der jeweils letzten Zumutungen («Weg mit Hartz IV, das Volk sind wir») auf die

Fahnen geschrieben hat. Ein Subcomandante Marcos ist hier nur eine Ausnahme. Eine solche neue Sprache ist nicht auf direktem Weg zu erreichen. Die Debatte um Aneignung könnte eine radikal linke Stimme wieder lauter vernehmen lassen, wenn sie auf der Höhe der Zeit ist – sich also gerade nicht auf Schwarzfahren oder den «kostenlosen Einkauf» reduzieren lässt. Ein historischer Umweg über die Stationen Marx, Brecht und – wieder – die Situationisten kann hilfreich sein, um sich einige Sackgassen zu ersparen. Denn die Debatte um Aneignung wird keineswegs zum ersten Mal geführt.

Vergleicht man Marx, Brecht und die Situationisten, so fallen zwei Gemeinsamkeiten unmittelbar auf. Alle verstanden Aneignung nicht im ökonomistischen, auf die Wirtschaft reduzierten Sinne, sondern ihr Begriff von Aneignung zielte auf das gesamte «Ensemble kollektiver und subjektiver Begierden». Es wäre für sie undenkbar gewesen, nur das Leben zu ändern, ohne auch die Welt zu verändern. Und umgekehrt. Und zweitens gab es für sie kein «Außerhalb» der Bewegung. Ihre politische Theorie zielte auf Intervention. Ohne Entwicklung einer gemeinsamen politischen Praxis ist jede Debatte um Aneignung sinnlos. Diese beiden Punkte sollen im Folgenden verdeutlicht werden.

Bereits in den ökonomisch-philosophischen Manuskripten von 1844 geht es Marx um die «Aneignung des menschlichen Wesens». «Sehn, Hören, Riechen, Schmecken, Fühlen, Denken, Anschauen, Empfinden, Wollen, Thätigsein, Lieben, kurz, alle Organe seiner Individuallität … sind … in ihrem Verhalten zum Gegenstand die Aneignung desselben.» Dabei grenzt sich Marx mit seinem Aneignungsbegriff als «praktische menschlich-sinnliche Tätigkeit» von der interesselosen sinnlichen Anschauung Feuerbachs ab. Die Aneignung des gesamten menschlichen Lebens stößt aber auf die Schranken des Privateigentums, das sich seinerseits die unterschiedlichen Potentiale des menschlichen Lebens in bestimmter Weise aneignet. Einer bestimmten Gesellschaftsform entspricht eine Eigentumsform, die sich als Aneignungsform begreifen lässt. Unter der Vorherrschaft des Privateigentums kann sich der Lohnarbeiter das Lebensnotwendige nur aneignen, indem er sich wegen seiner «ökonomischen Hörigkeit» selbst entfremdet. Davon wird sich die zukünftige Aneignungsweise fundamental unterscheiden, denn «der Kommunismus nimmt keinem die Macht, sich gesellschaftliche Produkte anzueignen, er nimmt nur die Macht, sich durch diese Aneignung fremde Arbeit zu unterjochen».

5.5.2 Brechts fröhliche Kritik

Brecht ist eine wahre Fundgrube für die Aneignungsthematik und ihrer politischen Implikationen. In seinem Werk geht es immer um die Aneignung des gesamten Lebens. Zutiefst geprägt von der «fröhlichen Wissenschaft» Nietzsches schwebte ihm eine «fröhliche Kritik» vor, wie es im «Messingkauf» heißt.[26] Gerade an den Materialisten kritisierte er ihre Lebensfeindlichkeit. «Die Vertreter des Diesseits, hagere und bleiche Gestalten, die alle philosophischen Systeme kennen; die Vertreter des Jenseits, korpulente Herren, die alle Weinsorten kennen.» Auch die Materialisten und die Niederen der Plebs sollten alle Weinsorten kennen. Der «Glücksgott» des Diesseits ist dem Gott des Jenseits vorzuziehen:»

Freunde, wenn ihr euch mir verschreibt
Und das könnte sich lohnen
Wisst, dass ihr dann nicht geduldet bleibt
Mehr in den höheren Regionen!
(...)
Ich bin der Gott der Niedrigkeit
Der Gaumen und der Hoden
Denn das Glück liegt nun einmal, tut mir leid,
Ziemlich niedrig am Boden.
(...)
Ich bin der Glücksgott,
Sammelnd um mich Ketzer
Auf Glück bedacht in diesem Jammertal.
Ein Agitator, Schmutzaufwirbler, Hetzer.

Die Verwirklichung des Glücks ist jedoch mit Schwierigkeiten verbunden: der Macht der Herrschenden und den Unzulänglichkeiten der Niederen. Alle Texte Brechts sind als Versuchsanordnungen zu begreifen, wie man mit diesen Schwierigkeiten umgehen kann. Wie können Einzelne und Kollektive unter widersprüchlichen Bedingungen emanzipatorisch handeln? Seine Interventionen sind dabei nie von oben herab, nie aus der Perspektive fertiger Weltbilder. Er kritisiert die Position so mancher TUIs (Intellektueller), die aus Gründen politischer Reinheit und Unschuld glaubten, sich aus den politischen Kämpfen der Zeit raushalten zu können und dies als Form von Weisheit ansahen. Brecht konnte nicht «weise» sein.

Ich wäre gerne auch weise.
In den alten Büchern steht, was weise ist:

Sich aus dem Streit der Welt halten und die kurze Zeit
Ohne Furcht verbringen
Auch ohne Gewalt auskommen
Böses mit Gutem vergelten
Seine Wünsche nicht erfüllen, sondern vergessen
Gilt für weise.
Alles das kann ich nicht.

Es kommt auf die Veränderung der Welt an, nicht nur auf ihre Interpretation. Doch ist dieses Tun niemals unschuldig, gerade weil es kein Außerhalb des geschichtlichen Geschehens geben kann. Darüber ist sich Brecht im Klaren. «Was ist jetzt falsch von dem, was wir gesagt haben, einiges oder alles?» Auch er selbst war nicht unschuldig: Seine Elogen auf Stalin gehören dazu. Wenn aber die Nachgeborenen aus sicherer Warte über diejenigen urteilen werden, die in «der Flut untergegangen sind», dann sollen sie sich zumindest der Zeitumstände erinnern, denen die Urteilenden entronnen sind. Politisches Handeln ist niemals ohne Fehler, Niederlagen und Scheitern zu haben. Schon gar nicht in den «finsteren Zeiten» des heraufziehenden Faschismus und des Stalinismus der Moskauer Prozesse, in denen Brecht schrieb. Eine solche Zeit macht den Wunsch nach Reinheit zur Illusion. Denn
auch der Hass gegen die Niedrigkeit
verzerrt die Züge.
Auch der Zorn über das Unrecht
Macht die Stimme heiser. Ach, wir
Die wir den Boden bereiten wollten für Freundlichkeit
Konnten selber nicht freundlich sein.

Dies soll keine Entschuldigung für gravierende Fehler und das Scheitern kommunistischer Bewegungen und Parteien sein, wie es viele in ihrem säkularen Glauben an die Unfehlbarkeit der Partei getan haben. Schlimmer als Fehler waren für ihn aber diejenigen, die sich vor lauter Zweifel zu keiner Tat durchringen konnten. Im «Lob des Zweifels» geht Brecht diesen Verwindungen nach:
Da sind die Unbedenklichen, die niemals zweifeln.
Ihre Verdauung ist glänzend, ihr Urteil ist unfehlbar.
Sie glauben nicht den Fakten, sie glauben nur sich. Im Notfall
Müssen die Fakten dran glauben. Ihre Geduld mit sich selber
Ist unbegrenzt. Auf Argumente
Hören sie mit dem Ohr des Spitzels.

Den Unbedenklichen, die niemals zweifeln
Begegnen die Bedenklichen, die niemals handeln.
Sie zweifeln nicht, um zur Entscheidung zu kommen, sondern
Um der Entscheidung auszuweichen. Köpfe
Benützen sie nur zum Schütteln. Mit besorgter Miene
Warnen sie die Insassen sinkender Schiffe vor dem Wasser.
Unter der Axt des Mörders
Fragen sie sich, ob er nicht auch ein Mensch ist.
Mit der gemurmelten Bemerkung
Dass die Sache noch nicht durchforscht ist, steigen sie ins Bett.
Ihre Tätigkeit besteht in Schwanken.
Ihr Lieblingswort ist: nicht spruchreif.

Freilich, wenn ihr den Zweifel lobt
So lobt nicht
Das Zweifeln, das ein Verzweifeln ist!

Was hilft zweifeln können dem
Der sich nicht entschließen kann!
Falsch mag handeln
Der sich mit zu wenig Gründen begnügt
Aber untätig bleibt in der Gefahr
Der zu viele braucht.

Du, der du ein Führer bist, vergiß nicht
Daß du es bist, weil du an Führern gezweifelt hast!
So gestatte den Geführten
Zu zweifeln!

Das «Preguntando caminamos» («Fragend schreiten wir voran») der Zapatistas ist auch eine brechtsche Erkenntnis. Brecht betont die Veränderbarkeit der gesellschaftlichen Verhältnisse. Was heute stark erscheint, kann sich schon Morgen ganz anders darstellen? Es ist deshalb unstatthaft, aus der jetzigen Situation langfristige Prognosen ableiten zu wollen. Brecht will lieber im Fluss schwimmend über den Fluss nachdenken, als am trockenen Ufer den Fluss nur anzuschauen. Der Zweifel gilt auch den scheinbar starren Verhältnissen.

Aber von den Unterdrückten sagen viele jetzt:
Was wir wollen, geht niemals.
Wer noch lebt, sage nicht: niemals!
Das Sichere ist nicht sicher.
So, wie es ist, bleibt es nicht.

5.5.3 *Das «Heute noch!» der Situationisten*

Die Situationisten haben die Bedeutung Brechts sofort erkannt. In ihren Schriften beziehen sie sich mehrmals positiv auf ihn. Wie er lehnen sie Moralismus und Askese ab, denn «es ist ausgeschlossen, dass wir durch die Askese die Revolution des alltäglichen Lebens vorbereiten». Wie er verfolgten sie das Ziel mehr Rationalität in die Welt zu bringen, um in ihr die Leidenschaft, die Begierden und Wünsche zu entzünden, die immer schon vorhanden sind. Und zwar: «Heute noch!» Es galt, sich von allen romantischen Träumereien zu verabschieden, die die Utopie einer herrschaftsfreien Gesellschaft in einem unbestimmten «Früher» oder «Später» verorten. Stattdessen wollten sie den Kapitalismus über sich selbst hinaus treiben. Nur wenn man sich auf der Höhe der Zeit befand, Auge in Auge mit dem modernen Kapitalismus, war dieses «Heute noch!» überhaupt denkbar. Dazu musste man als diffuser Haufen im Frontabschnitt des modernen Kapitalismus operieren. Genau dies war auch das Avantgardekonzept der Situationisten. Keine leninistische Partei der Kader und Berufsrevolutionäre – eine solche lehnten sie grundsätzlich ab –, sondern «Avantgarde sein heißt, mit der Wirklichkeit Schritt halten». Die Wirklichkeit ist der moderne Kapitalismus und der moderne Kapitalismus war die Gesellschaft des Spektakels. Das Spektakel ist das Gefängnis der Wünsche und Begierden, wo «alles, was direkt gelebt wurde, sich zu einer Repräsentation entwickelt hat». Dieser Rekuperation kann man aber nicht entgehen, wenn man sich in die Zitadelle der ästhetischen Differenz oder der ideologischen Reinheit zurückzieht, wie es tendenziell bei Adorno und Horkheimer der Fall war. Nicht der Rückzug, sondern das Weitergehen war die Antwort der Situationisten. Sie wollten eine globale Theorie des Widerstands, nicht eine national bornierte. «Duldet sie (die Kritik) die Existenz von Unterdrückungssystemen an einem einzigen Punkt der Welt (weil sie z.B. revolutionäre Klamotten tragen) so erkennt sie die Legitimität der Unterdrückung an.» Mit Brecht und gegen Adorno beharren sie auf der Möglichkeit des Widerstands, weil es «der Macht nicht möglich ist, die geschaffenen Bedeutungen völlig zu rekuperieren und die bestehende Bedeutung ein für allemal festzulegen – kurz, die objektive Unmöglichkeit eines ‹Neusprech›» (in: Der Beginn einer Epoche, 190). Oder um es mit Foucault auszudrücken: Wo Macht ist, ist auch Widerstand.

5.6 *Von Auf- und Umbrüchen*

Wir leben in einer Zeit der Risse, der Um- und Aufbrüche. In Lateinamerika ist ein ganzer Kontinent in Bewegung: Argentinien, Uruguay, Brasilien, Bolivien, Ecuador, die bolivarianische Revolution in Venezuela. Die sozialen Bewegungen sind der Motor dieser Entwicklung. Durch ihre Stärke wurden zahlreiche linke Parteien an die Regierung gespült. Das Verhältnis von Parteien und Bewegungen ist konfliktreich. Viele sind enttäuscht von den linken Regierungen. Der aus der Linken stammende brasilianische Präsident Lula ist kein Hoffnungsträger mehr. Dennoch macht es sich zu leicht, wer das Verhältnis zwischen Parteien und Bewegungen nur als eine Geschichte der Rekuperation der Bewegungen seitens der Parteien denkt. Dieses Verhältnis folgt keiner einfachen Logik, schon gar nicht der des Verrats, sondern ist seinerseits Ausdruck eines Kräfteverhältnisses. Die bolivarianische Revolution oder die Rolle der PRC (vor allem ihrer Jugendorganisation Giovani Comunisti) in Italien im Genua-Prozess zeigen, dass Bewegungs- und institutionalisierte Linke nicht immer im Widerspruch stehen. Auch in Europa scheint die Intensität der Kämpfe zuzunehmen. Frankreich nimmt dabei eine Vorreiterrolle ein: Allein im letzten Jahr sahen wir die Kämpfe der Kulturprekären den Widerstand von Schülern und StudentInnen gegen die Abschaffung des Kündigungsschutzes für Berufseinsteiger, die sozialen Revolten gegen den Ausschluss aus der Gesellschaft in den Großstädten, die Ablehnung der EU-Verfassung in Frankreich sowie die Proteste gegen die Bolkestein-Richtlinie, die der Liberalisierung der europäischen Dienstleistungen zum Durchbruch verhelfen sollte.

Die Situation in Deutschland unterscheidet sich von der in anderen Ländern gravierend. Dies hat historische Gründe. Da ist die weitgehende Vernichtung der Arbeiterbewegung durch den Faschismus; die Folge war das Fehlen einer Widerstandstradition in der alten BRD. Während in Italien oder Frankreich die Resistance oder Resistenzia selbstverständliche Bestandteile des kollektiven Gedächtnisses in diesen Ländern ist, wurde die Leugnung eines linken, kommunistischen Widerstandes zur Staatsdoktrin in der BRD; der Antikommunismus verlief hier nicht zwischen den Klassen, sondern zwischen zwei Staaten. Eine fehlende Widerstandskultur wurde aber auch befördert durch den Erfolg des keynesianischen Wohlfahrtsstaates, der für den Großteil der Bevölkerung tatsächlich eine Verbesserung der Lebenslagen brachte. Es gab im Westen einen historischen Kompromiss zwischen Kapital und Arbeit, der insbesondere von der SPD, aber auch großen Teilen der CDU/CSU moderiert wurde: soziale Absicherung und Lohnzugeständnisse als Preis für die Ruhe in den Betrieben, Planungssicherheit und hohe Produktivität. Hinzu kommt schließlich die neoliberale Wendung der Grünen, die eine ganze politische Generation verschliss. Ein großer Teil ihrer Anhängerschaft machte die Wendung zu einer modernen liberalen Partei der Gewinner des neoliberalen Umbaus mit und applaudierte begeistert den zynischen Manövern ihrer Führungscrew, wie z.B. im Jugoslawienkrieg. Die anderen, die den Zielen und Visionen des Aufbruchs verpflichtet blieben, zogen sich resigniert aus der Politik zurück.

Doch auch hierzulande ist die Situation keineswegs so hoffnungslos, wie es manchmal den Anschein hat. Langsam verschieben sich untergründig die Koordinaten und es werden Brüche im neoliberalen Lager deutlich. Zum einen ist eine neue politische Generation auf den Plan getreten, die mit der Geschichte der Grünen definitiv nichts mehr verbindet. Sie sind die treibenden Kräfte des Aufbruchs der Bewegung für eine andere Globalisierung nach Seattle und Genua. Sie sind diejenigen, die das globale Terrain als Kampffeld verinnerlicht und mit jeglicher Form von Nationalismus gebrochen haben. Geübt im Umgang mit neuen Medien und mit Sprachen sorgen sie dafür, dass die globale Kommunikation gewährleistet wird.

Der vielleicht bedeutendste Bruch ereignete sich aber im sozialdemokratischen Lager. Wegen ihrer Pro-Kriegs-Position im Jugoslawien-Krieg, aber noch mehr wegen der Schleifung des keynesianischen Wohlfahrtsstaates durch die rot-grüne Regierung, bildete sich eine außerparlamentarische Sozialdemokratie. Viele dieser von rot-grün enttäuschten AktivistInnen sammelten sich zunächst in Attac. Enttäuschte Gewerkschafter gründeten dann die WASG. Mittlerweile haben sie mit der Linkspartei eine parlamentarische Repräsentation gefunden. Maßgeblich beteiligt waren Mitglieder der IG Metall und von ver.di. Diese wollten die Politik der permanenten Lohnzurückhaltung und Rücksichtnahme der Gewerkschaftsführung gegenüber der unsozialen SPD-Regierungspolitik nicht länger mitmachen. Deutlich geworden ist die Entfremdung zwischen Gewerkschaftsführung und Teilen ihrer Basis bei der Demonstration gegen den Sozialabbau am 1. November 2003 in Berlin, an der – entgegen der Empfehlung von IGM- und ver.di-Führung – sich ganze Ortsgruppen beteiligten. Dieser Exodus aus der Organisationsloyalität zwang die Gewerkschaftsführung zu einer kurzfristigen Mobilisierungsoffensive. Bei den europäischen Aktionstagen Anfang April 2004 setzte sie sich in einem organisatorischen Kraftakt an die Spitze der Proteste. Allerdings war dies nicht der Beginn einer gedeihlichen Zusammenarbeit zwischen außerparlamentarischen Bewegungen und Gewerkschaften. Schon kurze Zeit später, als sich mit den Montagsdemonstrationen der spontane Protest gegenüber den Hartz-Gesetzen artikulierte, machten die Gewerkschaftsführungen einen Rückzieher. In einer internen Anweisung ordnete der DGB an, diese Proteste nicht zu unterstützen. An diesen Entwicklungen wird deutlich, dass in den Gewerkschaften ein Kampf um die zukünftige Strategie ausgebrochen ist.

Der eine Teil will die 140-jährige Ehe mit der SPD retten. Sein Ziel ist es, so viel wie möglich von den Errungenschaften des fordistischen Wohlfahrtsstaates für die Kernsektoren ihrer Mitglieder zu sichern. Dies kann begrenzte Bündnisse mit sozialen Bewegungen einschließen – allerdings nur unter der Führung der Gewerkschaften. Überall dort, wo spontane Bewegungen entstehen und die Verlaufsformen des Protestes deshalb unwägbar sind, werden diese Teile der Gewerkschaften auch in Zukunft ihre Unterstützung verweigern. Stattdessen werden sie auch weiterhin versuchen, sich «konstruktiv» am Umbau des Sozialstaates zu beteiligen. Man dürfe sich nicht ins Abseits stellen, sondern müsse den Umbau sozial gestalten, lautet die Standardbegründung.

Nicht zuletzt deshalb begrüßte der DGB-Bundesvorstand in seiner Stellungnahme vom 15.8.2002 die Vorschläge der Hartz-Kommission nahezu euphorisch: «Die Vorschläge der Hartz-Kommission können einen größeren Schub für die Arbeitsmarktpolitik (...) bewirken. Damit kann ein notwendiger Beitrag zum Abbau der Arbeitslosigkeit geleistet werden (..). Die Umsetzung des Gesamtkonzeptes verspricht somit einen wichtigen Fortschritt bei der sozial gerechten Modernisierung unserer Gesellschaft.» (http://www.dgb.de/themen/themen_a_z/abiszdb/abisz_search?kwd=Hartz&showsingle=1).

Gegenüber dieser dem staatlichen Gemeinwohl verpflichteten Rolle der Gewerkschaftsmehrheit lief ein nicht unbeträchtlicher Teil der Mitglieder Sturm und setzte sich für eine Neuorientierung der Gewerkschaftspolitik ein. Es sind insbesondere drei Faktoren, die dazu führen, dass die Gewerkschaften nicht mehr wie bisher weitermachen können.

1. Die SPD hat mit ihrer Regierungspolitik einen einseitigen Bruch gegenüber den Gewerkschaften vollzogen. Dieses Ereignis ist in seiner Bedeutung gar nicht zu überschätzen. Die SPD ist zwar mit ihrem Kurs voll an die Wand gefahren. Sie ist aber mittlerweile so ausgehöhlt, dass sie zu einem Richtungswechsel nicht mehr in der Lage ist.
2. Die Basis gewerkschaftlicher Politik und ihres Erfolges war der Nationalstaat. Dieser zerbröselt zusehends. Die Gewerkschaften müssen deshalb in Zukunft ihre Politik internationalisieren, etwa Bündnisse entlang den Wertschöpfungsketten organisieren. Hier hinkt die Gewerkschaftspolitik um Jahrzehnte den global organisierten Kapitalfraktionen hinterher.
3. Der Mörtel für den Zusammenhalt der verschiedenen Strömungen in den Gewerkschaften war ihr materieller Erfolg in der Tarifpolitik. Auch dies hat sich grundsätzlich geändert. Durch die Kette der Niederlagen nehmen die zentrifugalen Kräfte zu.

Ein Richtungsstreit ist deshalb perspektivisch unvermeidbar oder es kommt zu einer Implosion. Die bisherige auf die Sicherung des nationalen Sozialstaates ausgerichtete Politik begünstigt ohne eine internationale Perspektive eine wohlstandschauvinistische Verteidigung der Zitadellenkultur und somit Rassismus und Nationalismus. Es ist kein Zufall, dass rassistische Positionen innerhalb der Gewerkschaften erschrekkend verbreitet sind. Im Kern geht es um die Frage: IG-Chemisierung der Gewerkschaften – also Option «gelbe Gewerkschaften» – oder der Versuch im Bündnis mit anderen politischen Kräften eine emanzipatorische Gegenmacht aufzubauen? Für Letzteres plädieren etwa die ver.di-Angestellten Riexinger und Sauerborn, in ihrer schonungslosen Gewerkschaftspolitik (Riexinger/Sauerborn 2004). Sie sehen die Gewerkschaften in einer tiefen Krise. Eine weitere Anpassungspolitik führe nicht weiter. Der «erkämpfte Sozialstaatskompromiss verliert seine Grundlage». Der grundlegende Wandel des Kapitalismus entziehe einer kooperativen Gewerkschaftspolitik die Grundlagen. Die einzige strategische Option sehen sie in einer Internationalisierung der Gewerkschaftspolitik.

5.7 Eine neue Internationale im Werden

Die internationalistisch orientierte Bewegungslinke muss offen sein für die Risse, die sich auch im gewerkschaftlichen Lager aufgetan haben. Trotz aller inhaltlichen und subjektiven Beschränkungen erweitern sie den Möglichkeitsraum, weil sie die gesellschaftlichen Kräfteverhältnisse verändern. Die Brüche und ihre Dynamiken zu erkennen und sie durch ihre Intervention emanzipatorisch weiterzutreiben, d.h. sie in einen globalen Kontext zu stellen, ist heute Aufgabe der Linken. Ohne Verbindung zwischen sozialer und internationaler Linken wird der Aufbruch im Sande verlaufen. Damit kommen wir zurück zu einer Einsicht, die Marx und Engels bereits im Manifest der Kommunistischen Partei (1848) formuliert haben, die aber angesichts des Standes der globalen Vergesellschaftung an Dringlichkeit gewinnt: «Die Kommunisten sind keine besondere Partei gegenüber den andern Arbeiterparteien. Sie haben keine von den Interessen des ganzen Proletariats getrennten Interessen. Sie stellen keine besonderen Prinzipien auf, wonach sie die proletarische Bewegung modeln wollen. Die Kommunisten unterscheiden sich von den übrigen proletarischen Parteien nur dadurch, dass sie einerseits in den verschiedenen nationalen Kämpfen der Proletarier die gemeinsamen, von der Nationalität unabhängigen Interessen des gesamten Proletariats hervorheben und zur Geltung bringen, andrerseits dadurch, dass sie in den verschiedenen Entwicklungsstufen, welche der Kampf zwischen Proletariat und Bourgeoisie durchläuft, stets das Interesse der Gesamtbewegung vertreten.» (MEW 4, 475). Diese Einsicht gilt es heute mit neuen Begrifflichkeiten zu reformulieren.

Der Ausschluss weiter Teile der Bevölkerung auf allen Ebenen des sozialen Raumes – lokal, national und vor allem international – macht Emanzipation und Solidarität zu einer Frage der Dringlichkeit. Möglich ist dies nur mit einer «neuen Internationalen». Der kürzlich verstorbene französische Philosoph der Dekonstruktion Jacques Derrida begründet die Notwendigkeit einer neuen Internationalen folgendermaßen: «Denn in dem Augenblick, wo einige es wagen, Neo-Evangelisierung zu betreiben im Namen des Ideals einer liberalen Demokratie, die endlich zu sich selbst wie zum Ideal der Menschheitsgeschichte gekommen wäre, muss man es herausschreien. Noch nie in der Geschichte der Erde und der Menschheit haben Gewalt, Ungleichheit, Ausschluss, Hunger und damit wirtschaftliche Unterdrückung so viele menschliche Wesen betroffen.» (Derrida 1995, 139) Für Derrida ist eine neue Internationale kein Ziel, das einmal vollendet sein wird. Sondern sie ist in den politischen Kämpfen immer schon vorhanden, ohne dass sie jemals ganz verwirklicht sein wird. Sie wird niemals eine Einheit sein. Schon deshalb muss sie offen für den «Anruf des Anderen» (Levinas) sein und die Bereitschaft zum Offenhalten des mit Seattle und Genua begonnenen Prozesses mitbringen. Möglichkeiten um auszutesten, inwieweit diese «Neue Internationale» auch in Deutschland schon Einzug gehalten hat, gibt es genug.

Anhang

Anmerkungen

1 Zu den absurden Verfolgungen politisch Andersdenkender s.a. Posser und Hannover

2 Wie aufgeladen die Situation war, zeigt sich auch darin, dass von dem Buch «Rebellion der Studenten», in dem sich Dutschkes Aufsatz befand, allein im Mai 1968 110.000 Exemplare verkauft wurden.

3 Die Bedeutung Fanons ist mit seiner Theorie der Gewalt keineswegs auch nur annähernd erfasst. Seine psychologischen Analysen der Kolonisierten und des Kolonisators waren für die Postcolonial Studies der 90er Jahre wegweisend (vgl. Wolter 2001).

4 Trotzki ist nur ein Beispiel, keine Ausnahme. Seit den 1890er Jahren gibt es einen breiten Diskurs über einen «eugenischen Reformismus» in der Sozialdemokratie (vgl. Schmaltz).

5 zit. nach http://www.physik.uni-regensburg.de/~sij17370/1968/toleranz/.htm

6 Vgl. Taubes 1967. Die Bedeutung Taubes für die APO ist bis heute völlig unzureichend aufgearbeitet. Er hatte enge Beziehungen zu Marcuse. Im Jahre 1947 legte er – gerade mal 24 Jahre alt – mit der «Abendländischen Eschatologie» ein geniales Frühwerk vor, in dem er den eschatologischen Strömungen auch im Marxismus nachgeht.

7 Es muss darauf hingewiesen werden, dass sich die iz3w in der Vergangenheit sehr gründlich mit dem eigenen Antizionismus auseinandergesetzt hat (vgl. Späler).

8 Differenzierte Faschismusanalysen wie Franz Neumanns «Behemoth» spielten in den 60er Jahren so gut wie keine Rolle.

9 Zum Messianismus siehe die vorzüglichen Arbeiten von Löwy 1997 und Taubes 1991.

10 Die K-Gruppen sind nicht über einen Kamm zu scheren. Trotz allem dogmatischen Bezug auf Lenin und Mao war der KB (Kommunistischer Bund) neben der trotzkistischen GIM (Gruppe Internationaler Marxisten) «sicher die Zeitgemäßeste unter allen MLern». (Koenen 306)

11 Kuba war eine Ausnahme, weil nach der Invasion der USA in der Schweinebucht 1961 die Sowjetunion mit dem Einsatz von Atombomben drohte. Gegen die Zusicherung der USA, in Zukunft auf eine Invasion zu verzichten, zogen die UdSSR ihre Atomflotte aus der Karibik zurück (Taibo II 1997).

12 Ich danke Hartmut Dreier für diesen Hinweis. Die Waldenser stehen in der Tradition der sozialrevolutionären christlichen Strömungen des Mittelalters, die von der katholischen Kirche im 13. Jahrhundert blutig verfolgt wurden.

13 Eine vergleichbare Auseinandersetzung fehlt in der katholischen Kirche bis heute. Dabei war ihre Unterstützung für Nationalsozialismus und Faschismus nicht minder gravierend als die der evangelischen Kirche. Selbst nach dem Krieg verhalf der Vatikan noch Hunderten von Nazis zur Flucht nach Lateinamerika.

14 Zur Bedeutung Luthers für die deutsche Geistesgeschichte vgl. Plessner 1994, Münch 1993, Müller 1996, Münch 1993, Bornkamm 1970

15 Vgl. dazu das ausgezeichnete Buch von Gerlach 1993; Kupisch 1986; Fischer 1998, 182 ff

16 Die Kritik am Lobbyismus meint nicht die im Rahmen sozialer Bewegungen immer wieder notwendigen Verhandlungen zwischen Mitgliedern sozialer Bewegungen und VertreterInnen herrschender Institutionen. Es geht um die Kritik einer dominaten strategischen Option.

17 Eine spannende Diskussion zwischen «Habermasianern» und «Foucaultisten» ist dokumentiert in Hackenesch.

18 Dieser Aspekt der Totalitarismustheorie von Arendt wird in den gängigen Totalitarismustheorien fast durchgehend ausgeblendet.

19 Der Kampf gegen den Rassismus in den Südstaaten steht nur scheinbar im Widerspruch zu Arendts Unterstützung für die rassistischen Buren. Ihre Abscheu vor den «Negern» in Afrika rührt von deren Unfähigkeit, einen Staat, eine polis zu schaffen, nicht von deren «Rasse» oder Hautfarbe.

20 Dabei unterschied Arendt eine in der Tiefe des Argumentes wurzelnde positive Radikalität von einem oberflächlichen negativen Extremismus.

21 Diese Dichotomisierung begegnet uns immer wieder, etwa in der Unterscheidung des Bourgeois vom Citoyen oder der Trennung von System und Lebenswelt bei Habermas.

22 Über die Macht von Symbolen im Diskurs von Maskulinität und im Nationalsozialismus vgl. die faszinierenden Bücher von Theweleit und Canetti.

23 Pluralität als solche ist noch keine Lösung. Schließlich gibt es einen differentialistischen und kulturalistischen Rassismus, der die Unvereinbarkeit der «Völker» aufgrund der unterschiedlichen kulturellen Traditionen betont. Der wichtigste Vordenker in Deutschland ist Henning Eichberg.

24 Der feuilletonistische «anything-goes»-Postmodernismus hat mit den postmodernen DekonstruktivistInnen nichts zu tun. Schließlich würde man auch dem Marxismus Unrecht tun, ihn mit den «Analysen» der MLPD-Stalinisten gleichzusetzen.

25 Dasselbe gilt für Nietzsche. Es gibt mittlerweile zahlreiche ausgezeichnete und ernsthafte Auseinandersetzungen mit Heidegger. Ich will hier nur die Arbeiten von Lyotard (1988), Lacoue-Labarthe sowie die akribische Textexegese von Thomä (1990) hervorheben. Es wäre an der Zeit, dass auch die Linke unaufgeregt ihre Fluchtlinien zu Nietzsche und Heidegger anerkennt, ohne deren Verortung in der Reaktion zu verleugnen.

26 Wie sehr Brecht bis in die Wortwahl den Motiven Nietzsches verhaftet war, vgl. Grimm und vor allem Subik.

Ausgewählte Literatur

Eine ausführliche Literaturliste befindet sich auf der Homepage: www.linke-theorie.org

Zeitungen und Zeitschriften

17° – Zeitschrift für den Rest
ak – analyse und kritik – Zeitung für linke Debatte und Praxis
alaska – Zeitschrift des BUKO (Bundeskoordination Internationalismus)
APuZ – Aus Politik und Zeitgeschehen
Arranca! – linke Zeitschrift
Blätter – Blätter für deutsche und internationale Politik
Das Argument – Zeitschrift für Philosophie und Sozialwissenschaften
Die Beute – Politik und Verbrechen
Diskus – Frankfurter StudentInnen Zeitschrift
FJ-NSB – Forschungsjournal Neue Soziale Bewegungen
ila – Zeitschrift der Informationsstelle Lateinamerika
iz3w – Zeitschrift des «informationszentrums dritte welt»
jungle world – Wochenzeitung
kultuRRevolution – Zeitschrift für angewandte Diskurstheorie
links – Zeitschrift des Sozialistischen Büros
LN – Lateinamerika Nachrichten
Peripherie -Zeitschrift für Politik und Ökonomie in der Dritten Welt
PROKLA – Zeitschrift für kritische Sozialwissenschaft
ZAG – Zeitschrift antirassistischer Gruppen

Aufsätze und Bücher

Empfohlene Literatur zum Weiterlesen ist kenntlichgemacht: ✪✪✪

Adorno T. W. 1993: Minima Moralia. Reflexionen aus dem beschädigten Leben. Frankfurt/M.

Adorno T. W. 1994: Negative Dialektik. Frankfurt/M.

Agnoli J. 1996: Subversive Theorie. «Die Sache selbst» und ihre Geschichte. Freiburg

Agnoli J. 1998: 1968 und die Folgen. Freiburg

alaska 1998 / 223: 150° West – 60° Nord. Standortbestimmung jenseits vom Neuen Internationalismus ✪✪✪

Althusser L. 1974: Für Marx. Frankfurt/M.

Althusser L. 1977: Ideologie und ideologische Staatsapparate. Hamburg ✪✪✪

Altvater E. u.a. 1982: Vom Wirtschaftswunder zur Wirtschaftskrise. 2 Bände. Berlin

Altvater E. u.a. (Hg.) 1987: Die Armut der Nationen. Handbuch zur Schuldenkrise. Berlin ✪✪✪

Altvater E./Mahnkopf B. 1996: Grenzen der Globalisierung. Münster

Améry J. 1979: In den Wind gesprochen. In: Eggebrecht

Améry J. 1990: Widersprüche. Münster
Anders G. 1984: Die Antiquiertheit des Menschen. 2 Bände. Zürich
Andersen U. / Langmann A. 1992: Eine «neue» Neue Weltwirtschaftsordnung? In: Matthies
Arendt H. 1986: Elemente und Ursprünge totaler Herrschaft. München
Arendt H. 1989: Vita Activa oder Vom tätigen Leben. München
Arendt H. 2000: Über die Revolution. München ✪✪✪
ASTA Uni Hannover 1997: Reader – Nachhaltige Weltbilder. Hannover
autonome a.f.r.i.k.a gruppe u.a.: Handbuch der Kommunikationsguerilla. Hamburg
autonome l.u.p.u.s gruppe 1993: Geschichte, Rassismus und das Boot. Berlin ✪✪✪
autonome l.u.p.u.s. gruppe 1994: Lichterketten und andere Irrlichter. Texte gegen finstere Zeiten. Berlin
Balsen W. / Rössel K. 1986: Hoch die internationale Solidarität: Geschichte der DWB in der BRD. Köln ✪✪✪
Becker U. 1984: Zum Status der Klassentheorie. In: PROKLA 57. Berlin
bell hooks 1996: Sehnsucht und Widerstand – Kultur, Ethnie, Geschlecht. Berlin
Benjamin W. 1977: Illuminationen. Frankfurt/M.
Bergmann U. u.a. 1968 : Rebellion der Studenten oder Die neue Opposition. Reinbek bei Hamburg ✪✪✪
Berlin I. 1994: Wider das Geläufige. Aufsätze zur Ideengeschichte. Frankfurt/M.
Besier G. 2000: Die politische Rolle des Protestantismus in der Nachkriegszeit. In: APuZ 50
Besier G. 2000: Kirche, Politik und Gesellschaft im 20. Jahrhundert. München
Böhme J. 1991: Der Golfkrieg, Israel und die bundesdeutsche Friedensbewegung. In: Stein
Bohrer K. H. 1970: Die gefährdete Phantasie, oder Surrealismus und Terror. München
Bohrer K. H. 1998: 1968: Studentenbewegung – Walter Benjamin – Surrealismus. In: Gilcher-Holtey
Bohrer K. H. 2001: Fantasie, die keine war. In: Die Zeit vom 8.2.2001
Bolte G. (Hg.) 1989: Unkritische Theorie. Gegen Habermas. Lüneburg
Bornkamm H. 1970: Luther im Spiegel der deutschen Geistesgeschichte. Göttingen
Bourdieu P. 1996: Die feinen Unterschiede. Kritik der gesellschaftlichen Urteilskraft. Frankfurt/M. ✪✪✪
Brand U. u.a. 1999: Global Governance. Bonn ✪✪✪
Brand U. 2000: Nichtregierungsorganisationen, Staat und ökologische Krise. Münster ✪✪✪
Brand U. / Ceceña A. E. (Hg.) 2000: Reflexionen einer Rebellion: «Chiapas». Münster
Brand U. u.a. (Hg.) 2001: Nichtregierungsorganisationen in der Transformation des Staates. Münster
Breier K.-H. 1992: Hannah Arendt zur Einführung. Hamburg ✪✪✪

Breton A. 1993: Die Manifeste des Surrealismus. Frankfurt/M.
Briegleb K. 1993: 1968. Literatur in der antiautoritären Bewegung. Frankfurt/M.
Bromley R. / Göttlich U. / Winter C. (Hg.) 1999: Cultural Studies. Grundlagentexte. Lüneburg
Bruhn J. 1988: Eine Abrechnung mit der antizionistischen Linken. In: iz3w 150
Brumlik M. 1992: Die Gnostiker. Der Traum von der Selbsterlösung der Menschen. Frankfurt/M.
Brunkhorst H. 1999: Hannah Arendt. München
Brunkhorst H. / Koch G. 1990: Marcuse zur Einführung. Hbg. ✪✪✪
BUKO (Hg.) 1986: Aktionshandbuch Dritte Welt. Hannover
BUKO (Hg.) 1987: Elende Schuld – unverschuldetes Elend. Hamburg
BUKO (Hg.) 1989: Wut, Witz, Widerstand. Die Aktivitäten gegen IWF und Weltbank. Stuttgart
BUKO-ASWW 1999: kölngehen. Erkundungen zu Globalisierung und Internationalismus. Hamburg ✪✪✪
BMU 1992: Dokumente: Agenda 21. Bonn
Cabral A. 1983: Die Theorie als Waffe. Bremen
Canetti E. 1978: Masse und Macht. Düsseldorf
Cardoso H. / Faletto E. 1976: Abhängigkeit und Entwicklung in Lateinamerika. Frankfurt/M. ✪✪✪
Carozzi C. 1996: Weltuntergang und Seelenheil. Apokalyptische Visionen im Mittelalter. Frankfurt/M.
Cassirer E. 1994: Der Mythos des Staates. Frankfurt
Chaussy U. 1999: Die drei Leben des Rudi Dutschke. Zürich ✪✪✪
Chomsky N. 1988: Die fünfte Freiheit. Über Macht und Ideologie. Hamburg ✪✪✪
Conert H. 1987: Jugoslawien. In: Altvater u.a. 1987
Cohn N. 1988: Das neue irdische Paradies. Reinbek
Czermak G. 1997: Christen gegen Juden. Geschichte einer Verfolgung. Reinbek
Debord G. 1996: Die Gesellschaft des Spektakels. Berlin ✪✪✪
Deppe R. / Dubiel H. / Rödel U. (Hg.) 1991: Demokratischer Umbruch in Osteuropa. Frankfurt/M.
Der Beginn einer Epoche. Texte der Situationisten. Hamburg 1995
Der blinde Fleck. Die Linke, die RAF und der Staat. Frankfurt/M. 1987
Der Blues. Gesammelte Texte der Bewegung 2. Juni. o.O. o.J.
Derrida J. 1995: Marx' Gespenster. Frankfurt/M.
Die alte Straßenverkehrsordnung. Dokumente der RAF. Berlin 1987
Dietz G. u.a. (Hg.) 1997: Wild und zahm. Die siebziger Jahre. Berlin ✪✪✪
Dimitroff G. 1982: Gegen Faschismus und Krieg. Ausgewählte Reden und Schriften. Berlin
Diner D. 1991: Der Krieg der Erinnerungen und die Ordnung der Welt. Berlin
Dörner A. 1996: Politischer Mythos und symbolische Politik. Reinbek ✪✪✪
Dubiel H. 1990 / 4: Die demokratische Frage. In: Blätter

Dubiel H. / Söllner A. 1984: Wirtschaft, Recht und Staat im Nationalsozialismus. Frankfurt/M.
Duchrow U. / Eisenbürger G. / Hippler J. (Hg.) 1989: Totaler Krieg gegen die Armen. München
Dutschke G. 1996: Wir hatten ein barbarisches, schönes Leben. Rudi Dutschke – eine Biographie. Köln
Dutschke R. 1998: Das Verhältnis von Theorie und Praxis. In: Kraushaar Bd. 2
Dutschke R. 1968: Die Widersprüche des Spätkapitalismus, die antiautoritären Studenten und ihr Verhältnis zur Dritten Welt. In: Bergmann u.a.
Dutschke R. 1980: Mein langer Marsch. Reden, Schriften und Tagebücher aus zwanzig Jahren. Reinbek
Dutschke R. 1991: Geschichte ist machbar. Berlin
Dutschke R. / Krahl H. J. 1967: Organisationsreferat. In: Kraushaar Bd.2
Eblinghaus H. / Stickler A. 1996: Nachhaltigkeit und Macht. Frankfurt/M. ✪✪✪
Eco U. 1972: Einführung in die Semiotik. München
Eggebrecht A. (Hg.) 1979: Die zornigen alten Männer. Gedanken über Deutschland seit 1945. Reinbek
Eichhorn C. / Grimm S. (Hg.) 1994: Gender Killer. Texte zu Feminismus und Politik. Berlin ✪✪✪
Eisenberg G. / Thiel W. 1975: Fluchtversuche. Gießen
Engelmann J. (Hg.) 1999: Die kleinen Unterschiede. Der Cultural Studies-Reader. Frankfurt/M.
Erdmann E. u.a. (Hg.) 1990: Ethos der Moderne. Foucaults Kritik der Aufklärung. Frankfurt ✪✪✪
ESG Bochum 1973: Zur Kritik und Theorie der Kirche in der Gesellschaft. Heft 1. Bochum
Esteva G. 1992: Fiesta – jenseits von Entwicklung, Hilfe und Politik. Frankfurt/M.
Fanon F. 1965: Von der Gewalt. In: Kursbuch 2
Fanon F. 1981: Die Verdammten dieser Erde. Frankfurt/M.
Feil E. / Weth R. (Hg.) 1969: Diskussion zur «Theologie der Revolution». München-Mainz
Fetscher I. 1977: Der Marxismus. Seine Geschichte in Dokumenten. Bd. I- III. München
Fichter T. / Lönnendonker S. 1979: Kleine Geschichte des SDS. Berlin
Fink-Eitel H. 1997: Michel Foucault zur Einführung. Hamburg ✪✪✪
Fischer F. 1998: Hitler war kein Betriebsunfall. München
Fleischer H. 1977: Marxismus und Geschichte. Frankfurt/M.
Foitzik A. u.a. (Hg.) 1992: «Ein Herrenvolk von Untertanen». Duisburg
Foitzik A. / Marvakis A. (Hg.) 1997: Tarzan – was nun? Hamburg ✪✪✪
Fornet-Betancourt, R. (Hg.) 1997: Befreiungstheologie: Rückblick und Perspektiven. Bd. 1-3. Mainz ✪✪✪
Forschungsjournal NSB 1994 / 3: Solidaritätsbewegungen. Zwischen Hoffnung und Resignation.
Forschungsjournal NSB 1998 / 1: Neue Soziale Bewegungen – Impulse, Bilanzen und Perspektiven.

Forum für Philosophie (Hg.) 1989: Die ideen von 1789 in der deutschen Rezeption. Frankfurt/M.
Foucault M. 1977: Dispositive der Macht. Über Sexualität, Wissen und Wahrheit. Berlin
Foucault M. 1983: Der Wille zum Wissen. Sexualität und Wahrheit I. Frankfurt/M.
Foucault M. 1996: Die Ordnung des Diskurses. Frankfurt/M. ✪✪✪
Frank A. G. 1968: Kapitalismus und Unterentwicklung in Lateinamerika. Frankfurt/M.
Frauenkollektiv (Hg.) 1992: Basta! Frauen gegen Kolonialismus. Berlin
Frei N. 1996: Vergangenheitspolitik. Die Anfänge der BRD und die NS-Vergangenheit. München
Fromm E. 1992: Haben oder Sein. München
Gäng P. / Reiche R. 1968: Modelle der kolonialen Revolution. Frankfurt/M.
George S. 1993: Der Schuldenbumerang. Wie die Schulden der Dritten Welt uns alle bedrohen. Reinbek
Gerlach W. 1993: Als die Zeugen schwiegen. Bekennende Kirche und die Juden. Berlin ✪✪✪
Germanwatch 1995: Lobbyhandbuch Nord-Süd. Bonn
Giesen B. 1993: Die Intellektuellen und die Nation. Eine deutsche Achsenzeit. Frankfurt/M.
Gilcher-Holtey I. (Hg.) 1998: 1968. Göttingen ✪✪✪
Glagow M. 1993: Die NRO in der internationalen Zusammenarbeit. In: Nohlen / Nuscheler Bd. 1
Glaser H. 1991: Kleine Kulturgeschichte der Bundesrepublik Deutschland. Bonn
GNN-Verlag 1987: Bundesrepublik Deutschland – Rote Armee Fraktion (RAF). Dokumente. Köln ✪✪✪
Goeschel A. (Hg.) 1968: Richtlinien und Anschläge. München
Goldstein H. 1982: Befreiungstheologie in Nicaragua. In: Infobüro Nicaragua e.V. (Hg.)
Görg C. 1992: Neue Soziale Bewegungen und Kritische Theorie. Wiesbaden
Görtemaker M. 1999: Geschichte der Bundesrepublik Deutschland. München
Gössner R. 1994: Die vergessenen Justizopfer des kalten Kriegs. Hamburg
Gramsci A. 1980: Zu Politik, Geschichte und Kultur. Frankfurt/M.
Grebing H. 1974: Geschichte der deutschen Arbeiterbewegung. München
Grimminger R. u.a. (Hg.) 1995: Literarische Moderne. Europäische Literatur im 19. und 20. Jahrhundert. Reibek
Gründer H. 1991: Geschichte der deutschen Kolonien. Paderborn
Gruppe Demontage 1998: Postfordistische Guerilla. Vom Mythos nationaler Befreiung. Münster
Guevara E. Che 1989: Schriften zum Internationalismus. Köln
Habermas J. (Hg.) 1979: Stichworte zur «Geistigen Situation der Zeit». Bd 2. Frankfurt/M. ✪✪✪
Habermas J. 1987: Philosophisch-politische Profile. Frankfurt/M.

Habermas J. 1988: Theorie des kommunikativen Handelns. Bd 2. Frankfurt/M.
Habermas J. 1997: Die Einbeziehung des Anderen. Studien zur politischen Theorie. Frankfurt/M.
Hackenesch C. 1985: Die Zukunft der Vernunft. Eine Auseinandersetzung. Tübingen ✪✪✪
Hannover H. 1998: Die Republik vor Gericht 1954 – 1974. Frankfurt/M.
Hauck G. 1992: Einführung in die Ideologiekritik. Hamburg
Haug W. F. 1999: Politisch richtig oder richtig politisch. Berlin
Haury T. 1992: Zur Logik des bundesdeutschen Antisemitismus. In: Poliakov
Hegel G. W. F. 1986: Vorlesungen über die Philosophie der Geschichte. Frankfurt/M.
HEISS UND KALT 1988: Die Jahre 1945 -1969; das BilderLeseBuch. Sonderausgabe. Berlin ✪✪✪
Hermand J. 1986: Kultur im Wiederaufbau. Die Bundesrepublik Deutschland 1945-1965. München
Hermand J. 1990: Die Kultur der Bundesrepublik Deutschland 1965-1985. Frankfurt/M.
Hermand J. 1991: Grüne Utopien in Deutschland. Frankfurt/M.
Herzinger R. / Stein H. 1995: Endzeit-Propheten oder die Offensive der Anti-Westler. Reinbek
Hess S. / Linder A. 1997: Antirassistische Identitäten in Bewegung. Tübingen
Hierlmeier, J. 1999: Zur Kritik des alten Internationalismus. In: BUKO
Hinkelammert F. J. 1994: Kritik der utopischen Vernunft. Mainz
Hirsch J. 1995: Der nationale Wettbewerbsstaat. Berlin ✪✪✪
Hirsch J. / Roth R. 1986: Das neue Gesicht des Kapitalismus. Hamburg
HKS 13 (Hg.) 1999: Hoch die, Kampf dem. 20 Jahre Plakate autonomer Bewegungen. Hamburg
Hobsbawm E. 1994: Das Zeitalter der Extreme. Weltgeschichte des 20. Jahrhunderts. München
Hoffmann L. 1994: Das deutsche Volk und seine Feinde: die völkische Droge. Köln
Horkheimer M. 1995: Traditionelle und kritische Theorie. Frankfurt/M.
Horkheimer M. 1984: Die Juden in Europa. In: Dubiel H. / Söllner A.
Horlemann J. 1968: Modelle der kolonialen Konterrevolution. Frankfurt/M.
Horster D. 1999: Jürgen Habermas zur Einführung. Hamburg ✪✪✪
ID-Archiv im IISG (Hg.) 1993: Die Früchte des Zorns. Geschichte der RZ und der Roten Zora. Berlin
ila 1993 / 165: Befreite Theologie? Theologie der Befreiung
ila 1997 / 209: 30 Jahre Mythos Che
Imbusch P. (Hg.) 1998: Macht und Herrschaft. Sozialwissenschaftliche Theorien. Opladen
Infobüro Nicaragua e.V. (Hg.) 1982: Befreiung findet hier und jetzt statt. Wuppertal
Infobüro Nicaragua e.V. 1996 / 1998: Rundschreiben 1996 und 1998. Wuppertal

iz3w (Hg.) 1998: Nachhaltig zukunftsfähig? Entwicklungspolitik in den 90er Jahren. Freiburg
Jäger S. 1993: Kritische Diskursanalyse. Eine Einführung. Duisburg
Jaspers K. 1966: Wohin treibt die Bundesrepublik? Tatsachen – Gefahren – Chancen. München
Jaspers K. 1967: Antwort zur Kritik meiner Schrift «Wohin treibt die Bundesrepublik?». Stuttgart
Jehle P. 1994: Hegemonietheoretische Defizite der Zivilgesellschaftsdebatte. In: Argument 206
Juchler I. 1989: Rebellische Subjektivität und Internationalismus. Der Einfluß Herbert Marcuses und der nationalen Befreiungsbewegungen in der sog. Dritten Welt auf die Studentenbewegung. Marburg ✪✪✪
Jung W. 1995: Von der Mimesis zur Simulation. Einführung in die Geschichte der Ästhetik. Hamburg
Kalman M. 1993: Der Jugoslawienkonflikt: friedenswissenschaftliche Interventionen. Berlin
Karges R. 1994: Von Spanien bis Nicaragua. Offenbach
Kellershohn H. 1992: «Frieden oder ‹ Rettet Israel› ». Die linken Kritiker der Friedensbewegung und ihr Beitrag zur neuen deutschen Normalität. DISS-Texte 24. Duisburg ✪✪✪
Kern B. 1991: Theologie im Horizont des Marxismus. Mainz
Kittsteiner H. D. 1998: Listen der Vernunft. Motive geschichtsphilosophischen Denkens. Frankfurt/M.
Kloke M. W. 1994: Israel und die deutsche Linke. Frankfurt/M. ✪✪✪
Klönne A. 1990: Rechts-Nachfolge. Risiken des deutschen Wesens nach 1945. Köln
Koch H. 1986: No pasaran. Nicaraguas Weg in die Zukunft. Baden-Baden
Koenen G. 2001: Das rote Jahrzehnt. Unsere kleine deutsche Kulturrevolution 1967 – 1977. Köln
Körner P. u.a. 1984: Im Teufelskreis der Verschuldung. Der IWF und die Dritte Welt. Hamburg
Kößler R./Melber H. 1993: Chancen internationaler Zivilgesellschaft. Frankfurt/M.
Krahl H.-J. 1985: Konstitution und Klassenkampf. Schriften und Reden 1966-1970. Frankfurt/M.
Kraiker G. 1991: Kontinuitäten und Diskontinuitäten in der Kritik des Fortschritts. In: Müller-Doohm
Kraushaar W. (Hg.) 1978: Autonomie oder Getto? Frankfurt/M.
Kraushaar W. (Hg.) 1998: Frankfurter Schule und Studentenbewegung. Band 1-3. Hamburg
Kraushaar W. 1990: Revolte und Reflexion. Politische Aufsätze 1976 – 1987. Frankfurt/M. ✪✪✪
Kraushaar W. 2000: 1968 als Mythos, Chiffre und Zäsur. Hamburg
Krebs M. 1988: Ulrike Meinhof. Ein Leben im Widerspruch. Reinbek ✪✪✪
Kreis R. 1995: Nietzsche, Wagner und die Juden. Würzburg
Krippendorff E. 1990: Politische Interpretationen. Kafka, Wagner u.a. Frankfurt/M.

Kunzelmann D. 1998: Leisten Sie keinen Widerstand. Bilder aus meinem Leben. Berlin
Kupisch K. 1986: Kirchengeschichte. Band 5. Das Zeitalter der Revolutionen und Weltkriege. Stuttgart
Kursbuch 1979 / 57: Der Mythos des Internationalismus
Labica G. 1986: Der Marxismus-Leninismus. Elemente einer Kritik. Berlin
Lenin W. I. 1970: Der Imperialismus als höchstes Stadium des Kapitalismus. In: LAW Bd I. Berlin
Libal W. 1993: Das Ende Jugoslawiens: Selbstzerstörung, Krieg und Ohnmacht der Welt. Wien
Lin Biao 1968: Die Lehren der chinesischen Revolution für die Weltrevolution. In: Gäng / Reiche
Lin Biao 1970: Es lebe der Sieg im Volkskrieg. In: Schickel (Hg.) 1970
Link J. 1999: Versuch über den Normalismus. Wie Normalität produziert wird. Opladen
Linke Liste (Hg.) 1987: Die Mythen knacken. Materialien wider ein Tabu. Frankfurt
LN 1998 / 297: Theologie der Befreiung. 30 Jahre Medellin
Lohmann M. (Hg.) 1994: Extremismus der Mitte. Frankfurt/M.
Lohoff E. 1996: Der Dritte Weg in den Bürgerkrieg. Jugoslawien. Bonn
Löwe V. 1993: Hat die UNCTAD noch eine Perspektive?. In: Massarrat (Hg.)
Löwith K. 1990: Weltgeschichte und Heilsgeschehen. Stuttgart
Löwy M. 1987: Che Guevara. Frankfurt/M.
Löwy M.I 1987: Revolution ohne Grenzen. Frankfurt/M.
Löwy M. 1990: Marxismus und Religion. Frankfurt/M.
Löwy M. 1997: Erlösung und Utopie. Jüdischer Messianismus und libertäres Denken. Berlin ✪✪✪
Löwy M. 1999: Internationalismus und Nationalismus. Marxismus und «nationale Frage». Köln
Lukács G. 1983: Geschichte und Klassenbewußtsein. Darmstadt
Lutz B. 1989: Der kurze Traum immerwährender Prosperität. Frankfurt/M.
Mann T. 1947: Deutschland und die Deutschen. Berlin
Marcus G. 1996: Lipstick Traces. Von Dada bis Punk. Reinbek ✪✪✪
Marcuse H. 1965: Repressive Toleranz. In: Wolff, R. P.
Marcuse H. 1994: Der eindimensionale Mensch. München ✪✪✪
Marx K. / Engels F. 1972 und 1969: MEW Bd. 3, 4, 6, 19 und 23. Berlin
Massarrat M. 1991: Der Golfkrieg: Hintergründe. In: Stein 1991
Massarrat M. u.a. (Hg.) 1993: Die Dritte Welt und wir. Freiburg
Mattes N. (Hg.) 1991: «Wir sind die Herren und ihr unsere Schuhputzer!» Der Nahe Osten vor und nach dem Golfkrieg. Frankfurt/M.
Matthies V. (Hg.) 1992: Kreuzzug oder Dialog. Die Zukunft der Nord-Süd-Beziehungen. Bonn
Menzel U. 1992: Das Ende der Dritten Welt und das Scheitern der großen Theorie. Frankfurt/M.

Messner D. / Nuscheler F. (Hg.) 1996: Weltkonferenzen und Weltberichte. Bonn
Miermeister J. 1993: Rudi Dutschke. Reinbek ✪✪✪
Mitscherlich A. und M. 1990: Die Unfähigkeit zu trauern. Grundlagen kollektiven Verhaltens. München
Moeller 1996: Geschichte des Christentums in Grundzügen. Göttingen
Moltmann J. 1979: Theologie heute. In: Habermas (Hg.)
Moltmann J. 1997: Theologie der Hoffnung. Christliche Eschatologie. Gütersloh
Mommsen H. 2000: Alternative zu Hitler. Geschichte des deutschen Widerstandes. München
Mommsen W. J. 1987: Imperialismustheorien. Göttingen
Montenegro S. 1998: Herótica. Nationale Mythik und Maskulinität. In: «movida» 4
Mosler P. 1977: Was wir wollten, was wir wurden. Studentenrevolte – zehn Jahre danach. Reinbek ✪✪✪
Müller H. 1990: Zur Lage der Nation. Berlin ✪✪✪
Müller H. 1991: Jenseits der Nation. Berlin ✪✪✪
Müller J. C. u.a. 1994: Der Staat in den Köpfen. Anschlüsse an Althusser und Poulantzas. Mainz ✪✪✪
Müller J. B. (Hg.) 1996: Luther und die Deutschen. Texte zur Geschichte und Wirkung. Stuttgart
Müller-Doohm S. (Hg.) 1991: Jenseits der Utopie. Frankfurt/M.
Münch R. 1993: Die Kultur der Moderne. Bd 2: Frankreich und Deutschland. Frankfurt/M.
Mürle H. 1998: Global Governance. Literaturbericht und Forschungsfragen. Duisburg
Narr W.-D. 1991 / 2: Vom Liberalismus der Erschöpften. In: Blätter
Narr W.-D. / Schubert A. 1995: Weltökonomie. Die Misere der Politik. Frankfurt/M. ✪✪✪
Negt O. 1971: Politik als Protest. Frankfurt/M.
Negt O. 1995: Achtundsechzig. Politische Intellektuelle und die Macht. Göttingen
Nirumand B. 1987: Rede auf dem Vietnam-Kongreß. In: SDS
Nohlen D. / Nuscheler F. (Hg.) 1993 ff.: Handbuch der Dritten Welt. Bd. 1-8. Bonn ✪✪✪
Norddeutsche Klimabündnis Koordination 1995: Klimabündnisrundbrief Heft 5. Lüneburg
Nuscheler F. 1995: Lern- und Arbeitsbuch Entwicklungspolitik. Bonn
Ohrt R. 1997: Phantom Avantgarde. Eine Geschichte der Situationisten. Hamburg ✪✪✪
Olejniczak C. 1999: Die Dritte-Welt-Bewegung in Deutschland. Wiesbaden
Oy G. 2001: Die Gemeinschaft der Lüge. Medien- und Öffentlichkeitskritik. Münster ✪✪✪
Peripherie 1981 / 5-6: Theorie-Entwicklung; Theorie-Produktion
PIZZA (Hg.) 1992: Odranoel. Die Linke – zwischen den Welten. Hamburg ✪✪✪
Plessner H. 1994: Die verspätete Nation. Frankfurt/M.
Poliakov L. 1992: Vom Antizionismus zum Antisemitismus. Freiburg

Posser D. 2000: Anwalt im Kalten Krieg. Politischen Prozesse 1951 – 1968. Bonn
Poulantzas N. 1977: Staatstheorie. Politischer Überbau, Ideologie, Sozialistische Demokratie. Hamburg ✪✪✪
Projekt Ideologie-Theorie 1986: Theorien über Ideologie. Berlin ✪✪✪
Rabehl B. 1977: Geschichte und Klassenkampf. Berlin
Rabinow P. / Dreyfus H. L. 1987: Foucault. Frankfurt/M.
Ramminger M. 1997: Kirchenkritische Bewegungen in der BRD. In: Fornet-Betancourt Band 3
Reader 1997: Nachhaltige Weltbilder. Hinter den Kulissen Nachhaltiger Entwicklung. Hannover
REDaktion (Hg.) 1997: Chiapas und die Internationale der Hoffnung. Köln
Redaktion diskus (Hg.) 1991: Küss den Boden der Freiheit. Texte der Neuen Linken. Berlin
Redaktion diskus (Hg.) 1992: Die freundliche Zivilgesellschaft. Rassismus und Nationalismus. Berlin
Reese-Schäfer W. 1988: Lyotard zur Einführung. Hamburg
Rödel U. 1989: Hannah Arendt und die Gefährdung der Freiheit. In: Forum für Philosophie
Sachs W. (Hg.) 1993: Wie im Westen so auf Erden. Reinbek ✪✪✪
Samary C. 1995: Die Zerstörung Jugoslawiens. Ein europäischer Krieg. Köln
Sandner P. / Sommer M. 1988: Banken, Kredite und die «Dritte Welt». Band I. Stuttgart
Sangmeister H. 1993: Das Verschuldungsproblem. In: Nohlen / Nuscheler (Hg.) 1993ff. Bd. 1.
Sartre J. P. 1981: Vorwort zu «Die Verdammten dieser Erde». In: Fanon 1981.
Schenk H. 1983: Die feministische Herausforderung. 150 Jahre Frauenbewegung. München
Schickel J. (Hg.) 1970: Guerilleros, Partisanen. Theorie und Praxis. München
Schier P. 1994: Kambodscha, in: Nohlen / Nuscheler (Hg.) Band 7
Schmaltz F. 1997: Eugenik. In: Historisch-kritisches Wörterbuch des Marxismus. Bd 3. Berlin
Schmidt B. (Hg.) 1977: Materialien zu Ernst Blochs «Prinzip Hoffnung». Frankfurt/M.
Schmidt C. 1999: Wir sind die Wahnsinnigen. Joschka Fischer und seine Frankfurter Gang. München
Schneider M. 1986: Demokratie in Gefahr? Der Konflikt um die Notstandsgesetze. Bonn
Scholem G. 1970: Über einige Grundbegriffe des Judentums. Frankfurt/M.
Schönberger K. / Köstler C. 1992: Der «freie» Westen, der «vernünftige» Krieg, seine «linken» Liebhaber und ihr okzidentaler Rassismus. Marbach. ✪✪✪
Schreiber U. 1990: Die politische Theorie Antonio Gramscis. Berlin
Schulenburg L. (Hg.) 1998: Das Leben ändern, die Welt verändern. 1968 – Dokumente. Hamburg

Schüßler W. 1997: Paul Tillich. München
Schweppenhäuser G. 1996: Theodor W. Adorno zur Einführung. Hamburg
SDS Westberlin 1987: Internationaler Vietnam-Kongreß. Februar 1968. Reprint. Hamburg ✪✪✪
Seibert T. 1996: Philosophie(n) der Existenz. Stuttgart ✪✪✪
Senghaas D. (Hg.) 1972: Imperialismus und strukturelle Gewalt. Frankfurt/M.
Sieferle R. P. 1984: Fortschrittsfeinde? München
Sölle D. 1982: Politische Theologie. Stuttgart
Später J. 1998: Antizionismus, Antiimperialismus und das iz3w. In: iz3w 231
Spehr C. 1996: Die Ökofalle. Nachhaltigkeit und Krise. Wien
Spehr C. 1999: Die Aliens sind unter uns! Herrschaft und Befreiung im demokratischen Zeitalter. München ✪✪✪
Spehr C. / Stickler A. 1997: Morphing Zone. In: Foitzik / Marvakis
Stein G. (Hg.) 1991: Nachgedanken zum Golfkrieg. Heidelberg
Stephan C. 1981: «Genossen, wir dürfen uns nicht von der Geduld hinreißen lassen!» Zur Theoriebildung in der deutschen Sozialdemokratie 1862 – 1878. Frankfurt/M.
Stock C. 1996: Totaler Theorieverzicht? In: iz3w 213
Stock C. 1998: Lokal handeln? Wider das Agenda Fieber. In: iz3w 230
Südwind 1998 / 1999: Aktionshandbuch und Appell «Erlaßjahr 2000». Siegburg
Taibo II P. I. 1997: Che. Die Biographie des Ernesto Guevara. Hamburg ✪✪✪
Taubes J. 1967: Surrealistische Provokation. Die Flugblätter der «K I». In: Merkur XXI. Jg. S. 1069 ff.
Taubes J. 1991: Abendländische Eschatologie. München ✪✪✪
Theweleit K. 1980: Männerphantasien. Frauen, Fluten, Körper, Geschichte. Band 1. Reinbek
Theweleit K. 1998: Ghosts. Drei leicht inkorrekte Vorträge. Frankfurt/M.
Theweleit K. 2001: Zur sogenannten 68er-Debatte. In: Freitag vom 23.2.2001
Thompson E. P. 1987: Die Entstehung der englischen Arbeiterklasse. 2 Bände. Frankfurt/M.
Thränhardt D. 1996: Geschichte der Bundesrepublik Deutschland. Frankfurt/M. 1996
Topitas (Hg.) 1994: Ya basta. Der Aufstand der Zapatistas. Hamburg 1994
Trägerkreis (Hg.) 1989: Gegen IWF und Weltbank. Beiträge vom Internationalen Gegenkongreß. Köln
Trampert R. / Ebermann T. 1998: Experten, die Helden der praktischen Gesellschaft. In: Die Beute / NF 2
Traverso E. 2000: Nach Auschwitz. Köln
Unmüßig B. 1989: Lobbyarbeit oder Basisbewegung – exclusive Alternativen?. In: iz3w 160
Voegelin E. 1996: Die Politischen Religionen. München
Wahl P. 2001: Zum Verhältnis von NGO und internationalen Regierungsorganisationen. In: Brand 2001

Walk H. / Brunnengräber A. 2000: Die Globalisierungswächter. NGOs im Konfliktfeld Klima. Münster

WEED 2000: Schuldenreport 2000. Schuldenkrise vor der Lösung? Bonn

Wegmann H. 1997: Vom fordistischen zum post-fordistischen Weltmarkt. Oldenburg

Weiner M. A. 2000: Antisemitische Fantasien. Die Musikdramen Richard Wagners. Berlin

Weiss P. 1968: Che Guevara! In: Kursbuch 11. Berlin-West

Welsch W. 1991: Unsere postmoderne Moderne. Weinheim ✪✪✪

Welsch W. 1996: Vernunft. Vernunftkritik und das Konzept der transversalen Vernunft. Frankfurt/M.

Weltläden aktuell 1999: Heft 74. Bonn

Wichterich C. 1998: Die globalisierte Frau. Berichte aus der Zukunft der Ungleichheit. Reinbek

Wiggershaus R. 1988: Die Frankfurter Schule. München

Wissen M. 1994: Weltmarkt und Entwicklungstheorie. Unv. Diplomarbeit. Berlin

Wolff R. P. (Hg.) 1965: Kritik der reinen Toleranz. Frankfurt/M.

Wolter U. 2001: Das obskure Objekt der Begierde. Frantz Fanon. Münster

Wuppertal Institut für Klima, Umwelt, Energie 1995: Zukunftsfähiges Deutschland. Bonn

Zahlmann C. (Hg.) 1994: Kommunitarismus in der Diskussion. Eine streitbare Einführung. Berlin

Zahrnt H. 1996: Die Sache mit Gott. Die protestantische Theologie im 20. Jahrhundert. München ✪✪✪

Literatur zur 2., erweiterten Auflage

Altvater E. 2005: Das Ende des Kapitalismus wie wir ihn kennen. Eine radikale Kapitalismuskritik. Münster

Andretta M. u.a. 2003: No Global – New Global. Identität und Strategien der Antiglobalisierungsbewegung. Frankfurt/M.

Argument 262 (2005): Links-Regierungen im Neoliberalismus. Hamburg

Atzert T. / Müller J. (Hg.) 2004: Immaterielle Arbeit und imperiale Souveränität. Analysen und Diskussionen zu Empire. Münster

Azzellini D. 2002: Genua. Italien – Geschichte – Perspektiven. Hamburg

Azzellini D. / Kanzleiter B (Hg.) 2003: Das Unternehmen Krieg. Paramilitärs. Warlords und Privatarmeen als Akteure der Neuen Kriegsordnung. Hamburg

Biene Baumeister Zwi Negator 2005: Situationistische Revolutionstheorie. Eine Aneignung. Stuttgart ✪✪✪

Böhnel M. / Lehmann V. (Hg.) 2003: American Empire – no thank you. Andere Stimmen aus Amerika. Berlin

Brand U. 2005: Gegen-Hegemonie. Perspektiven globalisierungskritischer Strategien. Hamburg

Breuer J. u.a. (Hg.) 1996: Welten im Kopf. Profile der Gegenwartsphilosophie. Frankreich/Italien. Berlin
BUKO (Hg.) 2003: Radikal global. Bausteine für eine internationalistische Linke. Hamburg ✪✪✪
Butler J. 2002: Judith Butler zur Einführung. Hamburg
Chlada M. (Hg.) 2000: Das Universum des Gilles Deleuze. Aschaffenburg
Deleuze G. 1979: Nietzsche. Ein Lesebuch. Berlin
Deleuze G. 1993: Postskriptum über die Kontrollgesellschaften. In: ders.: Unterhandlungen 1972 – 1990. Frankfurt/M.
Deleuze G. 2002: Nietzsche und die Philosophie. Hamburg
Deleuze G. / Foucault M. 1977: Der Faden ist gerissen. Berlin
Deleuze G. / Parnet C. 1980: Dialoge. Frankfurt/M.
Derrida J. 1976: Randgänge der Philosophie. Berlin 1976
Derrida J. 1990: Die différance. In: Engelmann
Derrida J. 1995: Marx' Gespenster. Frankfurt/Main
Diefenbach K. 2003: Klassenkampf der Engel. Vom Glück, kommunistisch zu sein. Die Romantisierung der Multitude in «Empire». In: BUKO
Dreistholtkamp U. 1999: Jacques Derrida. München
Engelmann P. (Hg.) 1990: Postmoderne und Dekonstruktion. Stuttgart
Gabbert K. u.a. (Hg.) 2005: Neue Optionen lateinamerikanischer Politik. Jahrbuch Lateinamerika. Analysen und Berichte 29. Münster
Grimm R. 1979: Brecht und Nietzsche. Geständnisse eines Dichters. Fünf Essays und ein Bruchstück. Frankfurt/M.
Hamacher W. (Hg.) 2003: Nietzsche aus Frankreich. Berlin
Hanloser G. (Hg.) 2004: «Sie warn die Antideutschesten der deutschen Linken». Zu Geschichte, Kritik und Zukunft antideutscher Politik. Münster
Hardt M. / Negri A. 2002: Empire. Die neue Weltordnung. Frankfurt/M. ✪✪✪
Hardt M. /Negri A. 2004: Multitude. Krieg und Demokratie im Empire. Frankfurt/M.
Hartmann D. 2002: «Empire». Linkes Ticket nach rechts. Umbrüche der Philosophiepolitik. Berlin
Haydt C. u.a. 2003: Globalisierung und Krieg. Hamburg
Hegel G.W.F. 1970: Grundlinien der Philosophie des Rechts. Frankfurt/M.
Hierlmeier J. 2003a: Das Menschenrecht auf Krieg. Zur Kritik der linken Bellizismen. In: BUKO
Hierlmeier J. 2003b: Im Rausch von Ordnung und Disziplin. Stehkragenproletarier, Soldaten der Arbeit und pavlov'sche Hunde. In: Fantômas 4. Hamburg
Hierlmeier J. 2004: Schwanengesänge der alten Ordnung. Die Zukunft des Kapitalismus. Ein Überblick über aktuelle Debatten. In: Fantômas 5. Hamburg
Holloway J. 2002: Die Welt verändern ohne die Macht zu übernehmen. Münster
IG-Rote Fabrik/Zürich (Hg.) 1995: Krise – welche Krise? Berlin

Kemper P. (Hg.) 1990: Martin Heidegger – Faszination und Erschrekken. Die politische Dimension einer Philosophie. Frankfurt/M.

Küppers G. 2005: Achtung Ansteckungsgefahr! Versuch einer Zwischenbilanz von fünf Jahren Weltsozialforum. In: Gabbert u.a. Münster

Linden M. van der 2003: Das vielköpfige Ungeheuer. Zum Begriff einer Weltarbeiterinnenklasse. In: Fantômas 4

Kurz R. 1995: Mit Volldampf in den Kollaps. In: IG-Rote Fabrik/Zürich

Kurz R. 1999: Schwarzbuch Kapitalismus. Ein Abgesang auf die Marktwirtschaft. Frankfurt/M.

Kurz R. 2003a: Die antideutsche Ideologie. Vom Antifaschismus zum Krisenimperialismus. Münster

Kurz R. 2003b: Weltordnungskrieg. Das Ende der Souveränität und die Wandlungen des Imperialismus im Zeitalter der Globalisierung. Bad Honnef ✪✪✪

Lacoue-Labarthe P. 1990: Die Fiktion des Politischen. Heidegger, die Kunst und die Politik. Stuttgart

Levinas E. 1986: Ethik und Unendliches. Gespräche mit Philippe Nemo. Wien 1986

Lyotard J.-F. 1988: Heidegger und «die Juden». Wien ✪✪✪

Moreau P.-F. 1994: Spinoza. Versuch über die Anstößigkeit seines Denkens. Frankfurt/Main 1994

Negri H. / Hardt A. 1997: Die Arbeit des Dionysos. Materialistische Staatskritik in der Postmoderne. Berlin

Nietsche F. 1999: Morgenröte. Bd. 3 der KSA (Kritische Studienausgabe). Hg. von G. Colli und M. Montinari. München

Ott M. 2005: Gilles Deleuze zur Einführung. Hamburg

Ottmann H. (Hg.) 2000: Nietzsche Handbuch. Leben – Werk – Wirkung. Stuttgart ✪✪✪

Rehmann J. 2004: Postmoderner Links-Nietzscheanismus. Deleuze & Foucault. Eine Dekonstruktion. Hamburg 2004

Reitter K. 2001: Die politische Philosophie Antonio Negris. http://contextxxi.at/html/lesen/archiv/c21010326.html ✪✪✪

Reitter K. 2005: Wie Aussaat unter dem Schnee ... Zum politischen und philosophischen Ertrag von Empire un Multitude. In: Fantômas 7. Hamburg

Reitter K.: Spinoza – ein vormoderner Denker? http://mailbox.univie.ac.at/Karl.Reitter/index.html

Riexinger B. / Sauerborn W. 2004: Gewerkschaften in der Globalisierungsfalle. Vorwärts zu den Wurzeln! In: Supplement der Zeitschrift Sozialismus 10/2004. Hamburg ✪✪✪

Roth K.-H. 2005: Der Zustand der Welt. Gegen-Perspektiven. Hamburg

Seibert T. 2003: The People of Genova. Perspektiven für eine gesellschaftliche Praxis. In: BUKO

Seibert T. 2005: Subjektives ohne Subjekt. Praktische Philosophie in der Postmoderne. In: DemoPunK: Indeterminate! Kommunismus. Texte zu Ökonomie, Politik und Kultur. Münster ✪✪✪

Shahyar P. / Wahl P. 2005: Bewegung in der Bewegung? Erfahrungen und Perspektiven der GlobalisierungskritikerInnen. Hamburg

Subik C. 1998: Einverständnis, Verfremdung und Produktivität. Versuche über die Philosophie Bertolt Brechts. Klagenfurt

Tertulian N. 1990: Seinsgeschichte als Legitimation der Politik. In: Kemper

Thomä D. 1990: Die Zeit des Selbst und die Zeit danach. Zur Kritik der Textgeschichte Martin Heideggers 1910-1976. Frankfurt/M.

Thomä D. (Hg.) 2005: Heidegger Handbuch. Leben-Werk-Wirkung. Stuttgart ✪✪✪

Thörner K. 2004: Chance für den Nahen Osten. Der Sturz Saddam Husseins eröffnete die Chance auf eine umfassende Demokratisierung der Region. In: jungle world 16 vom 7. April 2004

Wallerstein I. 2002: Utopistik. Historische Alternativen des 21. Jahrhunderts. Wien ✪✪✪

Weber E. 1994: Jüdisches Denken in Frankreich. Frankfurt/M.

Wetzel W. 2002: Krieg ist Frieden. Über Srebrenica, Genua, Kabul nach ... Münster

Wright S. 2005: Den Himmel stürmen. Eine Theoriegeschichte des Operaismus. Hamburg

WSI-Mitteilungen 1/2006: Weltmarkt und Gewerkschaftsarbeit.

Zelik R. 2004: made in venezuela – notizen zur «bolivarianischen revolution». Hamburg ✪✪✪

Zeuner B. u.a. 2004. Zukunft der Gewerkschaften. Zwei Literaturstudien. Arbeitspapier 44 der Hans-Böckler-Stiftung

Abkürzungsverzeichnis

ADAV	Allgemeiner deutscher Arbeiter-Verein
APO	Außerparlamentarische Opposition
BMU	Bundesministerium für Umwelt und Reaktorsicherheit
BUKO	Bundeskoordination Internationalismus (bis 2002: Bundeskongress entwicklungspolitischer Aktionsgruppen)
DWB	Dritte Welt Bewegung
IWF	Internationaler Währungsfonds
NGO	Nongovernmental Organisation
NRO	Nichtregierungsorganisation
RAF	Rote Armee Fraktion
RZ	Revolutionäre Zellen
SDS	Sozialistischer Deutscher Studentenbund
UNCED	UN Conference on Environment and Development
UNCTAD	UN Conference on Trade and Development
VENRO	Verband Entwicklungspolitik deutscher Nichtregierungsorganisationen e.V.
WB	Weltbank
WTO	World Trade Organisation

Glossar

Apologie: unkritische Verteidigung oder Lob einer Sache

BellizistInnen: wurden beim Golfkrieg 1991 diejenigen Linken genannt, die sich für einen Angriff auf den Irak eingesetzt haben.

deliberativ: beratschlagend, verhandelnd

Ekklesia: christliche Gemeinde als der mystische Leib Christi; Kirche

Eschatologie: Lehre von den letzten Dingen; bezieht sich sowohl auf den einzelnen Menschen als auch auf die Welt als Ganzes. Theologisch: Die Vollendung des Gottesreiches. Säkular: das Ende der Geschichte z. B. in der kommunistischen Gesellschaft oder in der Verwirklichung des absoluten Marktes bei den Liberalen.

Etatismus/etatistisch: stellt den Staat in den Mittelpunkt des politischen Handelns und Denkens

eurozentrisch: Denken, das die westeuropäische Entwicklung zum allgemeingültigen Maßstab macht. Im Marxismus die Ansicht, alle Gesellschaften müssten die unterschiedlichen Gesellschaftsformationen, die typisch für einige Länder in Westeuropa waren, durchlaufen.

Fordismus/fordistisch: benannt nach dem US-Unternehmer Henry Ford; eine Entwicklungsformation des Kapitalismus, die – je nach Land variierend – von den 20er bis 70er Jahren des 20. Jahrhunderts bestand. Fordismus ist gekennzeichnet durch die Produktion standardisierter Güter nach dem Prinzip des Taylorismus, ein Konsummodell, das auf Massenkaufkraft und Massenkonsum dieser Güter beruhte, und einer gesellschaftlichen Regulation, die vom Staat und seiner keynesianischen Wirtschaftspolitik dominiert war.

Hybris: frevelhafter Übermut, Vermessenheit des Menschen. Zeigt sich für die konservative Kulturkritik darin, dass die Menschen sich zum Maßstab aller Dinge machen und übergeordnete Autoritäten wie Gott oder Staat ablehnen.

Intersubjektivität: bezeichnet den Anspruch an ein methodisches Vorgehen, das eine Nachprüfbarkeit von Aussagen durch andere Personen erlaubt.

Kairos/kairologisch: günstiger Zeitpunkt, entscheidender Augenblick, der dem Menschen nach Auffassung der Antike schicksalhaft entgegentritt und von ihm zu nützen ist; Zeit der Entscheidung; politisch: z.B. Zeit der Revolution

Keynesianismus/keynesianisch: Nach dem Wirtschaftswissenschaftler Keynes benannte expansive Nachfragepolitik, um damit Wirtschaftskrisen und Arbeitslosigkeit zu bekämpfen.

koinzidieren: zusammenfallen, einander decken

Korporatismus/korporatistisch: versucht Konflikte in einer Gesellschaft durch die Zusammenarbeit zwischen Gewerkschaften, Unternehmen und Staat zu minimieren.

linguistic turn: bezeichnet die sprachphilosophische Wende im 20. Jahrhundert im Anschluss an Wittgenstein; kritisiert die seit Descartes vorherrschende Bewusstseinsphilosophie; Denken ist nicht «an sich» möglich, sondern nur im Medium der Sprache: Denken ist Sprechen!

Logos: Gott, Vernunft Gottes, offenbarte Wahrheit Gottes, Wille Gottes und menschgewordenes Wort Gottes in der Person Jesu, auch: menschliche Rede und Vernunft, logisches Urteil, Begriff

Luddisten/luddistisch: waren eine machinenstürmerische Bewegung in England zu Beginn des 19. Jahrhunderts, benannt nach ihrem Anführer Ludd.

Materialität des Diskurses: meint den Zusammenhang von Inhalt, Gegenstand, Material, SprecherIn, Sprechort, Zeit etc. des Diskurses. Diskursive Praktiken werden von Diskursapparaten reguliert und gehen mit nicht-diskursiven Praktiken Verbindungen ein, die bestimmte Effekte zur Folge haben. Die D.-theorie wendet sich gegen bewusstseinsphilosophische Positionen, die Sprache nur als Ausfluss des Geistes begreifen.

manichäisch: bezeichnet ein dualistisches Freund-Feind-Denken; benannt nach dem persischen Religionsstifter Mani, der scharf zwischen dem Gott des Lichts und dem Ungott der Finsternis unterschied.

Meritokratie/meritokratisch: gesellschaftliche Vorherrschaft einer durch Leistung und Verdienst ausgezeichneten Bevölkerungsschicht

Metaphorik: bildhafter Gebrauch von Wörtern und Wortgruppen (z.B. Licht für Gott oder Aufklärung)

Natalität: bei Arendt die Faktizität der natürlichen Geburt, die durch eine zweite Geburt – der Geburt als homo politicus – ergänzt werden muss.

Neoplatonismus: philosphische Strömung in der Spätantike, die durch Plotin (204-270 n.u.Z.) begründet wurde; wurde zur hegemonialen Strömung im Christentum, nachdem sich die frühchristliche Hoffnung auf die Wiederkunft Christi nicht erfüllt hatte. Führte zu einer Abkehr von der Welt und zu einer Innerlichkeit, die die reine Anschauung Gottes zum Ideal erhob.

Parusie: Wiederkunft Christi am Ende der Zeit

Perzeption: sinnliche Wahrnehmung

Politizismus/politizistisch: Reduzierung der «Politik» auf Parteien und Staat; Ausklammerung der unterschiedlichen Herrschafts- und Machtstrukturen.

propositional: den Satz als Informationseinheit betreffend; den (Wahrheits-) Gehalt einer Aussage betreffend.

Quietismus: passive Geisteshaltung (s.a. Neoplatonismus)

Rio-Prozess: bezeichnet den Prozess, der durch die UN-Konferenz für Umwelt und Entwicklung in Rio de Janeiro eingeleitet wurde.

Taylorismus/tayloristisch: eine nach dem Ingenieur Frederick Winslow Taylor benannte Form der Rationalisierung des Arbeitsprozesses, die auf intensiver, arbeitsteiliger und mechanisierter (Fließband-)Produktion basiert.

Teleologie/teleologisch: Lehre von der Zielgerichtetheit einer Entwicklung, z.B. dass die Geschichte ein Ziel hat.

Tremendum: bedeutet den Einbruch von etwas Unerklärlichem. Hitler bzw. der Nationalsozialismus gilt in diesem Denken als letztlich unerklärliches Ereignis im Rahmen einer ansonsten positiven Nationalgeschichte.

Nachwort zur zweiten Auflage

Über die vielen guten und sehr guten Kritiken bzw. Rezensionen habe ich mich gefreut. Wer eine Einführung über die Ideengeschichte des Internationalismus schreibt, muss Aspekte weglassen, die für das Gesamtgemälde wichtig sind. Schattierungen werden nicht mehr sichtbar, das Bild gewinnt an Klarheit, die der Realität nicht zukommt. Ich habe versucht dies zu vermeiden. Gelegentlich sind aber doch Urteile vom Hochsitz der Geschichte aus gefällt worden.

Eine Korrektur beim Begriff des Messianismus soll dies stellvertretend für andere Aspekte verdeutlichen: In der Geschichte der Linken gab es immer auch eine messianische Heilserwartung, eine marxistische Metaphysik. Dahinter verbirgt sich die Hoffnung auf die alles verändernde politische Revolution, durch die der Gang der Geschichte still gestellt wird und seinen Abschluss in einer herrschaftsfreien Gesellschaft findet. Dieser metaphysisch aufgeladene Begriff von Messianismus muss heute kritisch hinterfragt werden. Was allerdings unbedingt erhalten bleiben muss, ist die Figur des Messianismus. Derrida sprach von einer Messianik ohne Messianismus und wählte dafür den Begriff der Dekonstruktion. «Das dekonstruktive Denken, auf das es mir hier ankommt, hat immer (...) an das Undekonstruierbare einer bestimmten Idee der Gerechtigkeit (erinnert). Ein solches Denken kann nicht arbeiten ohne das Prinzip einer radikalen und unabschließbaren (theoretisch und praktisch), unendlichen Kritik zu rechtfertigen. Diese Kritik gehört der Bewegung einer Erfahrung an, die für die absolute Zukunft dessen, was kommen wird, offen ist, das heißt einer notwendig unbestimmten (...) Erfahrung, die ihrer Erwartung des anderen und des Ereignisses ausgesetzt bleibt» (Derrida 1995,145 f). Es ist diese Offenheit für das Ereignis, die linke Politik vom Liberalismus und Sozialdemokratismus unterscheidet. Gesellschaftliche politische Ereignisse sind nicht planbar. Vielerorts bleibt alles ruhig, obwohl die «objektiven» Bedingungen schon längst reif für gesellschaftliche Umbrüche sind. Andernorts explodiert etwas und man weiß nicht warum. «Der Tag des Herrn wird kommen wie der Dieb in der Nacht», heißt es im ersten Thessalonicher-Brief des Paulus. Befreit von seinem metaphysischen Messianismus und wissend, dass die Bewegung der Dekonstruktion unabschließbar ist, gilt dies auch heute noch: siehe Seattle und Genua. Ex post lassen sich immer gute Gründe für solche Ereignisse finden: Die Schwäche der Herrschenden; starke soziale Bewegungen; eine Idee, in der sich die Bedürfnisse der Menge verdichten. Aber um ein Ereignis ins Emanzipatorische zu wenden braucht es auch eine Linke, die offen ist für das Neue. Denn «für ein solches Ereignis gibt es keinen Vorläufer» (Derrida). Diese Einsicht bedeutet nicht, auf «jede praktische und effektive Form von Organisation zu verzichten. Genau das Gegenteil ist es, was uns am Herzen liegt.»

Ich möchte allen danken, die mich auf solche Unschärfen und ungenaue Tonlagen hingewiesen haben. Ganz besonderen Dank gilt der Redaktion von Fantômas, dem Magazin von «ak – Analyse und Kritik». Die dort geführten Diskussionen waren spannend und ungemein anregend. Ihnen verdanke ich mehr, als ich hier zum Ausdruck bringen kann. Die nach wie vor vorhandenen Abweichungen von der reinen Linie verantworte ich aber selbst.

Sprachlehrbücher für InternationalistInnen

Der ***Tramontana Intensivkurs Spanisch*** setzt sich zum Ziel, Einblicke in die soziokulturelle Realität der spanischsprachigen Länder zu vermitteln und ein kritisch-reflexives Lernen zu fördern. Inhaltliche Schwerpunkte sind etwa: Kuba, Nicaragua, Migration, Ökologie, Straßenkinder, Bilingualismus in Katalonien, der Spanische Bürgerkrieg ...

Schon lange bewährt sich der einbändige Intensivkurs Spanisch gleichermaßen an allgemeinbildenden Schulen, Romanischen Seminaren, Volkshochschulen und für SelbstlernerInnen.

Durch seine relativ hohe Progression vermittelt Tramontana eine Kompetenz in den Bereichen Hören – Sprechen – Lesen – Schreiben, die über die Verständigung in Alltagssituationen hinaus zum Umgang mit komplexeren Texten befähigt.

Josep Martí i Pérez,
Fernando Lalana Lac:
Tramontana-Intensivkurs. Lehrbuch
320 Seiten, broschiert, 19.80 EUR, ISBN 3-89657-705-0

Tramontana-Intensivkurs. Lösungsheft
98 Seiten, geheftet, 11.80 EUR, ISBN 3-89657-702-6

Tramontana-Intensivkurs. 2 Audio-CDs
9.80 EUR, ISBN 3-89657-708-5

Fernando Lalana Lac, Deborah Oberegger:
Tramontana-Intensivkurs. Übungsbuch
200 Seiten, broschiert, 12.80 EUR, ISBN 3-89657-706-9

Fernando Lalana Lac, Deborah Oberegger:
Tramontana-Intensivkurs. Übungsbuch. Lösungsheft
100 Seiten, geheftet, 4.80 EUR, ISBN 3-89657-707-7